75013

W9-CSN-710

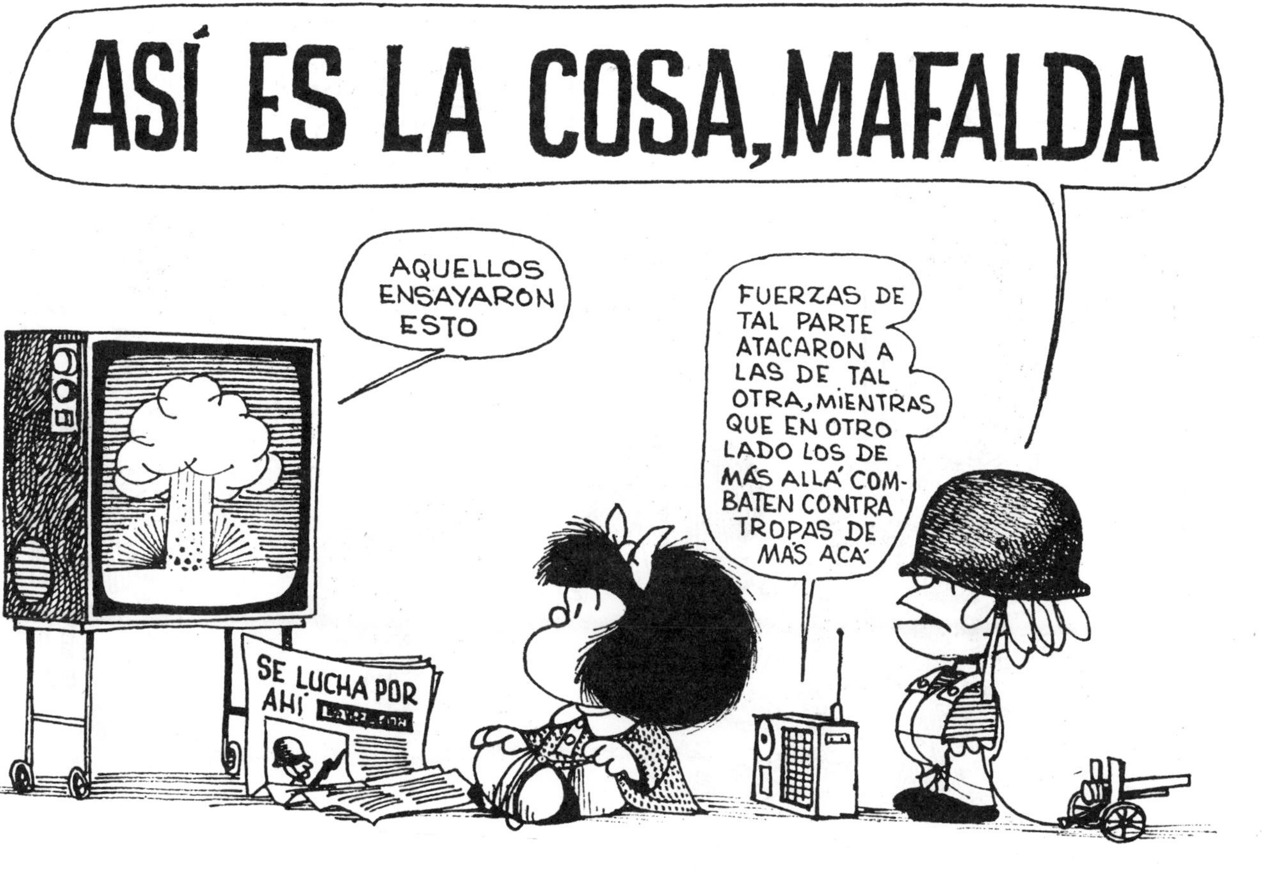
ASÍ ES LA COSA, MAFALDA
AQUELLOS ENSAYARON ESTO
SE LUCHA POR AHÍ
FUERZAS DE TAL PARTE ATACARON A LAS DE TAL OTRA, MIENTRAS QUE EN OTRO LADO LOS DE MÁS ALLÁ COMBATEN CONTRA TROPAS DE MÁS ACÁ

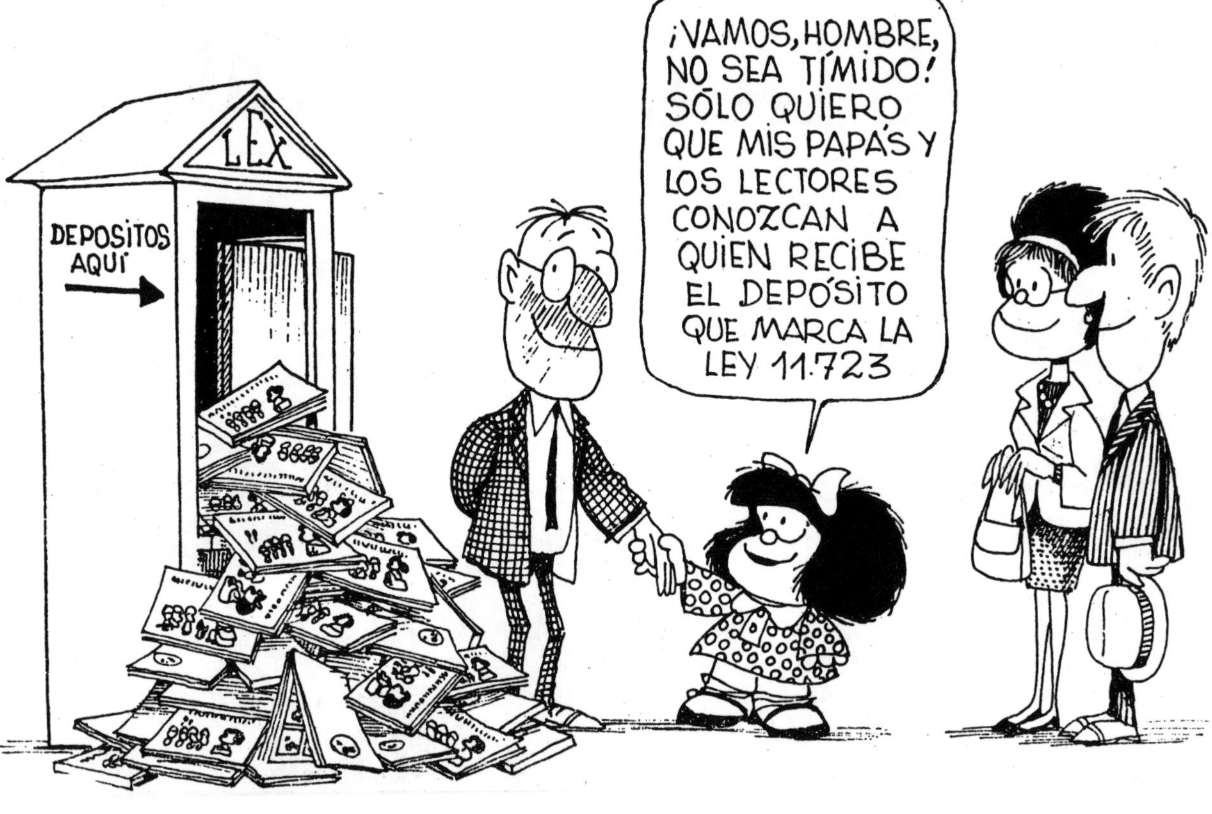
LEX
DEPOSITOS AQUÍ
¡VAMOS, HOMBRE, NO SEA TÍMIDO! SÓLO QUIERO QUE MIS PAPÁS Y LOS LECTORES CONOZCAN A QUIEN RECIBE EL DEPÓSITO QUE MARCA LA LEY 11.723

a la Humanidad,
aunque no a toda

QUINO

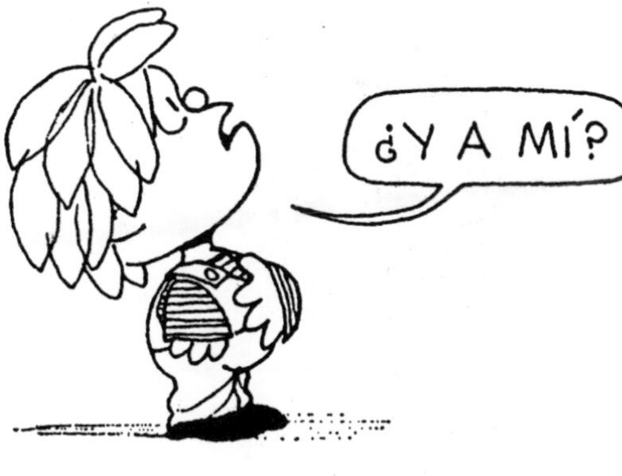
¿Y A MÍ?

TAPA: ANA SIRINIAN

© EDICIONES DE LA FLOR

GORRITI 3695, C1172ACE,

BUENOS AIRES-ARGENTINA

WWW.EDICIONESDELAFLOR.COM.AR

IMPRESO EN ARGENTINA

PRINTED IN ARGENTINA

ISBN: 978-950-515-602-3

241

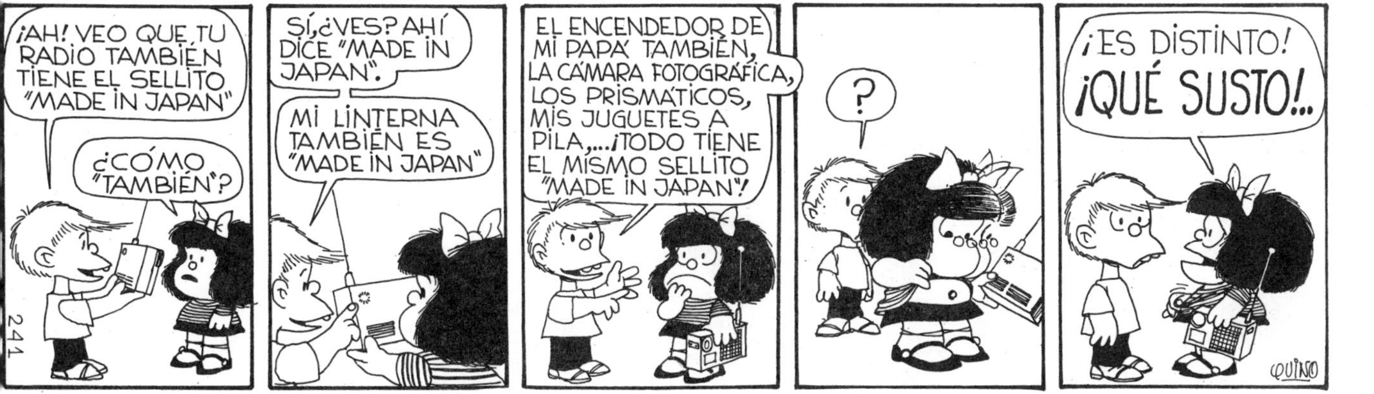
¡AH! VEO QUE TU RADIO TAMBIÉN TIENE EL SELLITO "MADE IN JAPAN"
¿CÓMO "TAMBIÉN"?
SÍ, ¿VES? AHÍ DICE "MADE IN JAPAN".
MI LINTERNA TAMBIÉN ES "MADE IN JAPAN"
EL ENCENDEDOR DE MI PAPÁ TAMBIÉN, LA CÁMARA FOTOGRÁFICA, LOS PRISMÁTICOS, MIS JUGUETES A PILA,...¡TODO TIENE EL MISMO SELLITO "MADE IN JAPAN"!
?
¡ES DISTINTO! ¡QUÉ SUSTO!...
QUINO

242

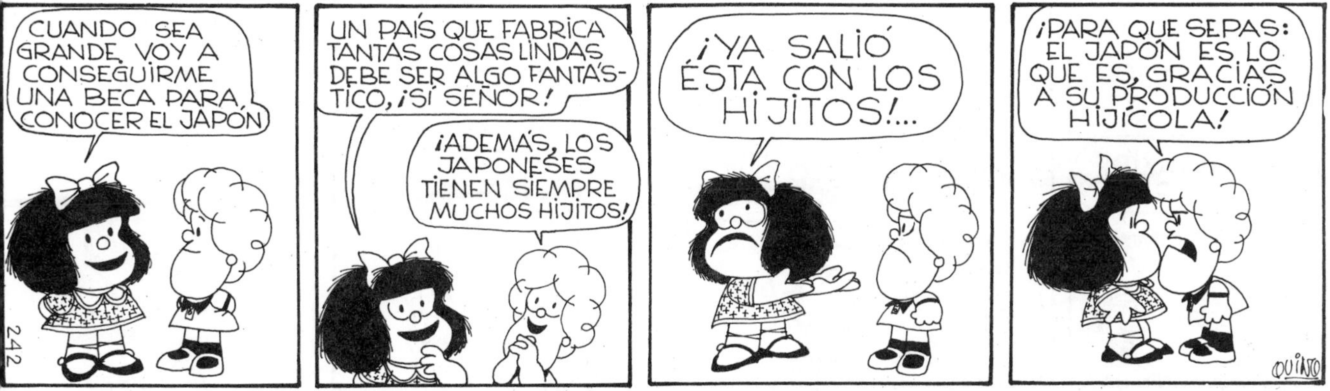
CUANDO SEA GRANDE, VOY A CONSEGUIRME UNA BECA PARA CONOCER EL JAPÓN
UN PAÍS QUE FABRICA TANTAS COSAS LINDAS DEBE SER ALGO FANTÁSTICO, ¡SÍ SEÑOR!
¡ADEMÁS, LOS JAPONESES TIENEN SIEMPRE MUCHOS HIJITOS!
¡YA SALIÓ ÉSTA CON LOS HIJITOS!...
¡PARA QUE SEPAS: EL JAPÓN ES LO QUE ES, GRACIAS A SU PRODUCCIÓN HIJÍCOLA!
QUINO

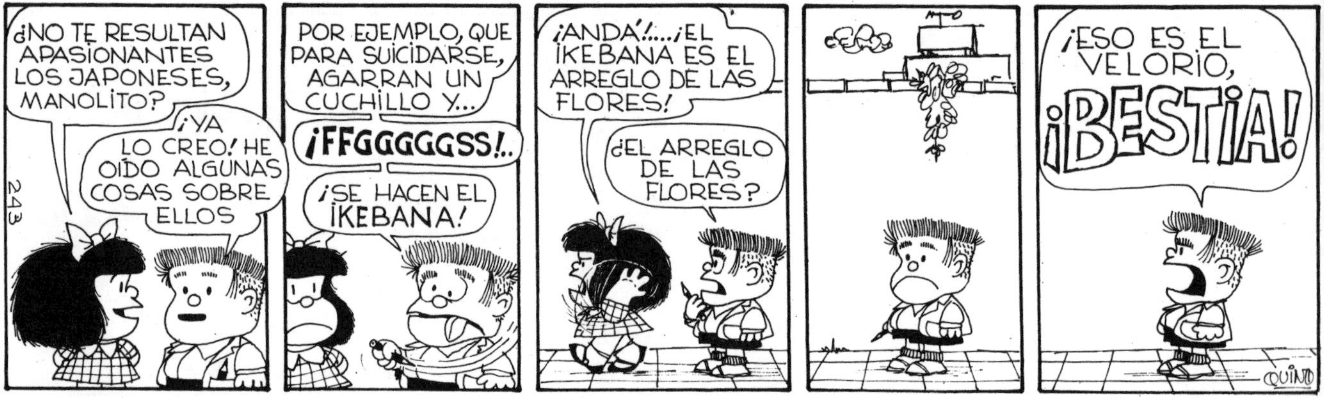
¿NO TE RESULTAN APASIONANTES LOS JAPONESES, MANOLITO?
¡YA LO CREO! HE OÍDO ALGUNAS COSAS SOBRE ELLOS
243
POR EJEMPLO, QUE PARA SUICIDARSE, AGARRAN UN CUCHILLO Y...
¡FFGGGGGSS!..
¡SE HACEN EL IKEBANA!
¡ANDÁ!....¡EL IKEBANA ES EL ARREGLO DE LAS FLORES!
¿EL ARREGLO DE LAS FLORES?
¡ESO ES EL VELORIO, ¡BESTIA!
QUINO

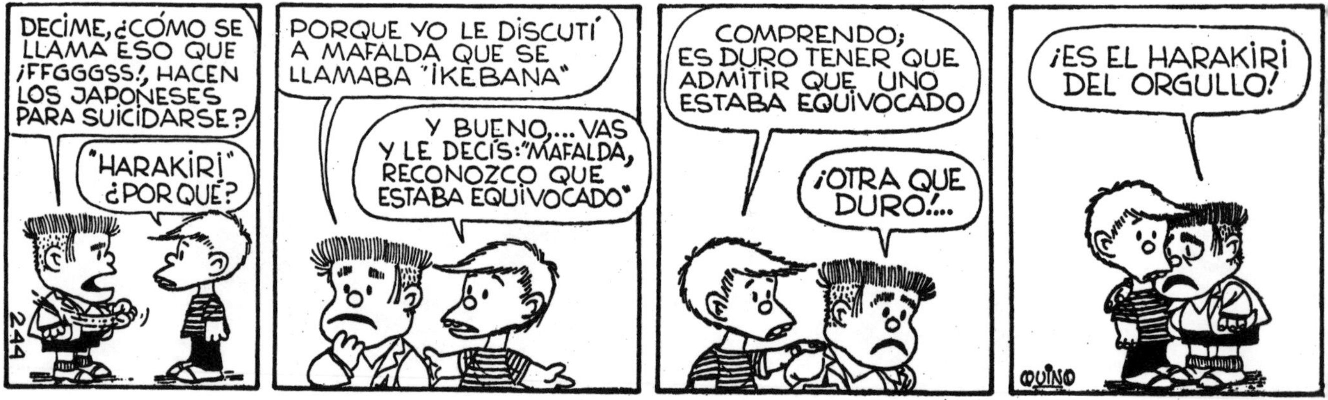
DECIME, ¿CÓMO SE LLAMA ESO QUE ¡FFGGGSS!, HACEN LOS JAPONESES PARA SUICIDARSE?
"HARAKIRI" ¿POR QUÉ?
244
PORQUE YO LE DISCUTÍ A MAFALDA QUE SE LLAMABA "IKEBANA"
Y BUENO,... VAS Y LE DECÍS: "MAFALDA, RECONOZCO QUE ESTABA EQUIVOCADO"
COMPRENDO; ES DURO TENER QUE ADMITIR QUE UNO ESTABA EQUIVOCADO
¡OTRA QUE DURO!...
¡ES EL HARAKIRI DEL ORGULLO!
QUINO

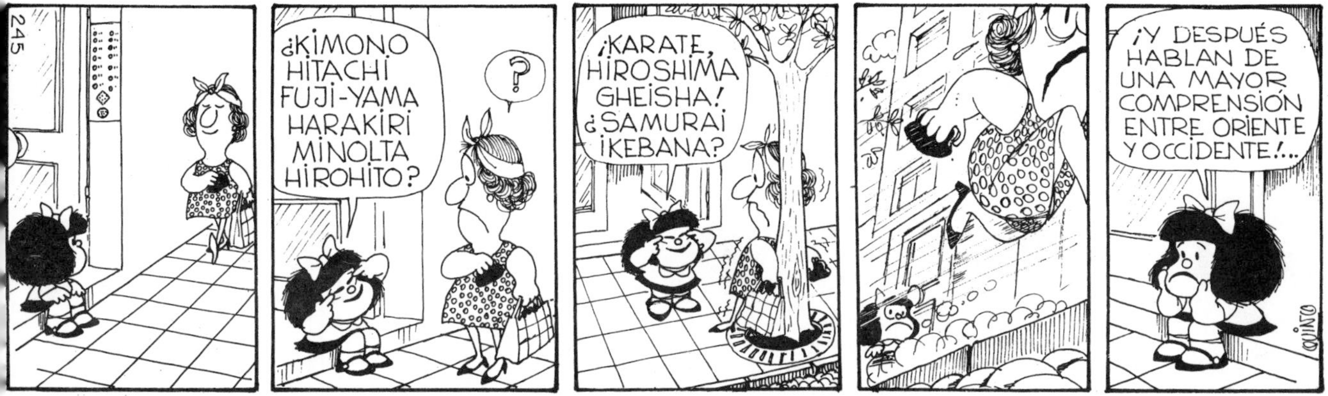
245
¿KIMONO HITACHI FUJI-YAMA HARAKIRI MINOLTA HIROHITO?
?
¡KARATE, HIROSHIMA GHEISHA! ¿SAMURAI IKEBANA?
¡Y DESPUÉS HABLAN DE UNA MAYOR COMPRENSIÓN ENTRE ORIENTE Y OCCIDENTE!...
QUINO

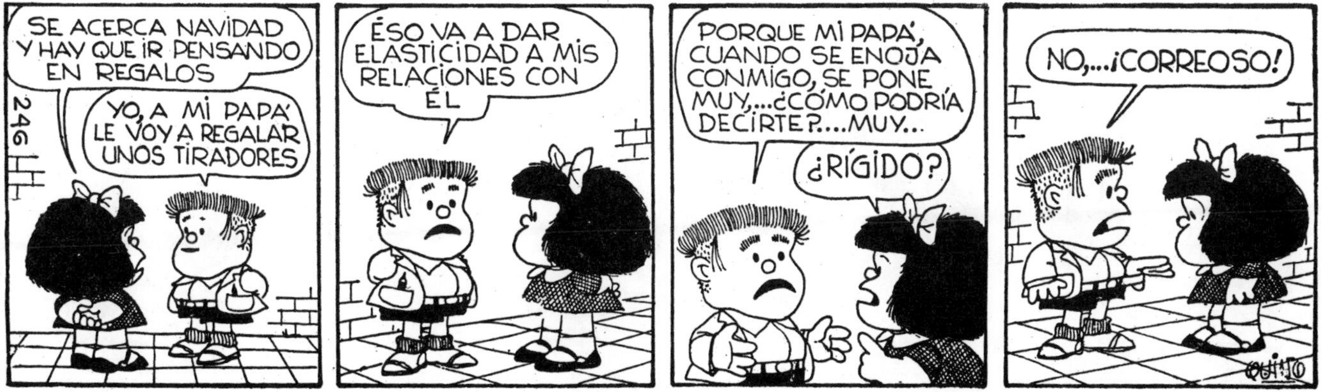
246
SE ACERCA NAVIDAD Y HAY QUE IR PENSANDO EN REGALOS
YO, A MI PAPÁ LE VOY A REGALAR UNOS TIRADORES
ÉSO VA A DAR ELASTICIDAD A MIS RELACIONES CON ÉL
PORQUE MI PAPÁ, CUANDO SE ENOJA CONMIGO, SE PONE MUY,...¿CÓMO PODRÍA DECIRTE?...MUY...
¿RÍGIDO?
NO,...¡CORREOSO!
QUINO

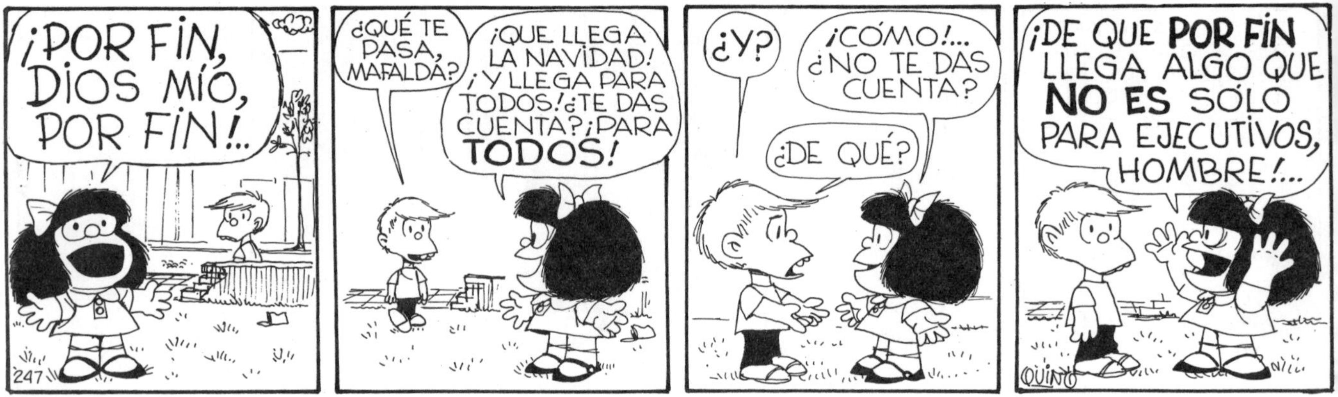
¡POR FIN, DIOS MÍO, POR FIN!...
247
¿QUÉ TE PASA, MAFALDA?
¡QUE LLEGA LA NAVIDAD! ¡Y LLEGA PARA TODOS! ¿TE DAS CUENTA? ¡PARA **TODOS**!
¿Y?
¡CÓMO!... ¿NO TE DAS CUENTA?
¿DE QUÉ?
¡DE QUE **POR FIN** LLEGA ALGO QUE **NO ES** SÓLO PARA EJECUTIVOS, HOMBRE!...
QUINO

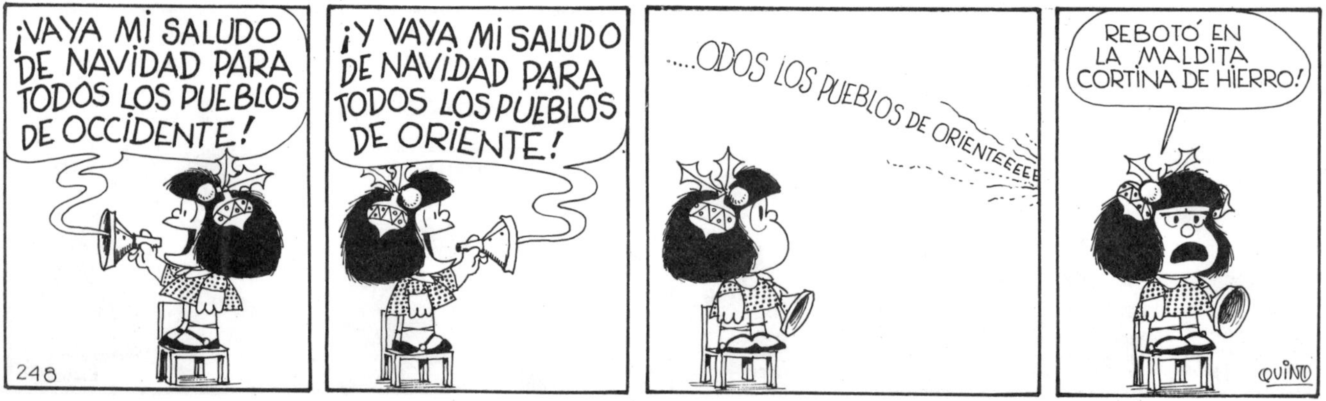
¡VAYA MI SALUDO DE NAVIDAD PARA TODOS LOS PUEBLOS DE OCCIDENTE!
248
¡Y VAYA MI SALUDO DE NAVIDAD PARA TODOS LOS PUEBLOS DE ORIENTE!
.....ODOS LOS PUEBLOS DE ORIENTEEEEEE
REBOTÓ EN LA MALDITA CORTINA DE HIERRO!
QUINO

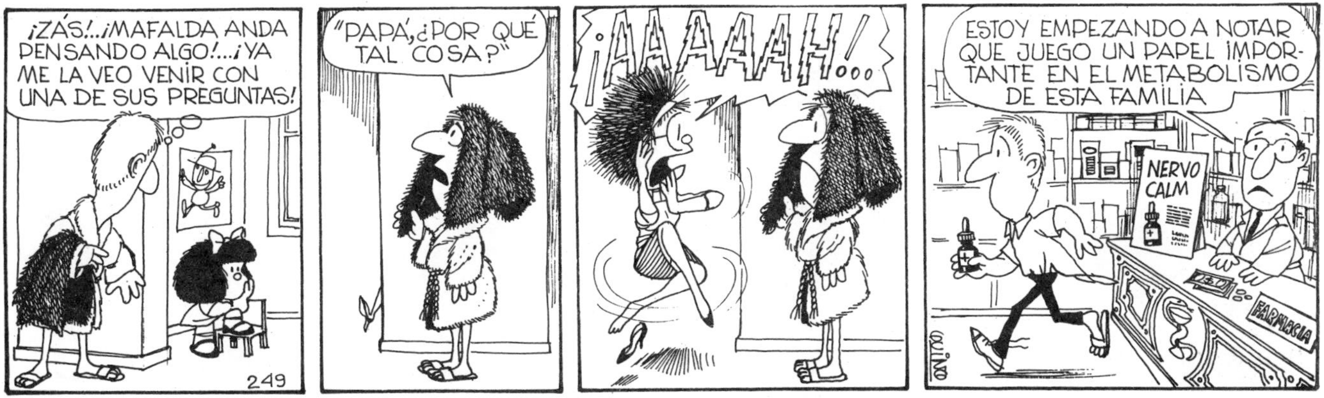
¡ZÁS!..¡MAFALDA ANDA PENSANDO ALGO!...¡YA ME LA VEO VENIR CON UNA DE SUS PREGUNTAS!
249
"PAPÁ, ¿POR QUÉ TAL COSA?"
¡AAAAAH!...
ESTOY EMPEZANDO A NOTAR QUE JUEGO UN PAPEL IMPORTANTE EN EL METABOLISMO DE ESTA FAMILIA
NERVO CALM
FARMACIA
QUINO

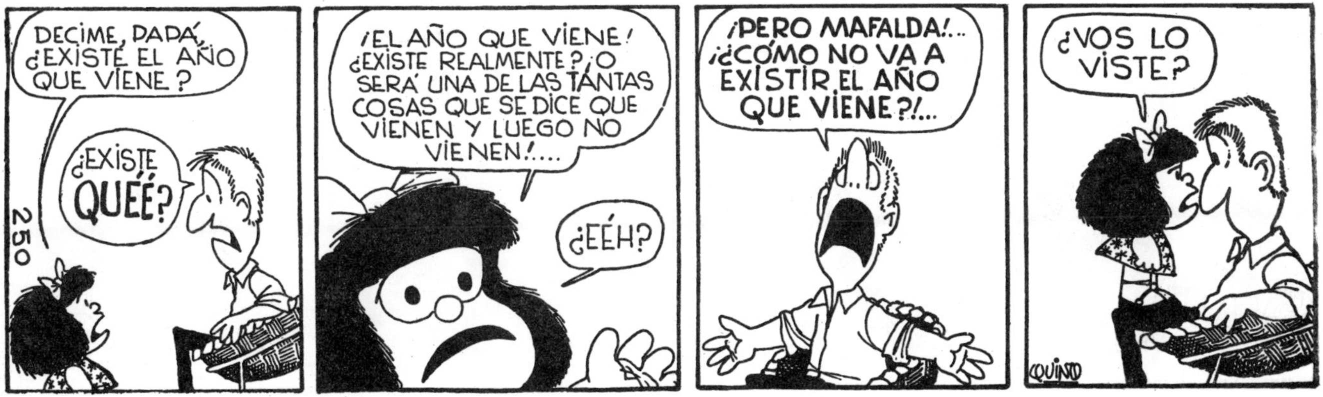
DECIME, PAPÁ, ¿EXISTE EL AÑO QUE VIENE?
¿EXISTE QUEÉ?
250
¡EL AÑO QUE VIENE! ¿EXISTE REALMENTE? ¿O SERÁ UNA DE LAS TANTAS COSAS QUE SE DICE QUE VIENEN Y LUEGO NO VIENEN!....
¿EEH?
¡PERO MAFALDA!... ¡¿CÓMO NO VA A EXISTIR EL AÑO QUE VIENE?!...
¿VOS LO VISTE?
QUINO

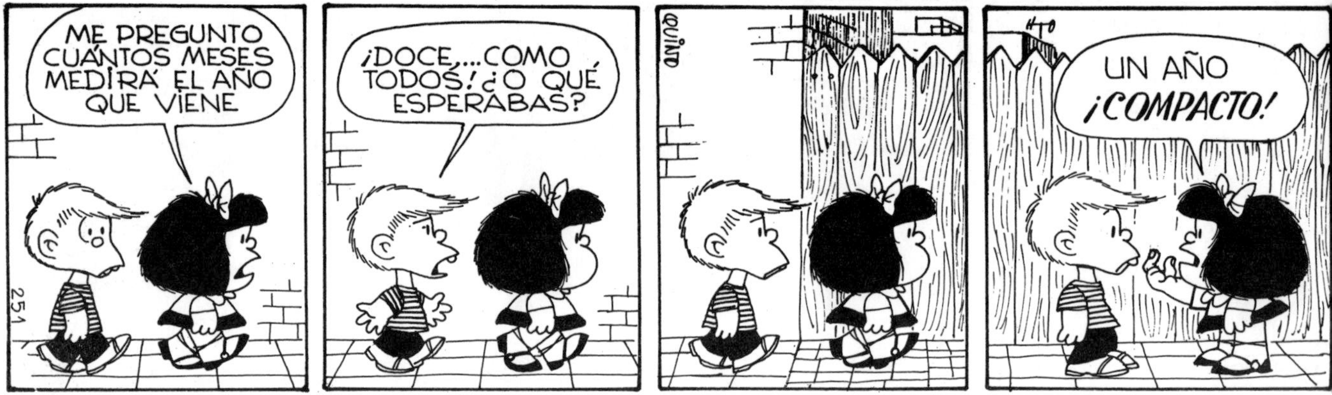
251
ME PREGUNTO CUÁNTOS MESES MEDIRÁ EL AÑO QUE VIENE
¡DOCE,...COMO TODOS! ¿O QUÉ ESPERABAS?
QUINO
UN AÑO ¡COMPACTO!

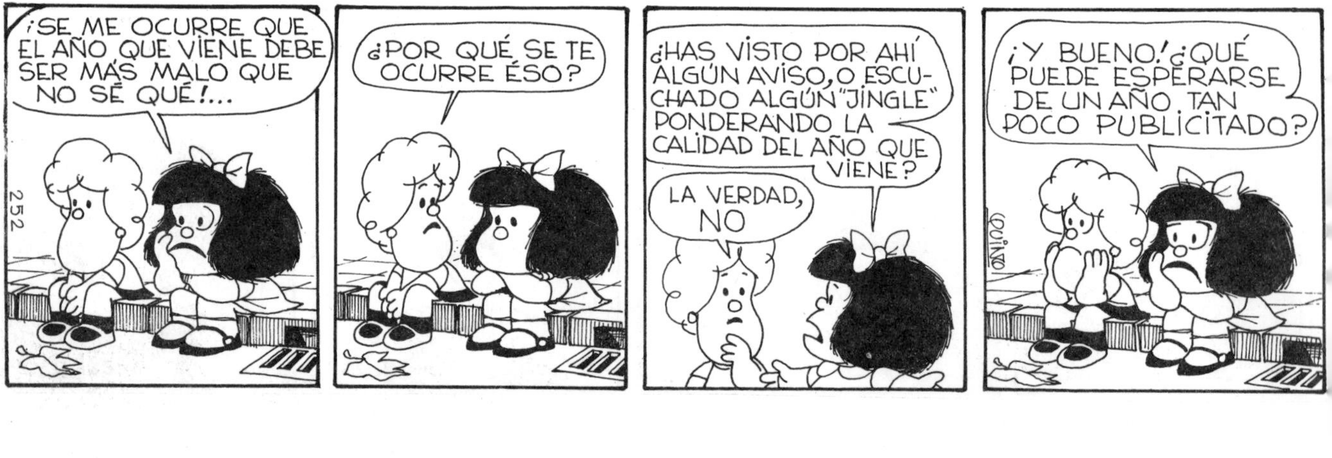
252
¡SE ME OCURRE QUE EL AÑO QUE VIENE DEBE SER MÁS MALO QUE NO SÉ QUÉ!...
¿POR QUÉ SE TE OCURRE ÉSO?
¿HAS VISTO POR AHÍ ALGÚN AVISO, O ESCUCHADO ALGÚN "JINGLE" PONDERANDO LA CALIDAD DEL AÑO QUE VIENE?
LA VERDAD, NO
QUINO
¡Y BUENO! ¿QUÉ PUEDE ESPERARSE DE UN AÑO TAN POCO PUBLICITADO?

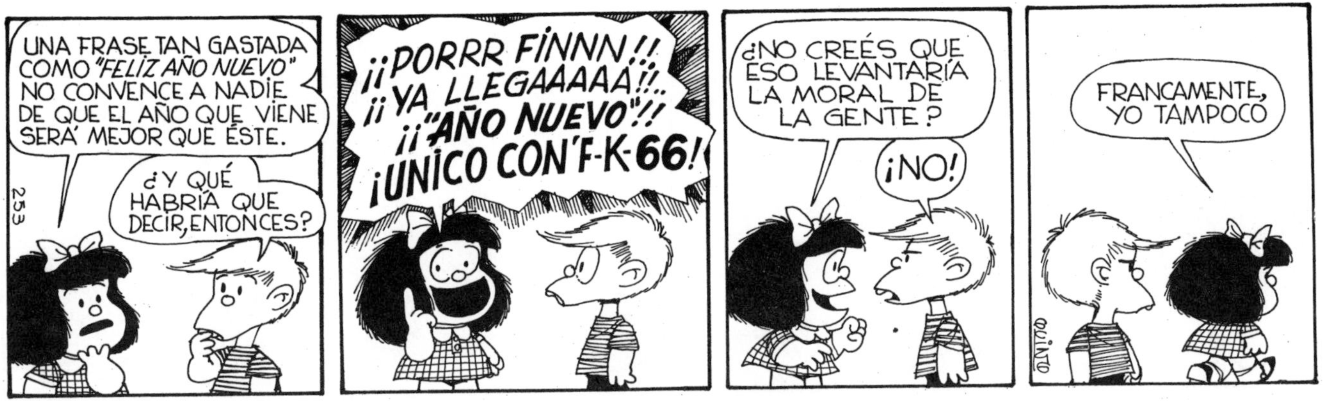
253
UNA FRASE TAN GASTADA COMO *"FELIZ AÑO NUEVO"* NO CONVENCE A NADIE DE QUE EL AÑO QUE VIENE SERÁ MEJOR QUE ÉSTE.
¿Y QUÉ HABRÍA QUE DECIR, ENTONCES?
¡¡PORRR FINNN!! ¡¡YA LLEGAAAAA!!.. ¡¡**"AÑO NUEVO"**!! ¡ÚNICO CON 'F-K-**66**'!
¿NO CREÉS QUE ESO LEVANTARÍA LA MORAL DE LA GENTE?
¡NO!
FRANCAMENTE, YO TAMPOCO
QUINO

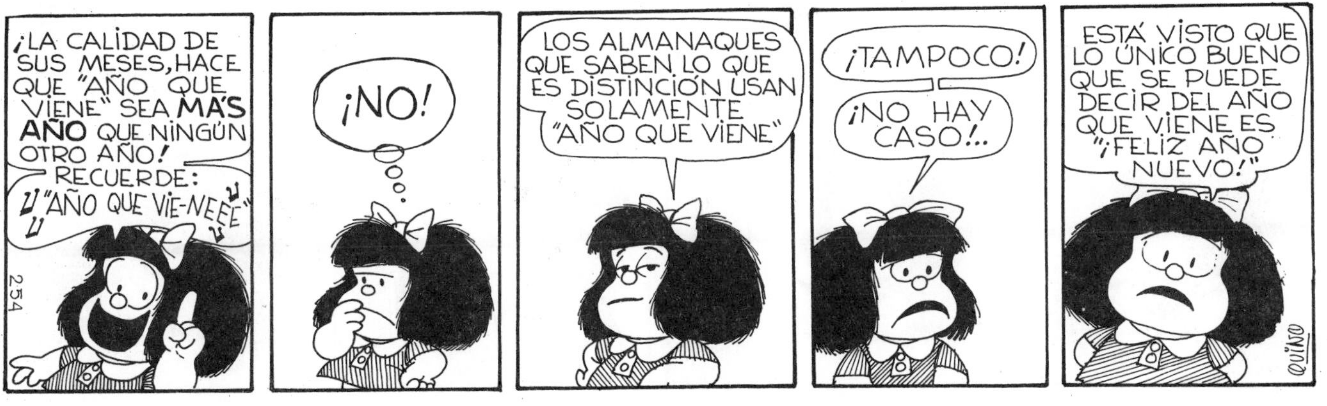
254
¡LA CALIDAD DE SUS MESES, HACE QUE "AÑO QUE VIENE" SEA **MÁS AÑO** QUE NINGÚN OTRO AÑO!
RECUERDE: "AÑO QUE VIE-NEEE"
¡NO!
LOS ALMANAQUES QUE SABEN LO QUE ES DISTINCIÓN USAN SOLAMENTE "AÑO QUE VIENE"
¡TAMPOCO!
¡NO HAY CASO!..
ESTÁ VISTO QUE LO ÚNICO BUENO QUE SE PUEDE DECIR DEL AÑO QUE VIENE ES "¡FELIZ AÑO NUEVO!"
QUINO

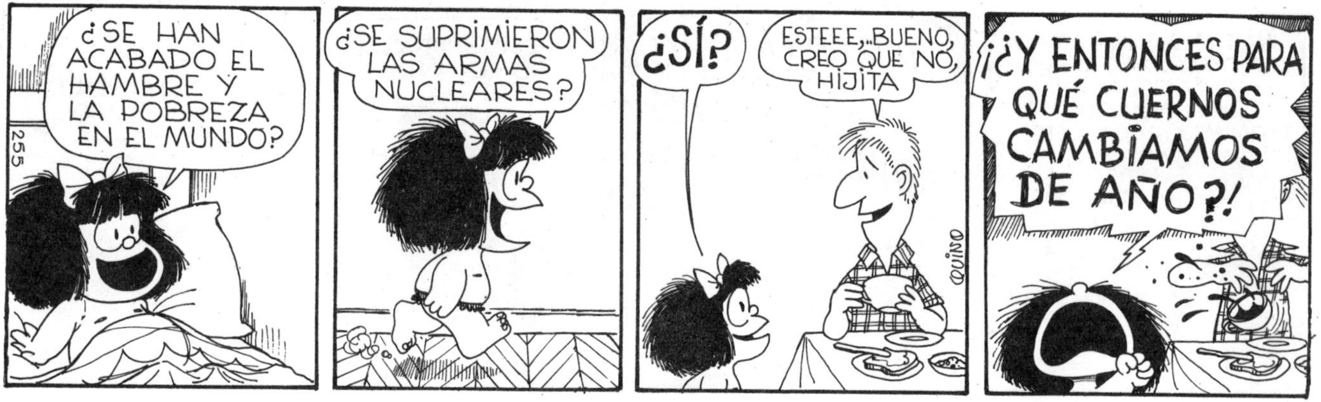
255
¿SE HAN ACABADO EL HAMBRE Y LA POBREZA EN EL MUNDO?
¿SE SUPRIMIERON LAS ARMAS NUCLEARES?
¿SÍ?
ESTEEE,..BUENO, CREO QUE NO, HIJITA
¡¿Y ENTONCES PARA QUÉ CUERNOS CAMBIAMOS DE AÑO?!
QUINO

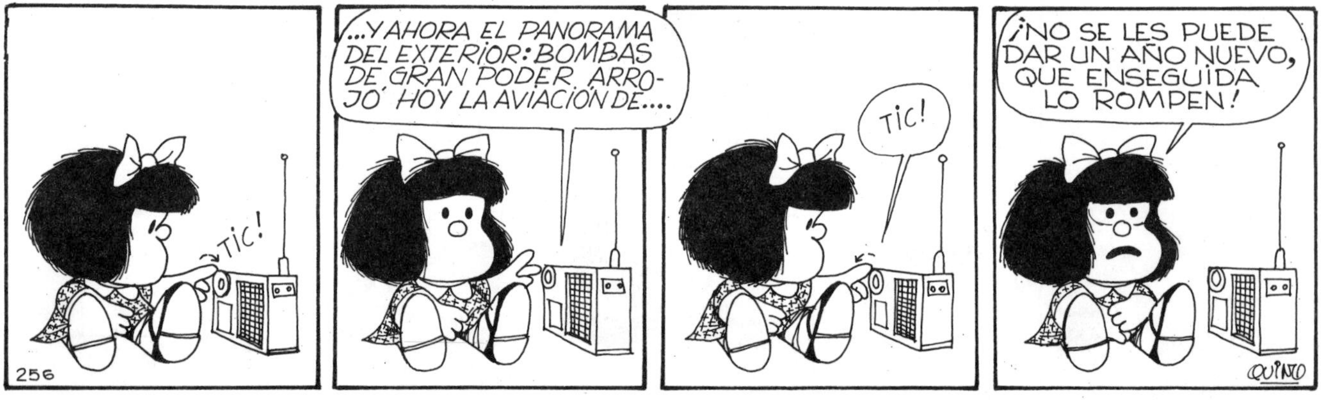
256
TIC!
...Y AHORA EL PANORAMA DEL EXTERIOR: BOMBAS DE GRAN PODER ARROJÓ HOY LA AVIACIÓN DE....
TIC!
¡NO SE LES PUEDE DAR UN AÑO NUEVO, QUE ENSEGUIDA LO ROMPEN!
QUINO

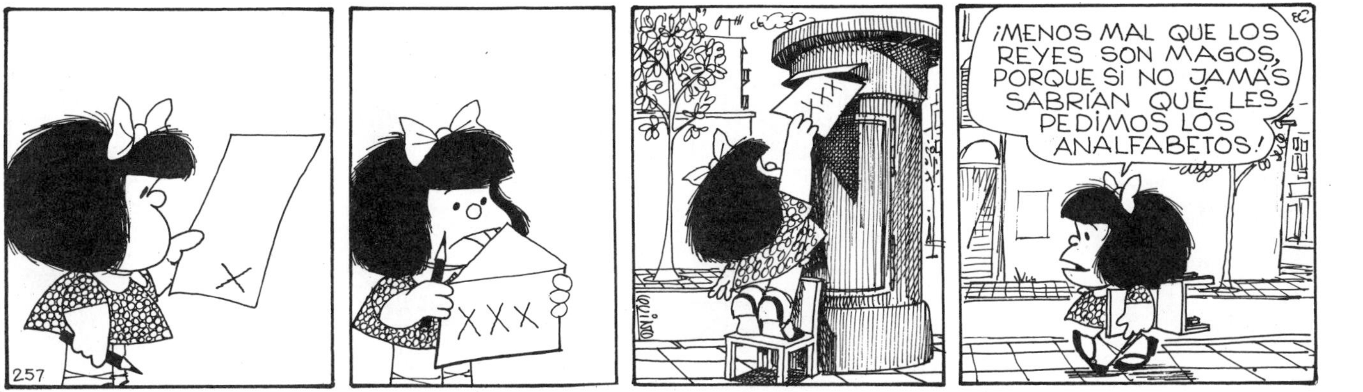
257
¡MENOS MAL QUE LOS REYES SON MAGOS, PORQUE SI NO JAMÁS SABRÍAN QUÉ LES PEDIMOS LOS ANALFABETOS!

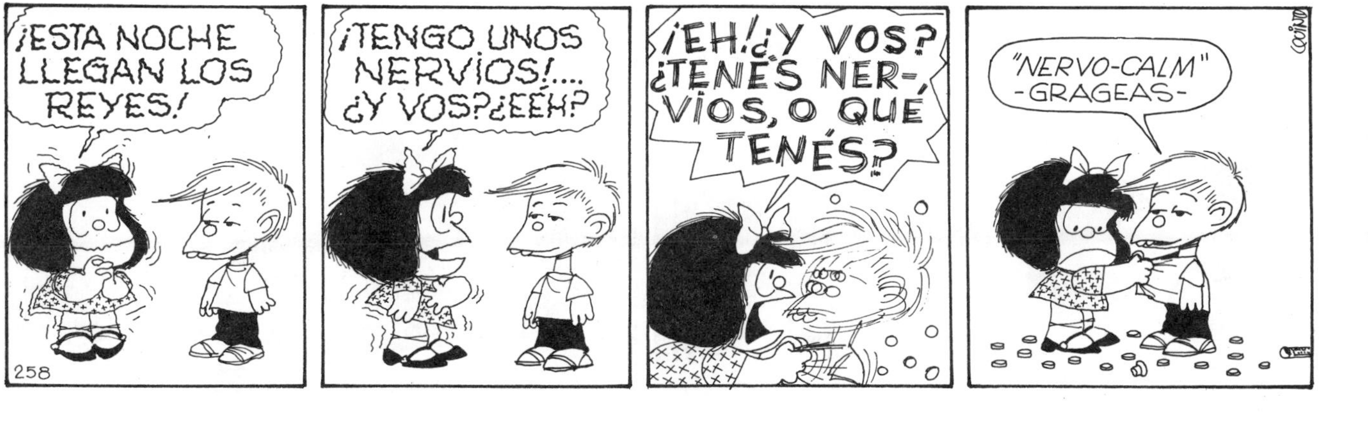
258
¡ESTA NOCHE LLEGAN LOS REYES!
¡TENGO UNOS NERVIOS!.... ¿Y VOS? ¿EÉH?
¡EH! ¿Y VOS? ¿TENÉS NERVIOS, O QUÉ TENÉS?
"NERVO-CALM" -GRAGEAS-

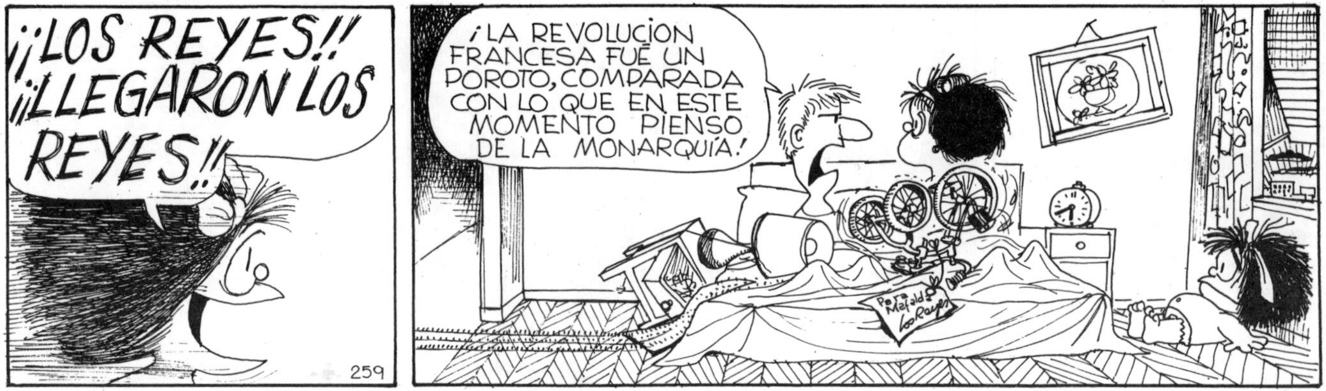
¡¡LOS REYES!! ¡¡LLEGARON LOS REYES!!
259
¡LA REVOLUCION FRANCESA FUÉ UN POROTO, COMPARADA CON LO QUE EN ESTE MOMENTO PIENSO DE LA MONARQUÍA!
Para Mafalda Los Reyes

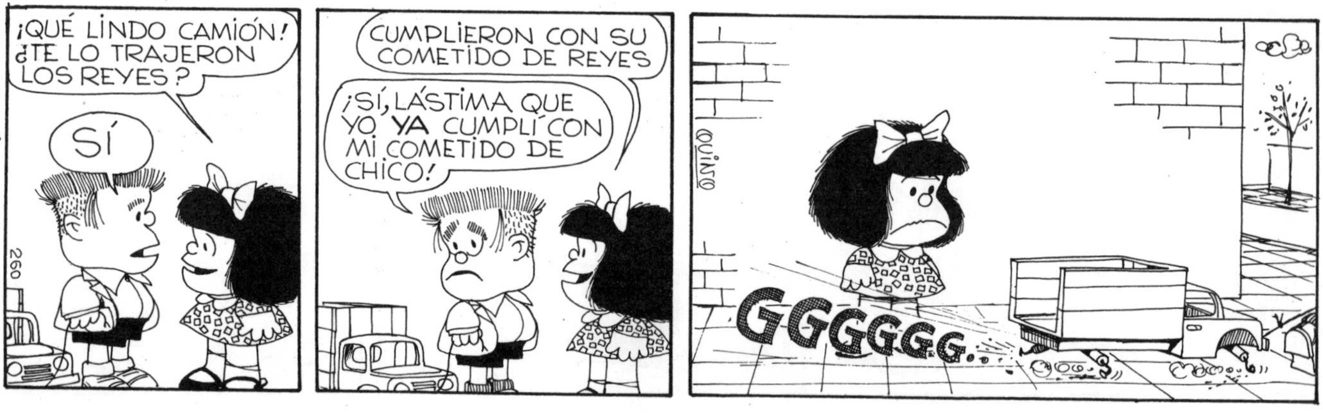
260
¡QUÉ LINDO CAMIÓN! ¿TE LO TRAJERON LOS REYES?
SÍ
CUMPLIERON CON SU COMETIDO DE REYES
¡SÍ, LÁSTIMA QUE YO YA CUMPLÍ CON MI COMETIDO DE CHICO!
QUINO
GGGGGG..

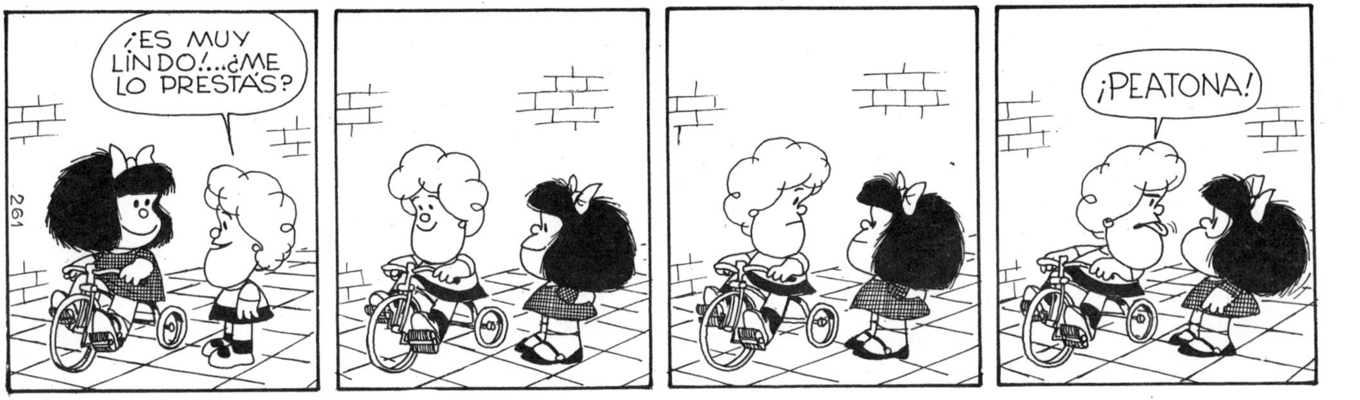
261
¡ES MUY LINDO!...¿ME LO PRESTÁS?
¡PEATONA!

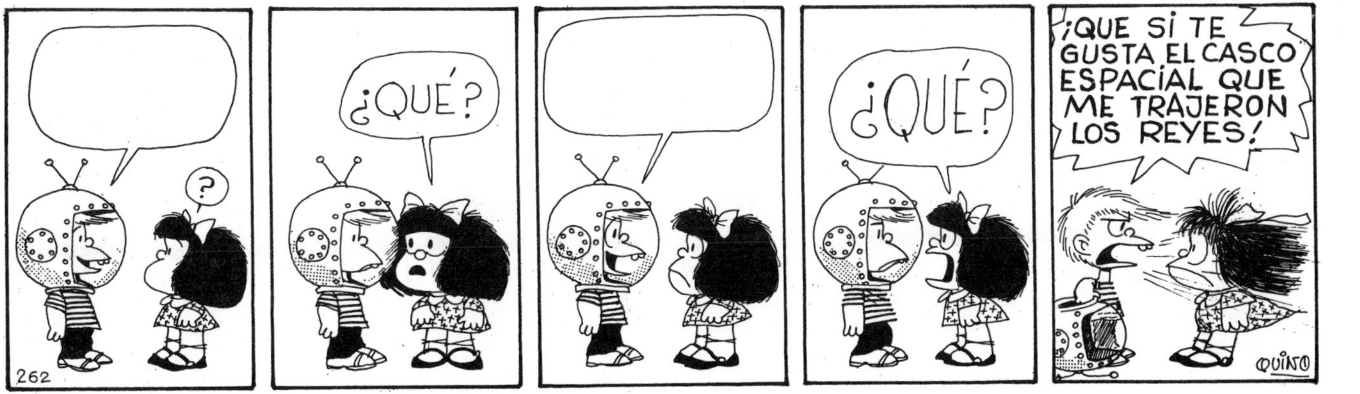
262
?
¿QUÉ?
¿QUÉ?
¡QUE SI TE GUSTA EL CASCO ESPACIAL QUE ME TRAJERON LOS REYES!
QUINO

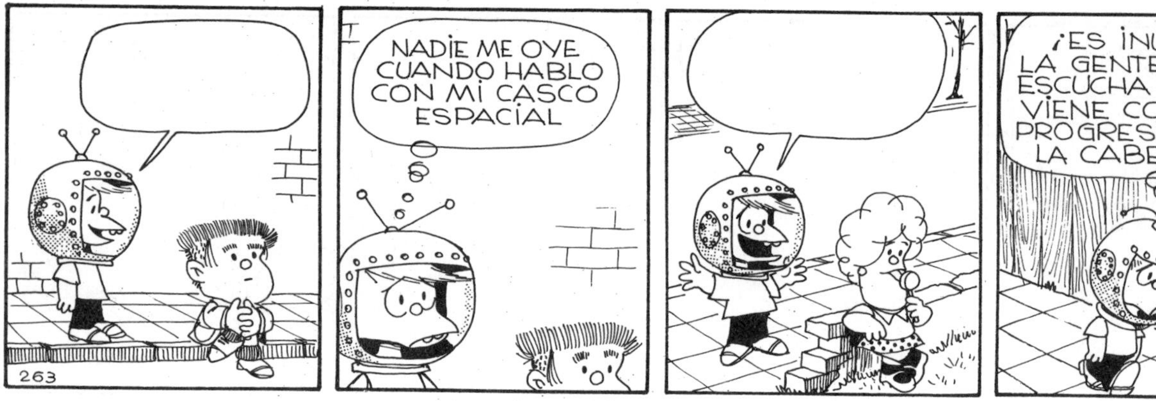
263
NADIE ME OYE CUANDO HABLO CON MI CASCO ESPACIAL
¡ES INÚTIL!... LA GENTE NUNCA ESCUCHA AL QUE VIENE CON ALGO PROGRESISTA EN LA CABEZA

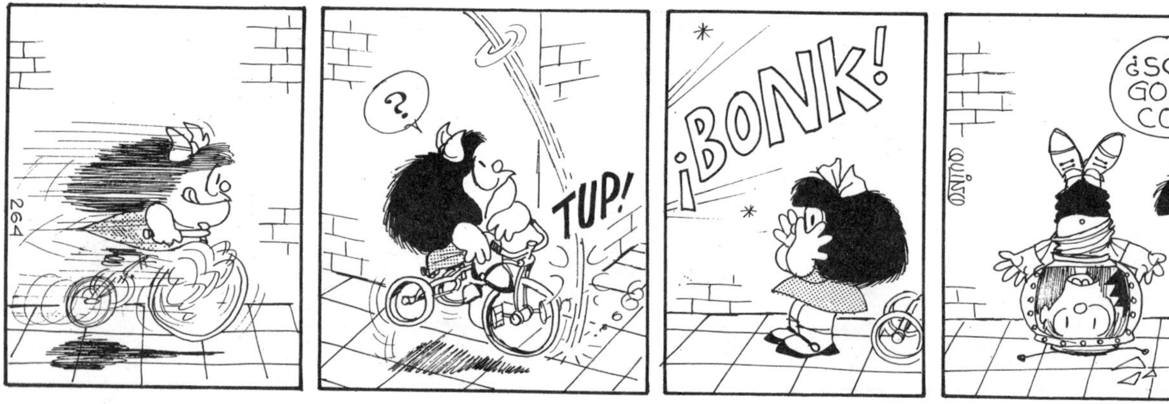
264
?
TUP!
¡BONK!
QUINO
¿SOS VOS, GORDON COOPER?

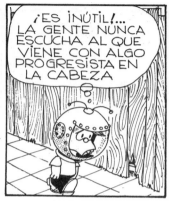

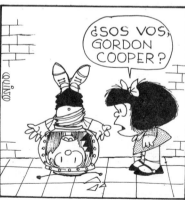

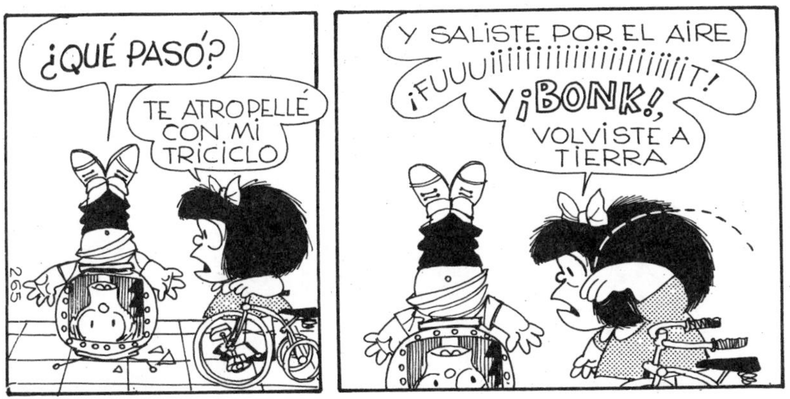
¿QUÉ PASÓ?
TE ATROPELLÉ CON MI TRICICLO
265
Y SALISTE POR EL AIRE
¡FUUUiiiiiiiiiiiiiiiiiiiiiiiT!
Y ¡BONK!,
VOLVISTE A TIERRA
QUINO
NO DIRÉ QUE HEMOS ESCRITO LA PRIMERA PÁGINA, PERO SÍ LOS PRIMEROS RENGLONES DE LA COSMONÁUTICA NACIONAL

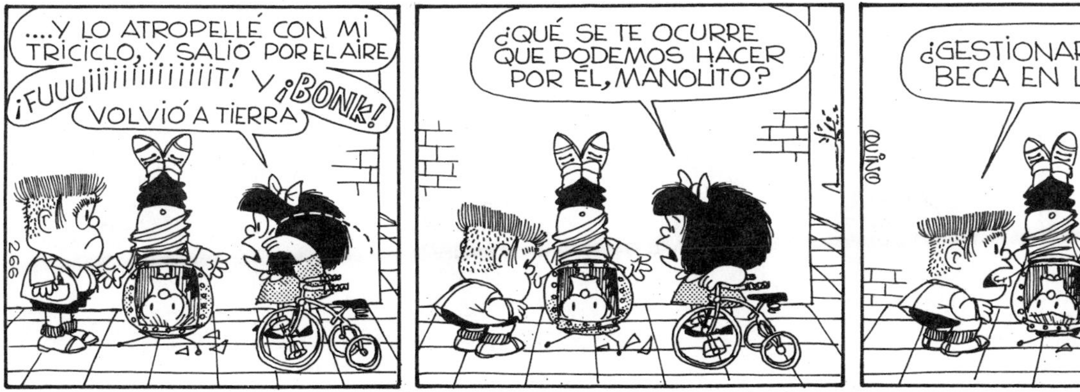
....Y LO ATROPELLÉ CON MI TRICICLO, Y SALIÓ POR EL AIRE
¡FUUUiiiiiiiiiiiiiiiT! Y ¡BONK!
VOLVIÓ A TIERRA
266
¿QUÉ SE TE OCURRE QUE PODEMOS HACER POR ÉL, MANOLITO?
QUINO
¿GESTIONARLE UNA BECA EN LA N.A.S.A.?

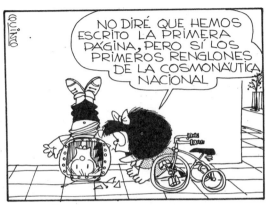

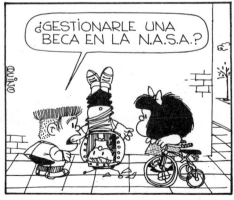

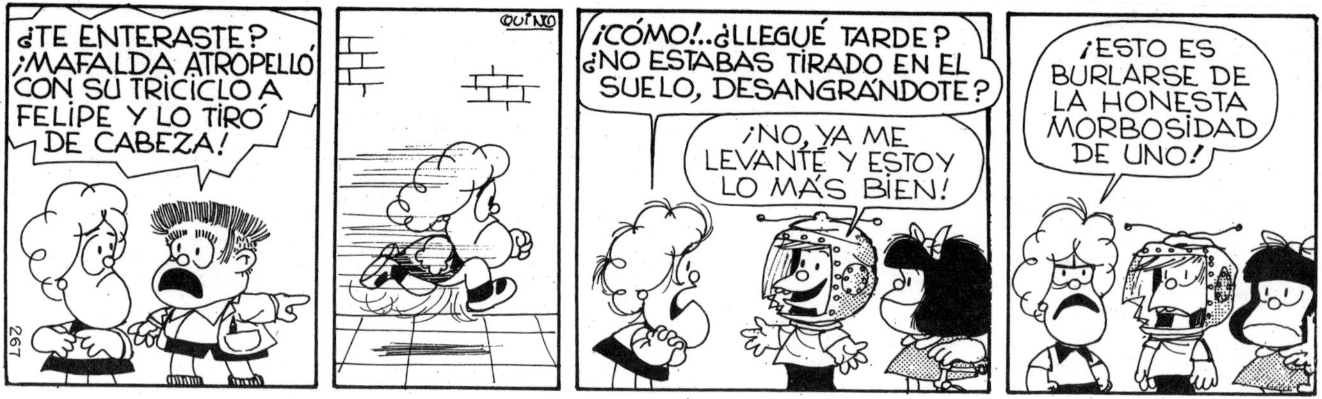
¿TE ENTERASTE? ¡MAFALDA ATROPELLÓ CON SU TRICICLO A FELIPE Y LO TIRÓ DE CABEZA!
¡CÓMO!..¿LLEGUÉ TARDE? ¿NO ESTABAS TIRADO EN EL SUELO, DESANGRÁNDOTE?
¡NO, YA ME LEVANTÉ Y ESTOY LO MÁS BIEN!
¡ESTO ES BURLARSE DE LA HONESTA MORBOSIDAD DE UNO!
267
QUINO

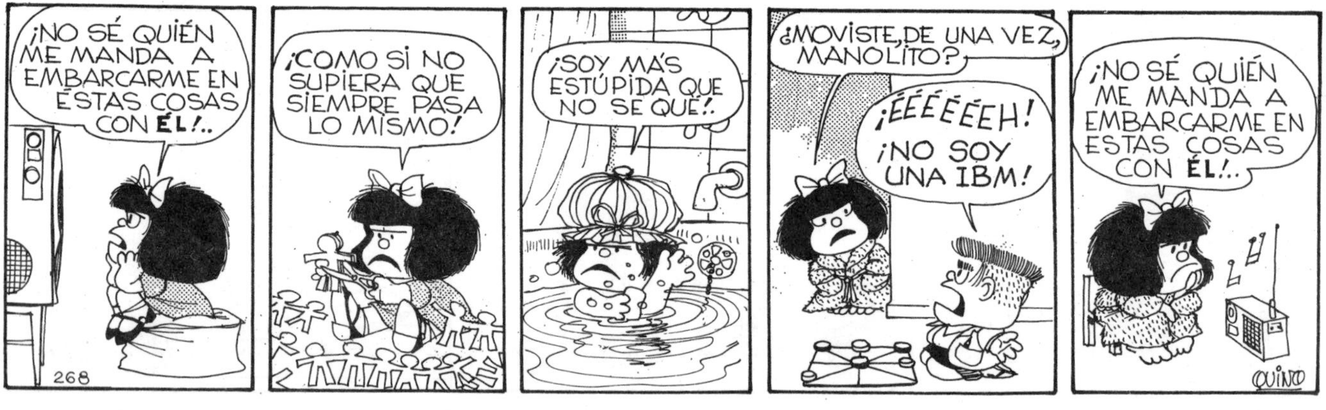
¡NO SÉ QUIÉN ME MANDA A EMBARCARME EN ESTAS COSAS CON **ÉL**!..
¡COMO SI NO SUPIERA QUE SIEMPRE PASA LO MISMO!
¡SOY MÁS ESTÚPIDA QUE NO SE QUÉ!.
¿MOVISTE, DE UNA VEZ, MANOLITO?
¡ÉÉÉÉÉEH!
¡NO SOY UNA IBM!
¡NO SÉ QUIÉN ME MANDA A EMBARCARME EN ESTAS COSAS CON **ÉL**!..
268
QUINO

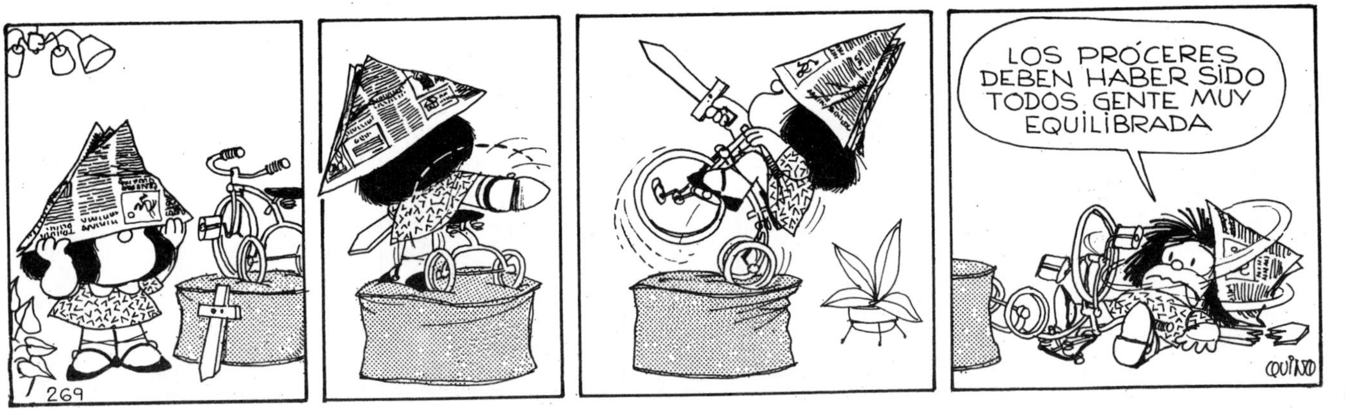
269
LOS PRÓCERES DEBEN HABER SIDO TODOS GENTE MUY EQUILIBRADA

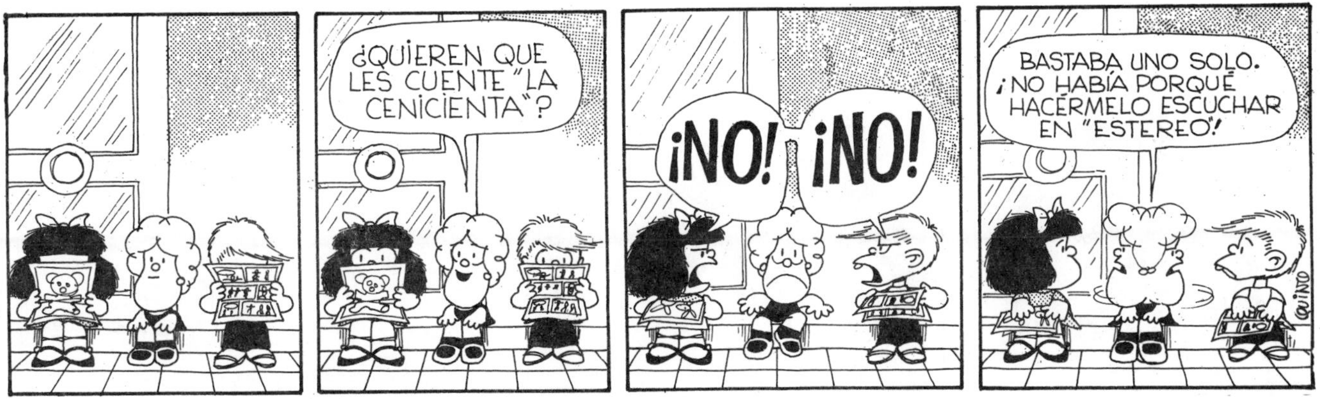
¿QUIEREN QUE LES CUENTE "LA CENICIENTA"?
¡NO!
¡NO!
BASTABA UNO SOLO. ¡NO HABÍA PORQUÉ HACÉRMELO ESCUCHAR EN "ESTEREO"!

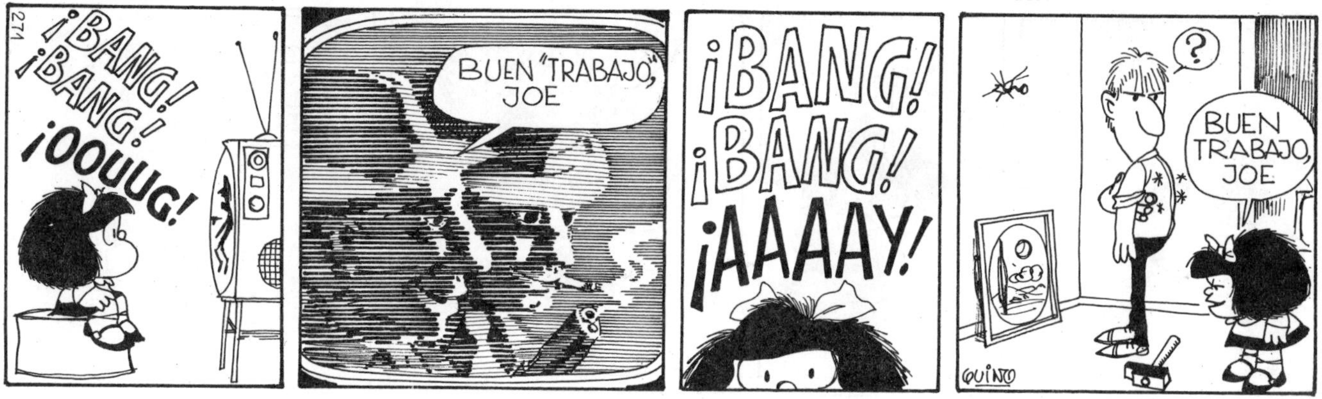
271
¡BANG! ¡BANG! ¡OOUUG!
BUEN "TRABAJO", JOE
¡BANG! ¡BANG! ¡AAAAY!
?
BUEN TRABAJO, JOE
QUINO

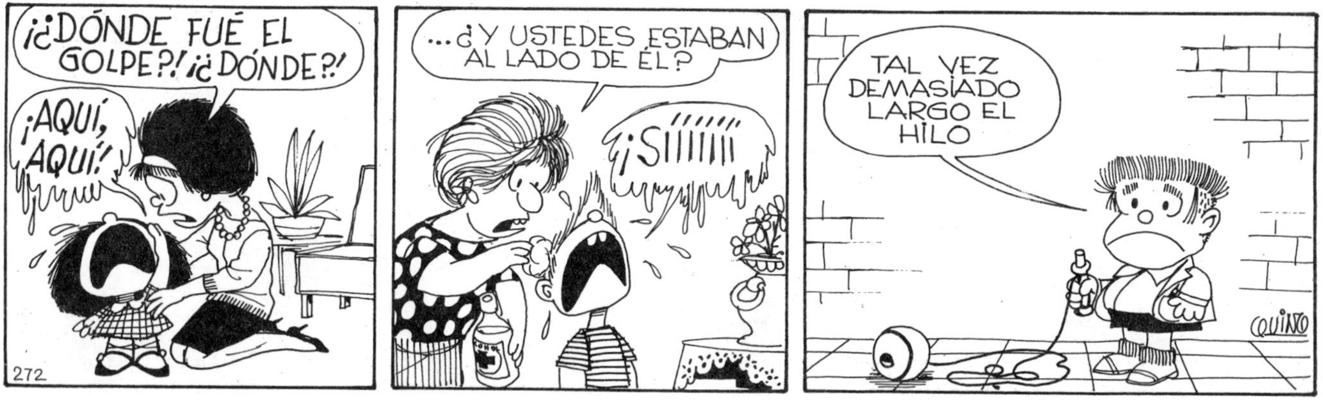
¡¿DÓNDE FUÉ EL GOLPE?! ¡¿DÓNDE?!
¡AQUÍ, AQUÍ!
272
...¿Y USTEDES ESTABAN AL LADO DE ÉL?
¡SÍIIIIII
TAL VEZ DEMASIADO LARGO EL HILO
QUINO

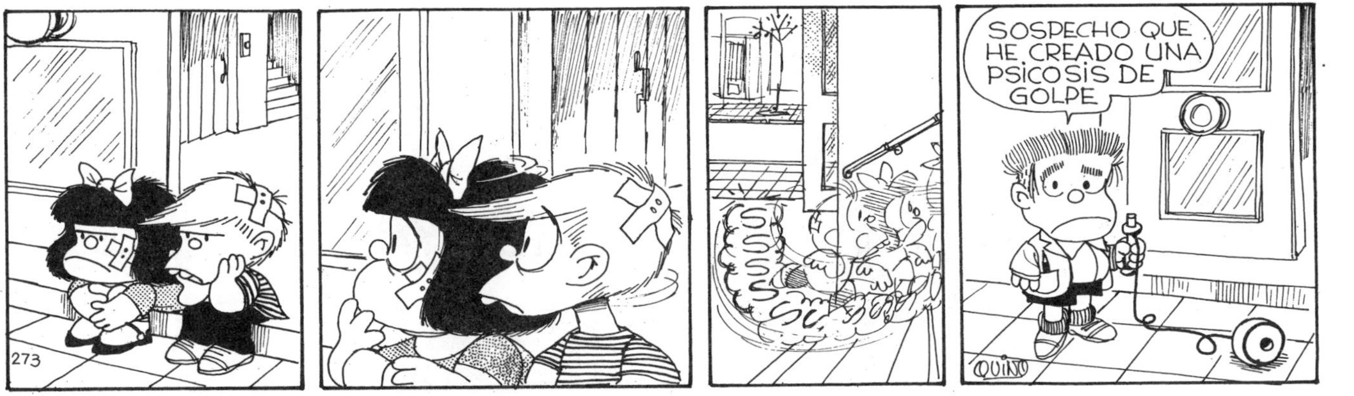
273
SOSPECHO QUE HE CREADO UNA PSICOSIS DE GOLPE
QUINO

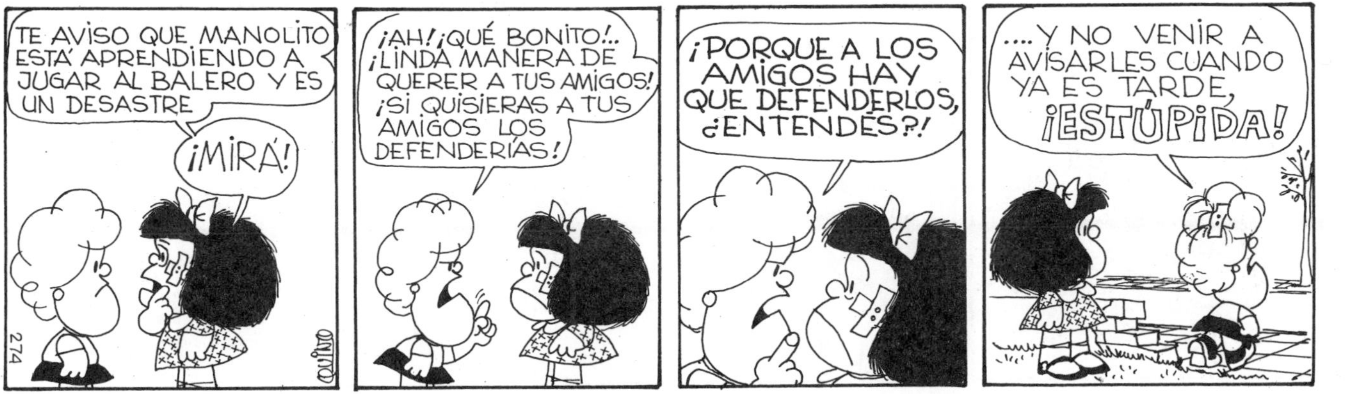
274
TE AVISO QUE MANOLITO ESTÁ APRENDIENDO A JUGAR AL BALERO Y ES UN DESASTRE
¡MIRÁ!
QUINO
¡AH! ¡QUÉ BONITO!.. ¡LINDA MANERA DE QUERER A TUS AMIGOS! ¡SI QUISIERAS A TUS AMIGOS LOS DEFENDERÍAS!
¡PORQUE A LOS AMIGOS HAY QUE DEFENDERLOS, ¿ENTENDÉS?!
....Y NO VENIR A AVISARLES CUANDO YA ES TARDE, ¡ESTÚPIDA!

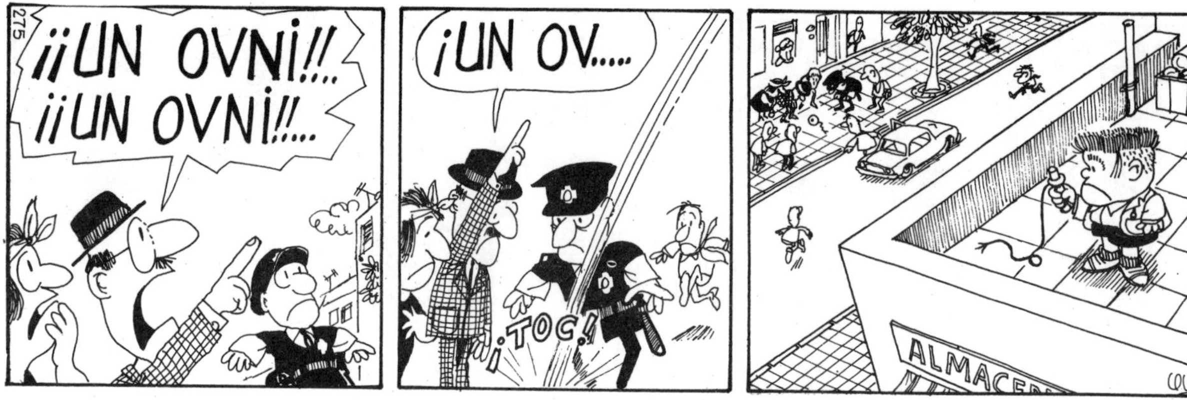
275
¡¡UN OVNI!!...
¡¡UN OVNI!!...
¡UN OV.....
¡TOC!
ALMACE
QUINO

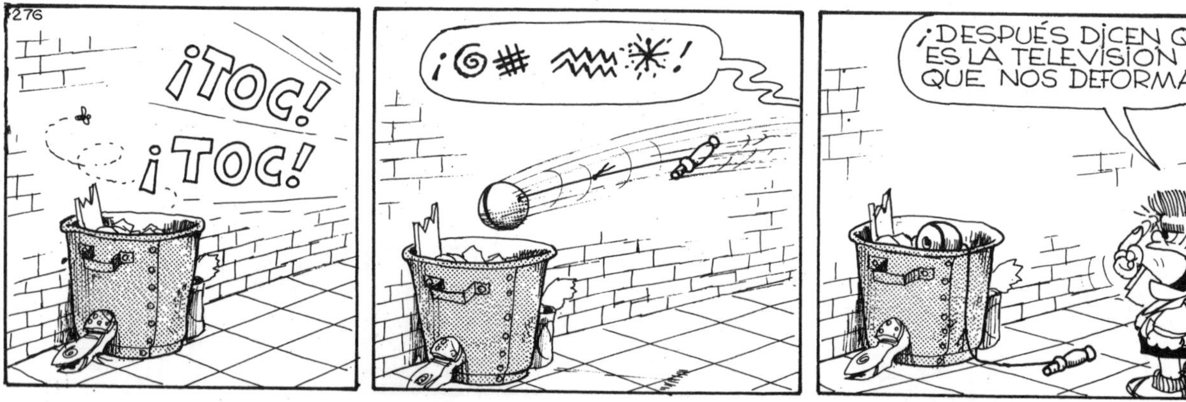
276
¡TOC!
¡TOC!
¡¿DESPUÉS DICEN QUE ES LA TELEVISIÓN LA QUE NOS DEFORMA!
QUINO

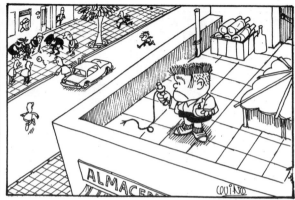

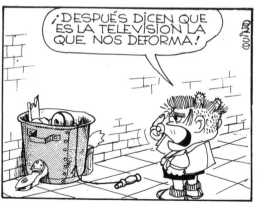

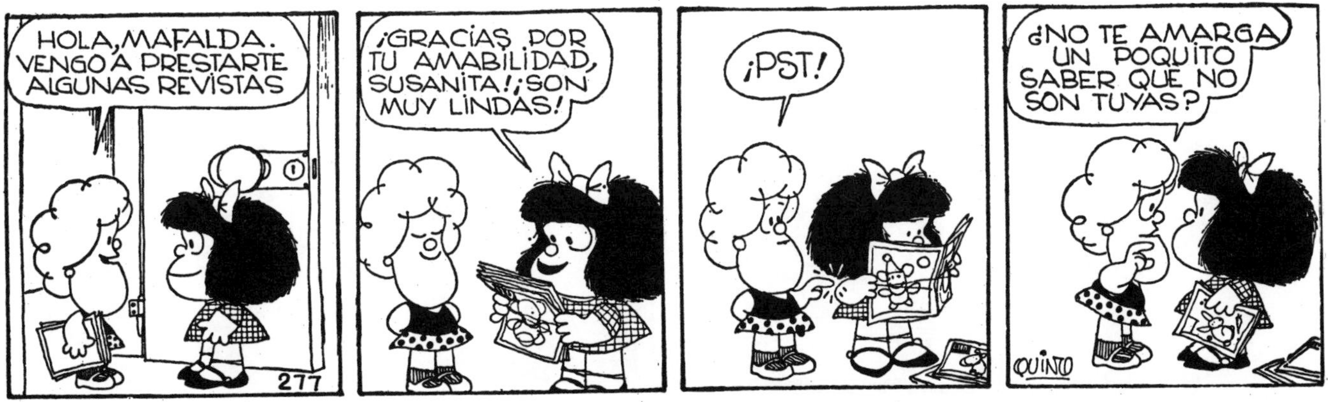
HOLA, MAFALDA. VENGO A PRESTARTE ALGUNAS REVISTAS
277
¡GRACIAS POR TU AMABILIDAD, SUSANITA! ¡SON MUY LINDAS!
¡PST!
¿NO TE AMARGA UN POQUITO SABER QUE NO SON TUYAS?
QUINO

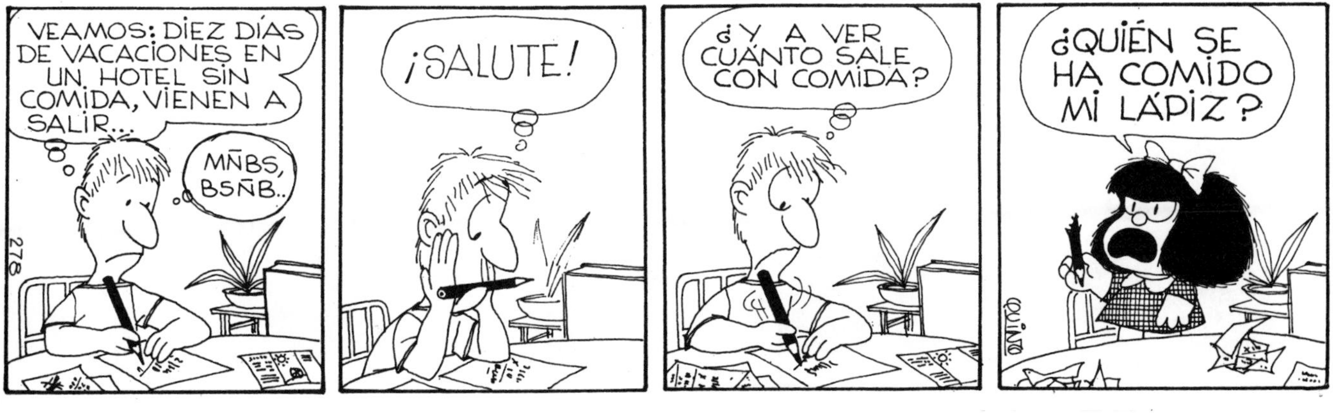
VEAMOS: DIEZ DÍAS DE VACACIONES EN UN HOTEL SIN COMIDA, VIENEN A SALIR...
MÑBS, BSÑB..
278
¡SALUTE!
¿Y A VER CUÁNTO SALE CON COMIDA?
QUINO
¿QUIÉN SE HA COMIDO MI LÁPIZ?

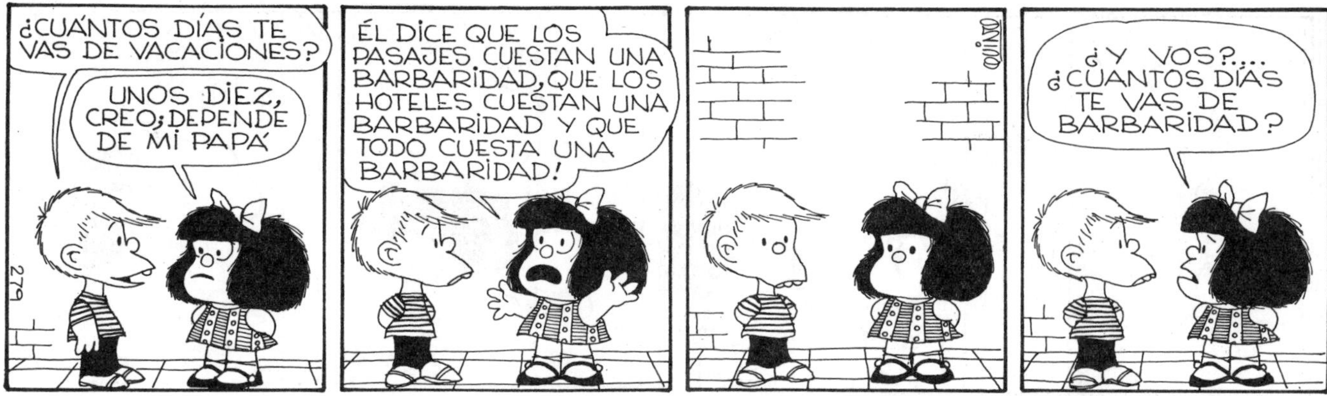
¿CUÁNTOS DÍAS TE VAS DE VACACIONES?
UNOS DIEZ, CREO; DEPENDE DE MI PAPÁ
ÉL DICE QUE LOS PASAJES CUESTAN UNA BARBARIDAD, QUE LOS HOTELES CUESTAN UNA BARBARIDAD Y QUE TODO CUESTA UNA BARBARIDAD!
QUINO
¿Y VOS?... ¿CUANTOS DÍAS TE VAS DE BARBARIDAD?
279

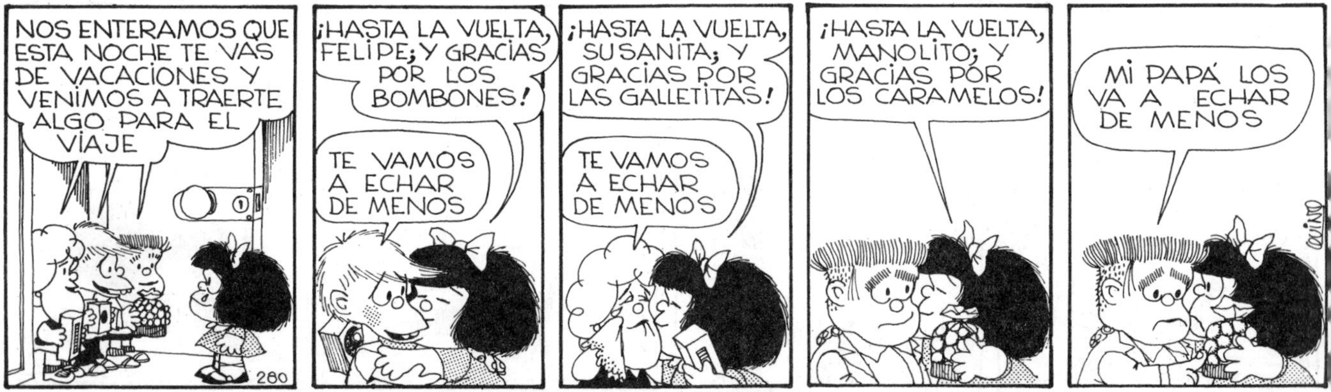
NOS ENTERAMOS QUE ESTA NOCHE TE VAS DE VACACIONES Y VENIMOS A TRAERTE ALGO PARA EL VIAJE
280
¡HASTA LA VUELTA, FELIPE; Y GRACIAS POR LOS BOMBONES!
TE VAMOS A ECHAR DE MENOS
¡HASTA LA VUELTA, SUSANITA; Y GRACIAS POR LAS GALLETITAS!
TE VAMOS A ECHAR DE MENOS
¡HASTA LA VUELTA, MANOLITO; Y GRACIAS POR LOS CARAMELOS!
QUINO
MI PAPÁ LOS VA A ECHAR DE MENOS

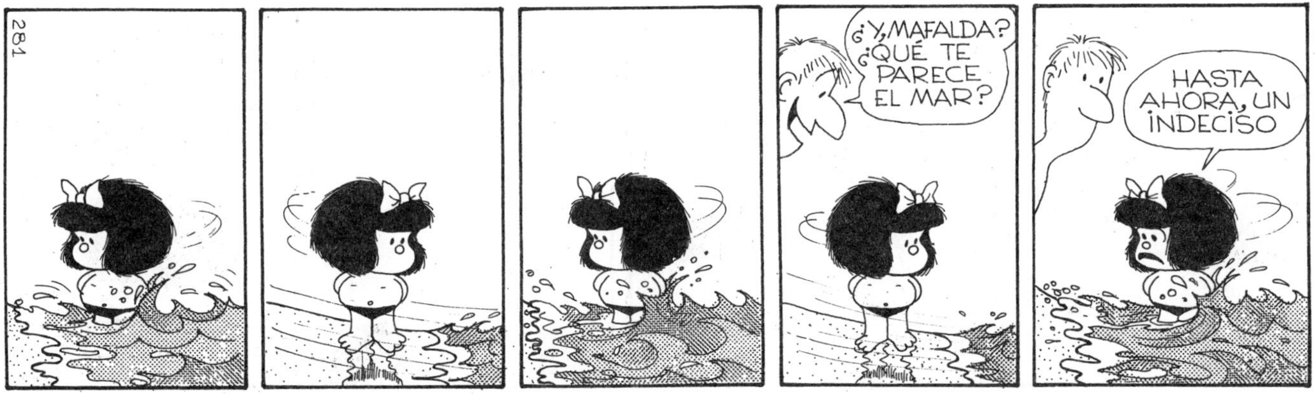
281
¿Y, MAFALDA? ¿QUÉ TE PARECE EL MAR?
HASTA AHORA, UN INDECISO

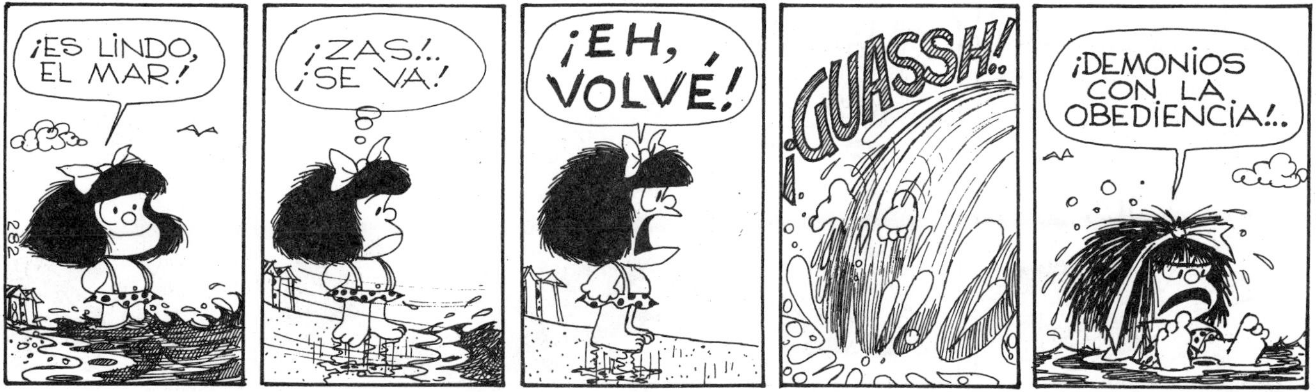
282
¡ES LINDO, EL MAR!
¡ZAS!.. ¡SE VA!
¡EH, VOLVÉ!
¡GUASSH!..
¡DEMONIOS CON LA OBEDIENCIA!..

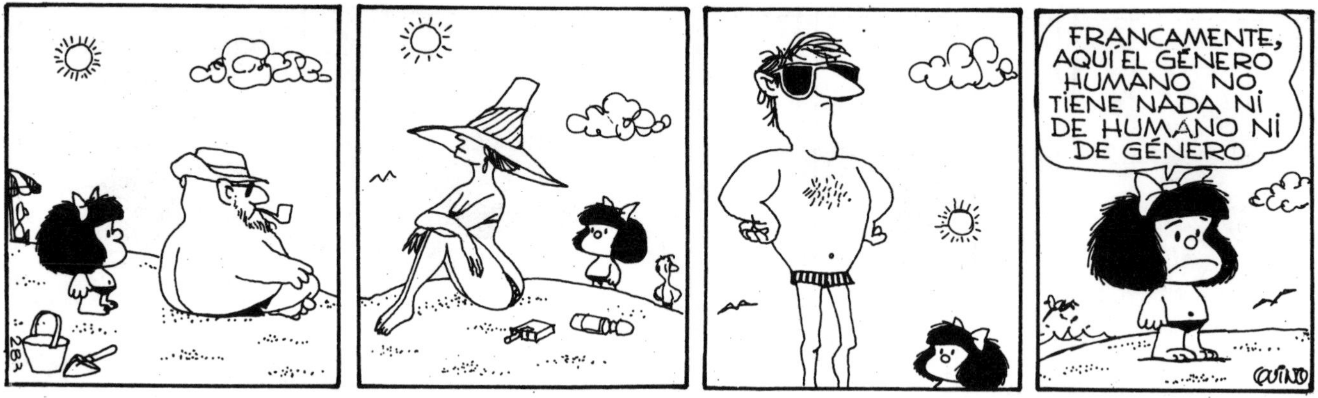
283
FRANCAMENTE, AQUÍ EL GÉNERO HUMANO NO TIENE NADA NI DE HUMANO NI DE GÉNERO
QUINO

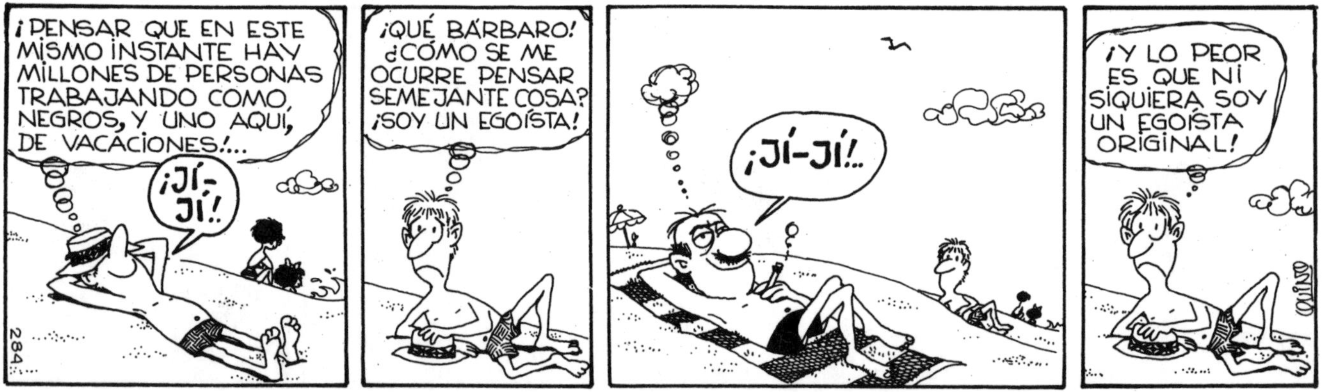
¡PENSAR QUE EN ESTE MISMO INSTANTE HAY MILLONES DE PERSONAS TRABAJANDO COMO NEGROS, Y UNO AQUÍ, DE VACACIONES!...
¡JÍ-JÍ!.
284
¡QUÉ BÁRBARO! ¿CÓMO SE ME OCURRE PENSAR SEMEJANTE COSA? ¡SOY UN EGOÍSTA!
¡JÍ-JÍ!..
¡Y LO PEOR ES QUE NI SIQUIERA SOY UN EGOÍSTA ORIGINAL!
QUINO

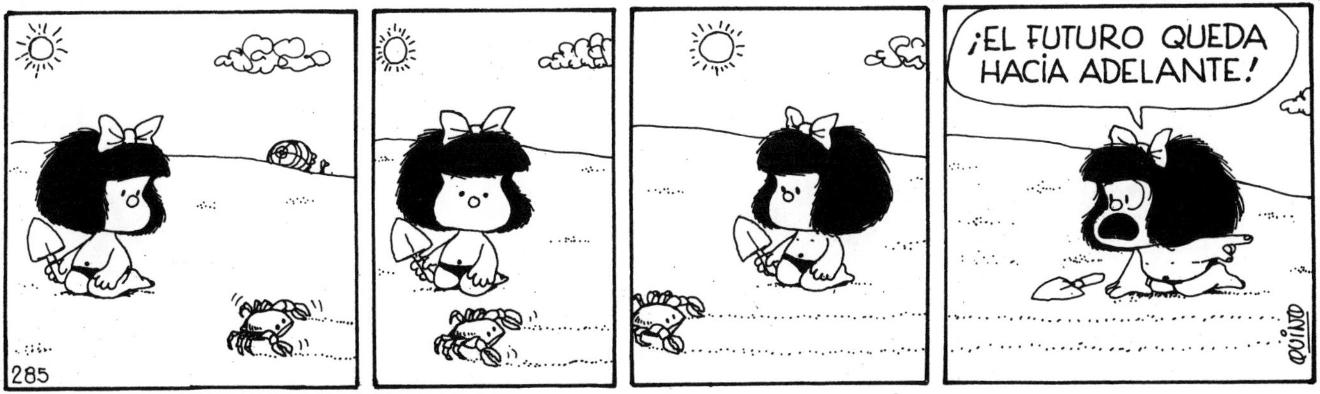
¡EL FUTURO QUEDA HACIA ADELANTE!
QUINO
285

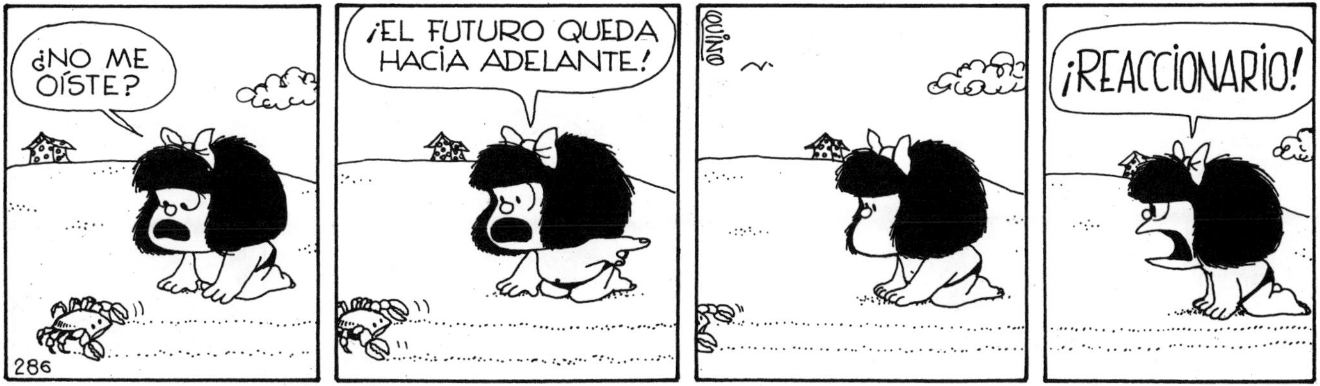
¿NO ME OÍSTE?
¡EL FUTURO QUEDA HACIA ADELANTE!
QUINO
¡REACCIONARIO!
286

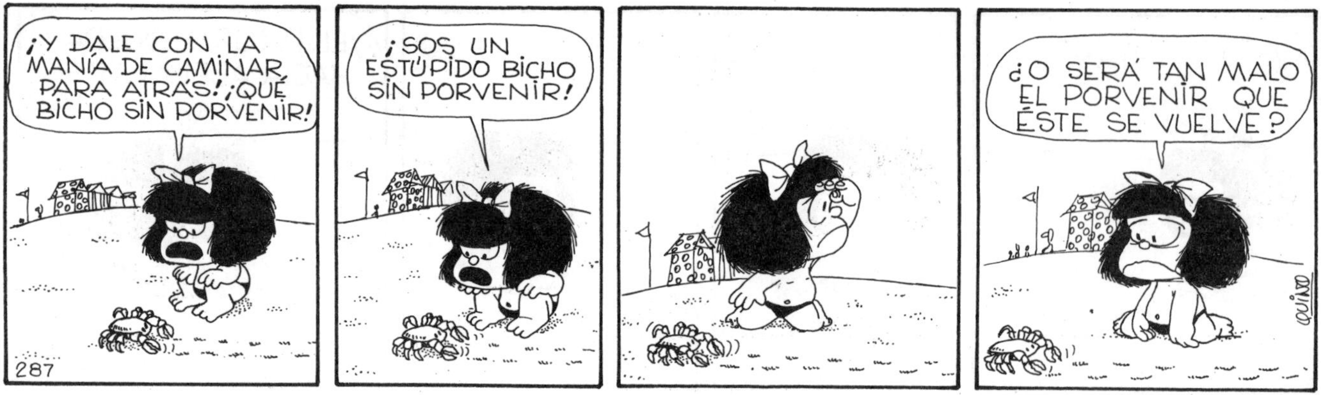
¡Y DALE CON LA MANÍA DE CAMINAR PARA ATRÁS! ¡QUÉ BICHO SIN PORVENIR!
287
¡SOS UN ESTÚPIDO BICHO SIN PORVENIR!
¿O SERÁ TAN MALO EL PORVENIR QUE ÉSTE SE VUELVE?
QUINO

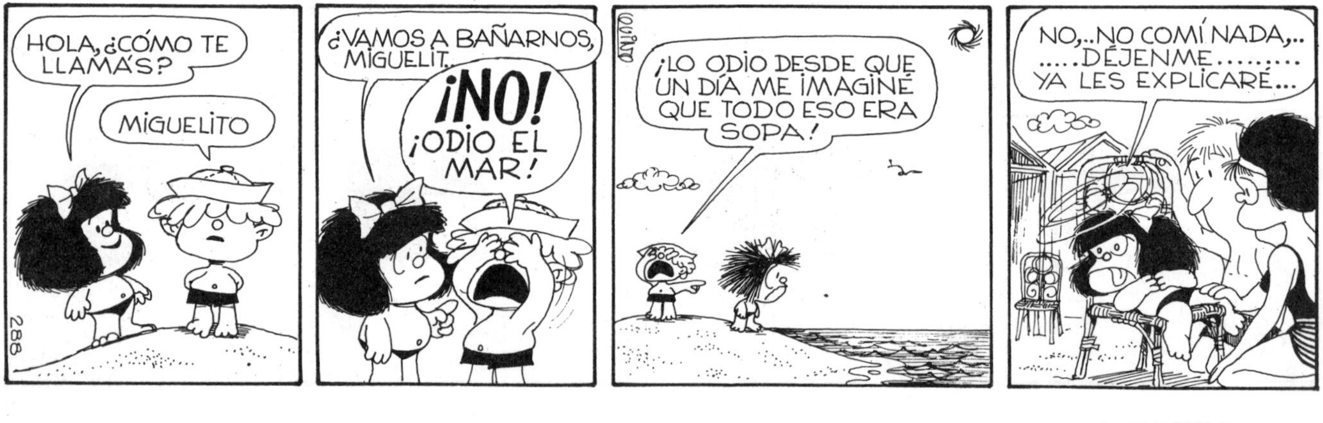
HOLA, ¿CÓMO TE LLAMÁS?
MIGUELITO
288
¿VAMOS A BAÑARNOS, MIGUELIT...
¡NO!
¡ODIO EL MAR!
QUINO
¡LO ODIO DESDE QUE UN DÍA ME IMAGINÉ QUE TODO ESO ERA SOPA!
NO,..NO COMÍ NADA,...
.....DÉJENME.........
YA LES EXPLICARÉ...

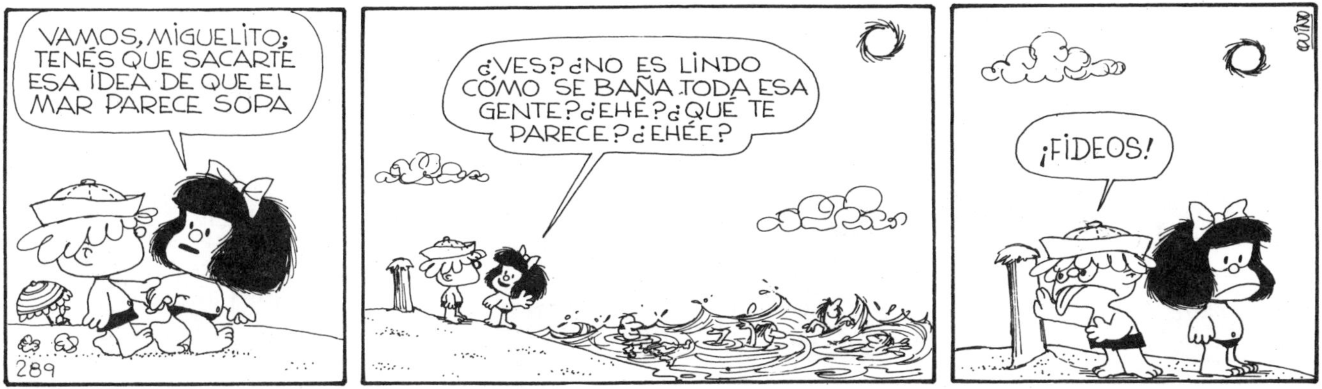
VAMOS, MIGUELITO; TENÉS QUE SACARTE ESA IDEA DE QUE EL MAR PARECE SOPA
289
¿VES? ¿NO ES LINDO CÓMO SE BAÑA TODA ESA GENTE? ¿EHÉ? ¿QUÉ TE PARECE? ¿EHÉE?
QUINO
¡FIDEOS!

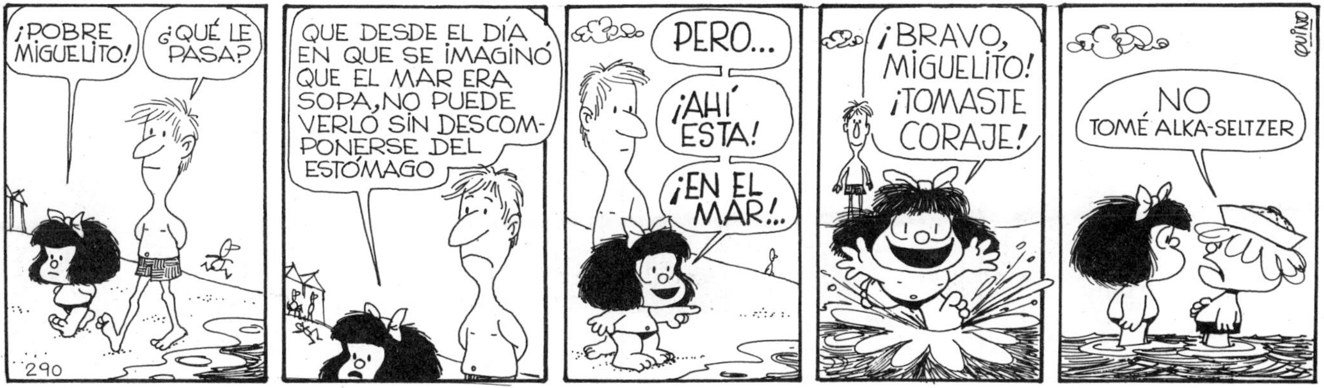
¡POBRE MIGUELITO!
¿QUÉ LE PASA?
290
QUE DESDE EL DÍA EN QUE SE IMAGINÓ QUE EL MAR ERA SOPA, NO PUEDE VERLO SIN DESCOMPONERSE DEL ESTÓMAGO
PERO...
¡AHÍ ESTA!
¡EN EL MAR!..
¡BRAVO, MIGUELITO! ¡TOMASTE CORAJE!
QUINO
NO TOMÉ ALKA-SELTZER

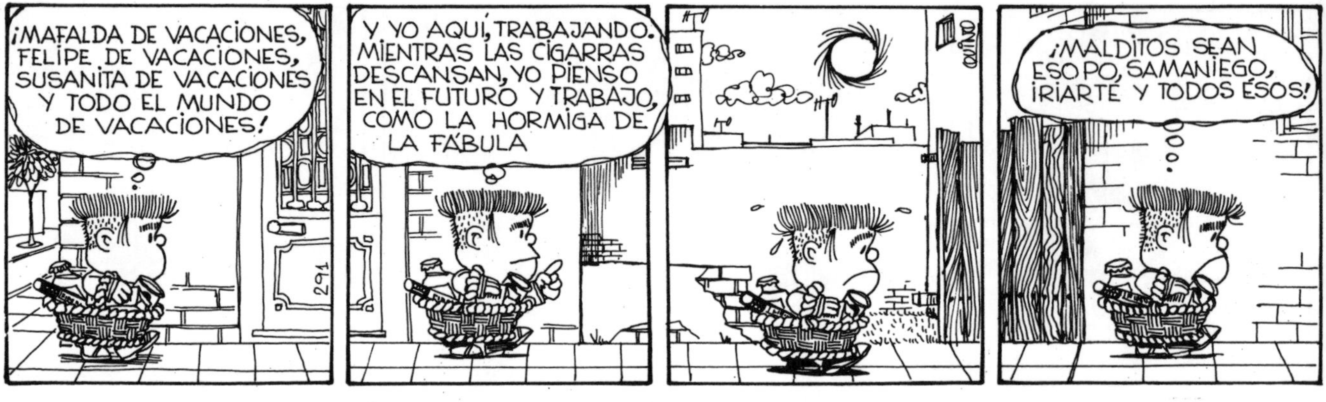

291
¡MAFALDA DE VACACIONES, FELIPE DE VACACIONES, SUSANITA DE VACACIONES Y TODO EL MUNDO DE VACACIONES!
Y YO AQUÍ, TRABAJANDO. MIENTRAS LAS CIGARRAS DESCANSAN, YO PIENSO EN EL FUTURO Y TRABAJO, COMO LA HORMIGA DE LA FÁBULA
¡MALDITOS SEAN ESOPO, SAMANIEGO, IRIARTE Y TODOS ÉSOS!

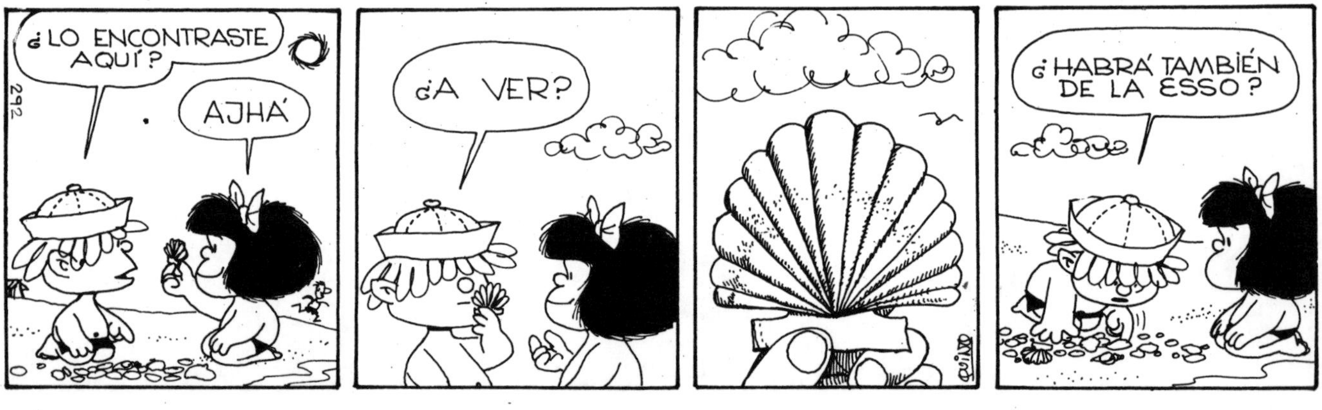

292
¿LO ENCONTRASTE AQUÍ?
AJHÁ
¿A VER?
¿HABRÁ TAMBIÉN DE LA ESSO?

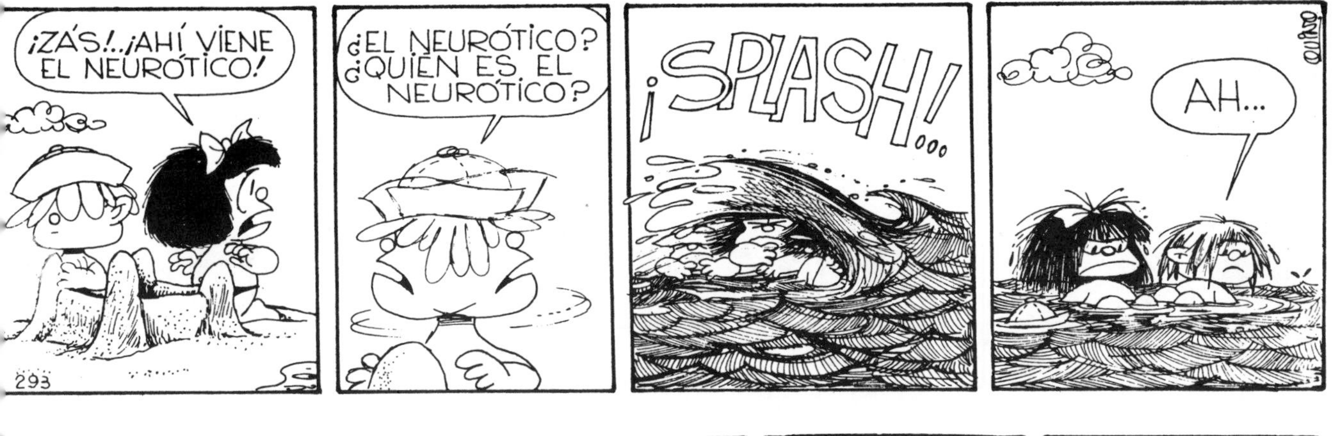
¡ZÁS!..¡AHÍ VIENE EL NEURÓTICO!
293
¿EL NEURÓTICO? ¿QUIÉN ES EL NEURÓTICO?
¡SPLASH!...
QUINO
AH...

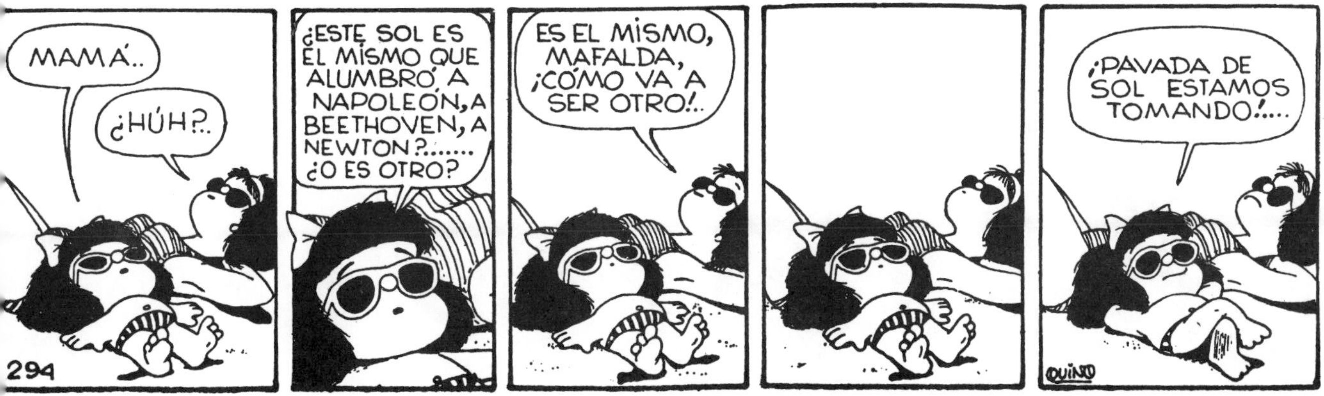
MAMÁ..
¿HÚH?..
294
¿ESTE SOL ES EL MISMO QUE ALUMBRÓ A NAPOLEÓN, A BEETHOVEN, A NEWTON?....... ¿O ES OTRO?
ES EL MISMO, MAFALDA, ¡CÓMO VA A SER OTRO!..
¡PAVADA DE SOL ESTAMOS TOMANDO!....
QUINO

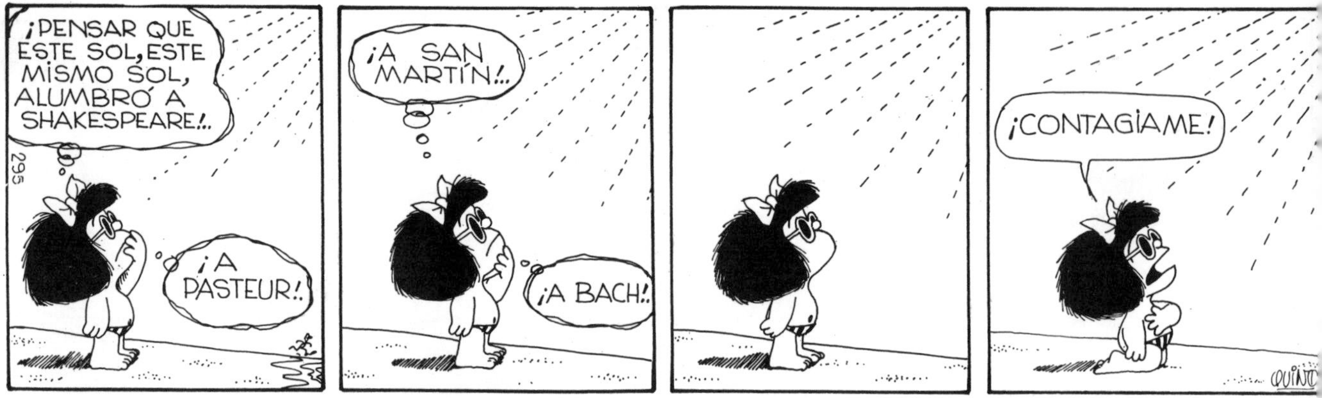
295
¡PENSAR QUE ESTE SOL, ESTE MISMO SOL, ALUMBRÓ A SHAKESPEARE!..
¡A PASTEUR!.
¡A SAN MARTÍN!..
¡A BACH!.
¡CONTAGIAME!
QUINO

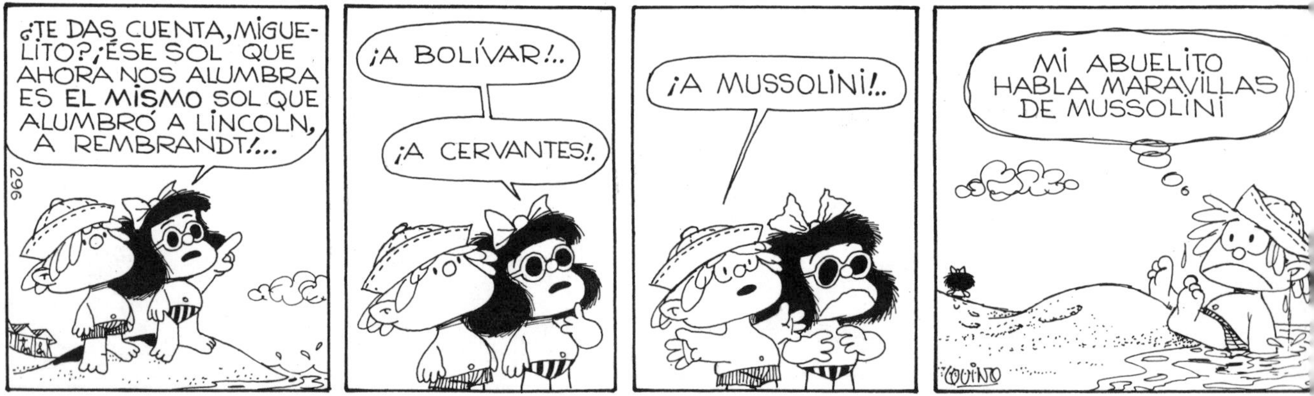
296
¿TE DAS CUENTA, MIGUELITO? ¡ÉSE SOL QUE AHORA NOS ALUMBRA ES **EL MISMO** SOL QUE ALUMBRÓ A LINCOLN, A REMBRANDT!...
¡A BOLÍVAR!..
¡A CERVANTES!.
¡A MUSSOLINI!..
MI ABUELITO HABLA MARAVILLAS DE MUSSOLINI
QUINO

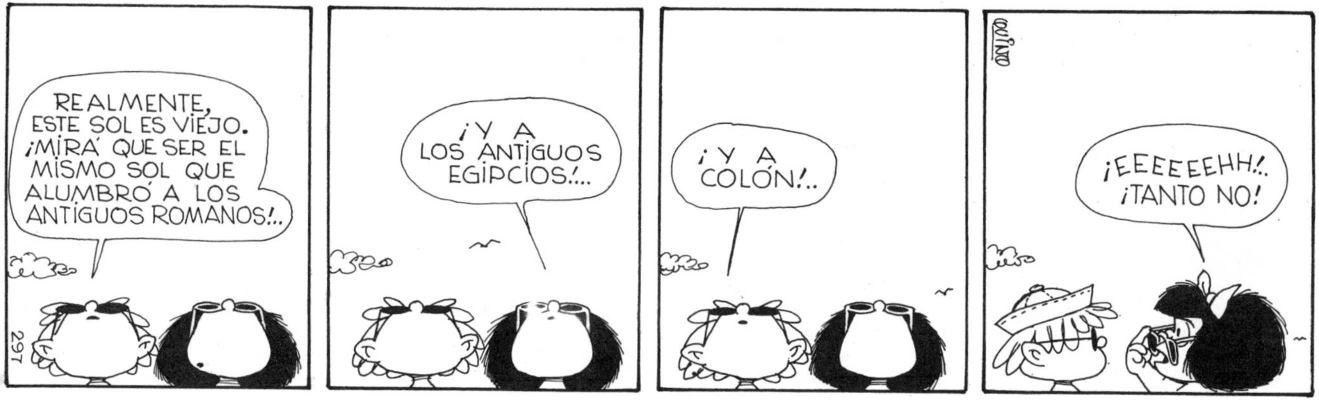
297
REALMENTE, ESTE SOL ES VIEJO. ¡MIRÁ QUE SER EL MISMO SOL QUE ALUMBRÓ A LOS ANTIGUOS ROMANOS!..
¡Y A LOS ANTIGUOS EGIPCIOS!...
¡Y A COLÓN!..
¡EEEEEEEHH!.. ¡TANTO NO!
QUINO

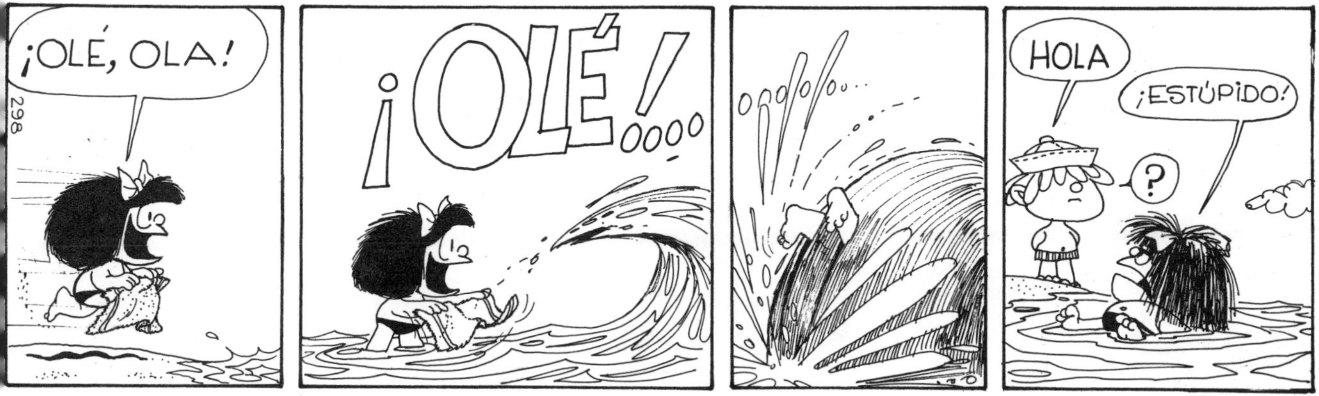
298
¡OLÉ, OLA!
¡OLÉ!OOOO
HOLA
¡ESTÚPIDO!
?

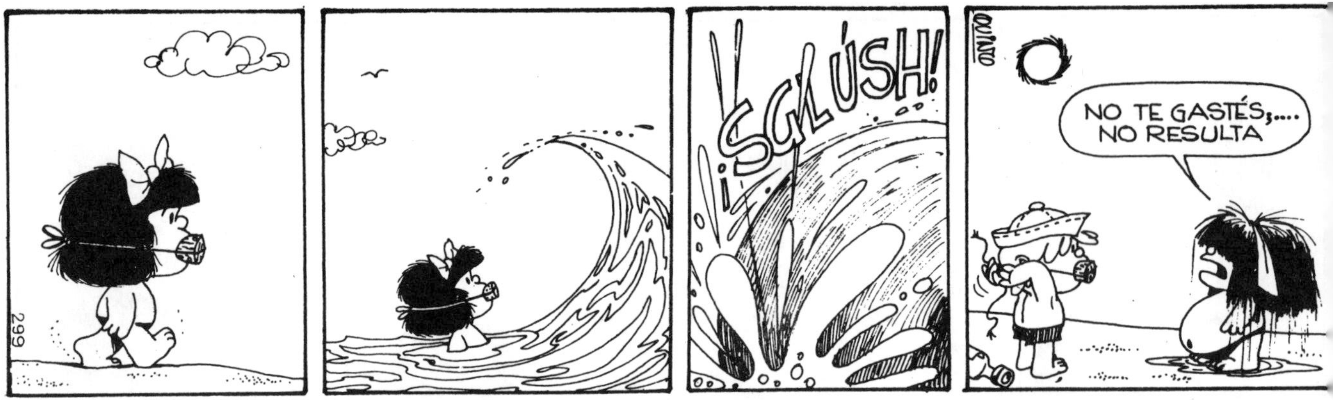
299
¡SGLÚSH!
QUINO
NO TE GASTÉS,.... NO RESULTA

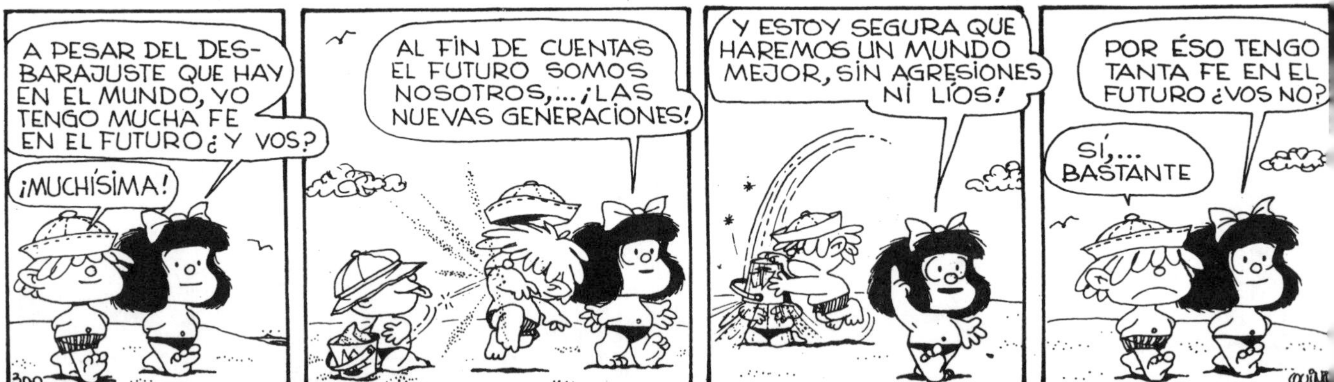
A PESAR DEL DES-BARAJUSTE QUE HAY EN EL MUNDO, YO TENGO MUCHA FE EN EL FUTURO ¿Y VOS?
¡MUCHÍSIMA!
300
AL FIN DE CUENTAS EL FUTURO SOMOS NOSOTROS,... ¡LAS NUEVAS GENERACIONES!
Y ESTOY SEGURA QUE HAREMOS UN MUNDO MEJOR, SIN AGRESIONES NI LÍOS!
POR ÉSO TENGO TANTA FE EN EL FUTURO ¿VOS NO?
SÍ,... BASTANTE
QUINO

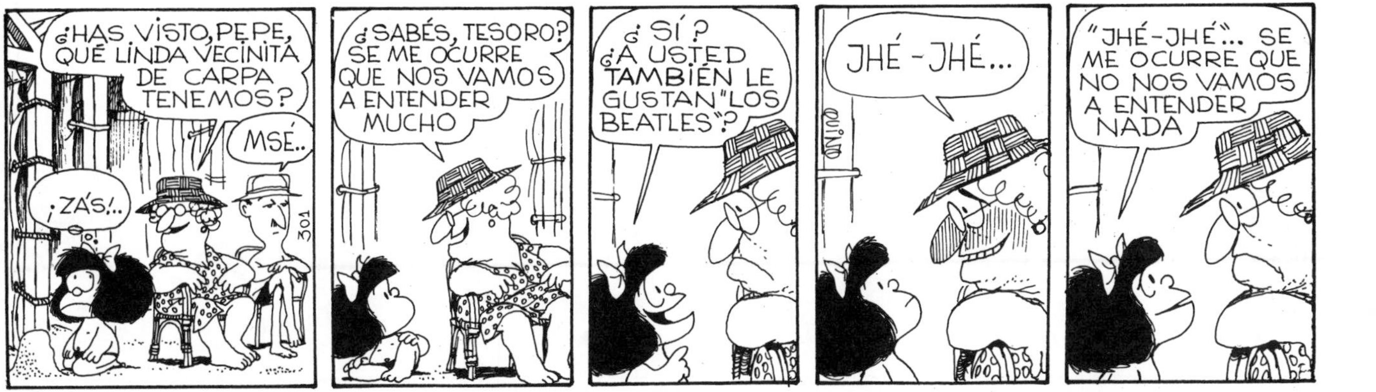
¿HAS VISTO, PEPE, QUÉ LINDA VECINITA DE CARPA TENEMOS?
MSÉ..
¡ZÁS!..
301
¿SABÉS, TESORO? SE ME OCURRE QUE NOS VAMOS A ENTENDER MUCHO
¿SÍ? ¿A USTED TAMBIÉN LE GUSTAN "LOS BEATLES"?
QUINO
JHÉ-JHÉ...
"JHÉ-JHÉ"... SE ME OCURRE QUE NO NOS VAMOS A ENTENDER NADA

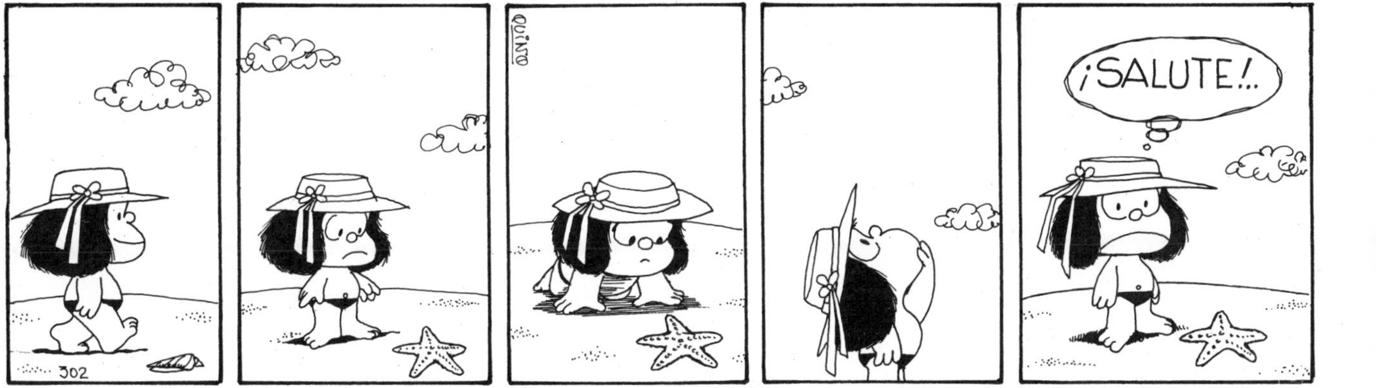
302
QUINO
¡SALUTE!..

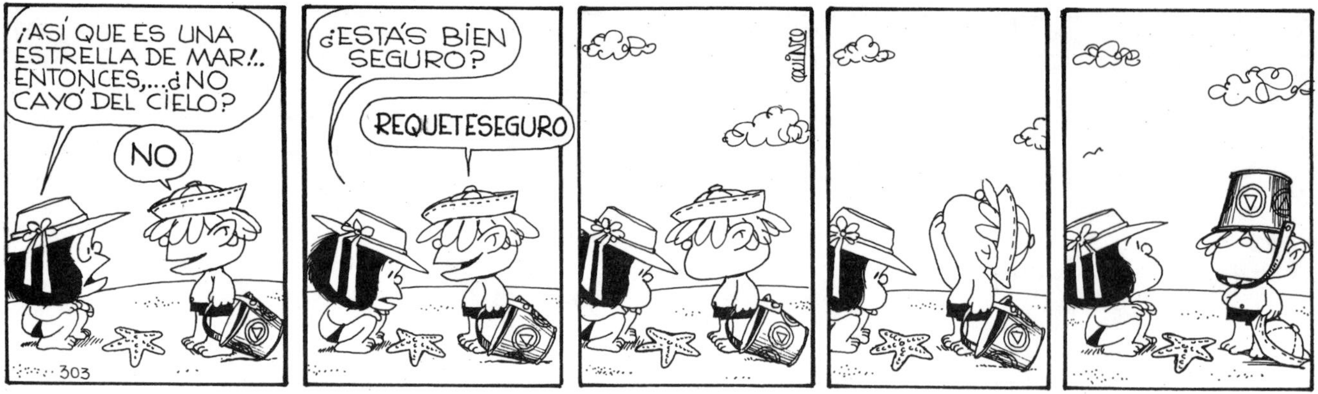
¡ASÍ QUE ES UNA ESTRELLA DE MAR!.. ENTONCES,...¿NO CAYÓ DEL CIELO?
NO
¿ESTÁS BIEN SEGURO?
REQUETESEGURO
QUINO
303

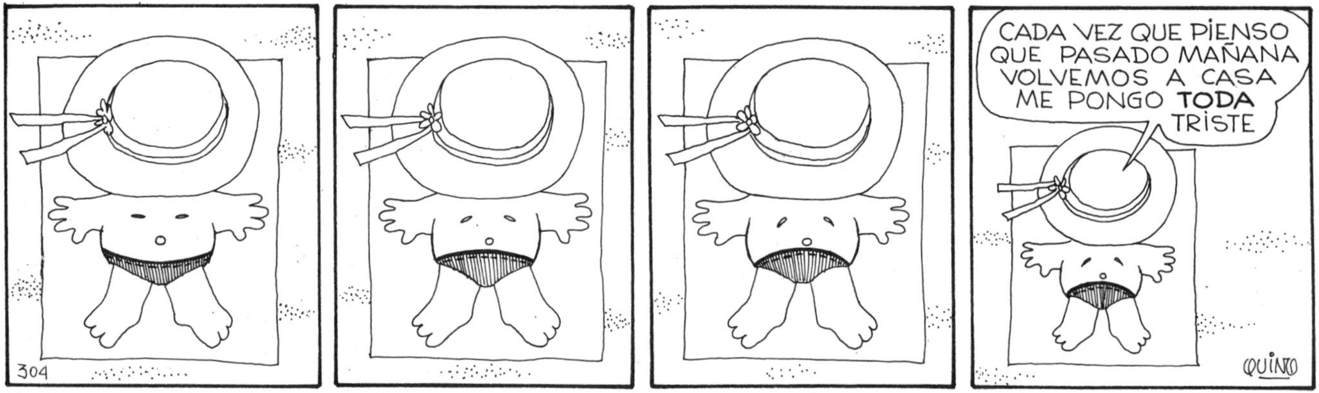
304
CADA VEZ QUE PIENSO QUE PASADO MAÑANA VOLVEMOS A CASA ME PONGO TODA TRISTE
QUINO

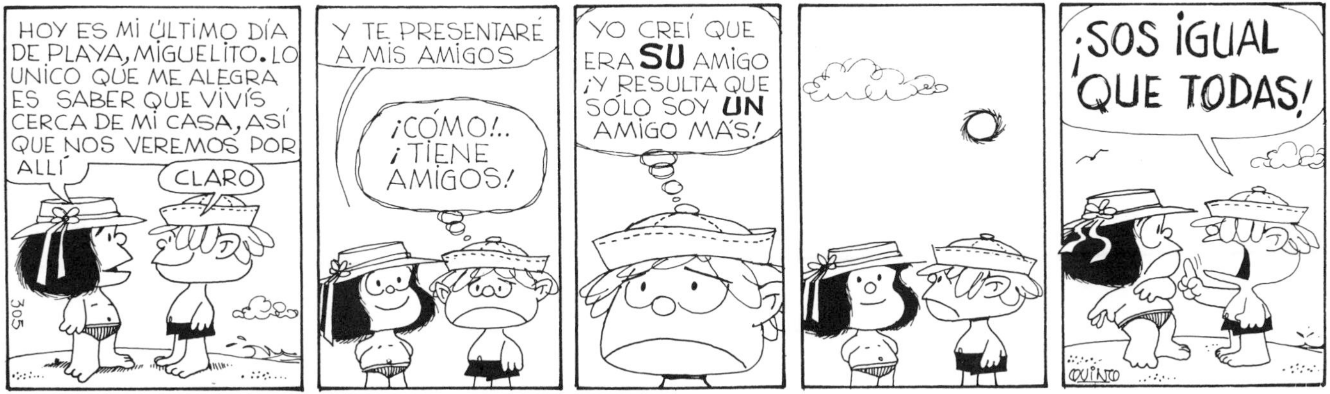

HOY ES MI ÚLTIMO DÍA DE PLAYA, MIGUELITO. LO ÚNICO QUE ME ALEGRA ES SABER QUE VIVÍS CERCA DE MI CASA, ASÍ QUE NOS VEREMOS POR ALLÍ
CLARO
305
Y TE PRESENTARÉ A MIS AMIGOS
¡CÓMO!.. ¡TIENE AMIGOS!
YO CREÍ QUE ERA **SU** AMIGO ¡Y RESULTA QUE SÓLO SOY **UN** AMIGO MÁS!
¡SOS IGUAL QUE TODAS!
QUINO

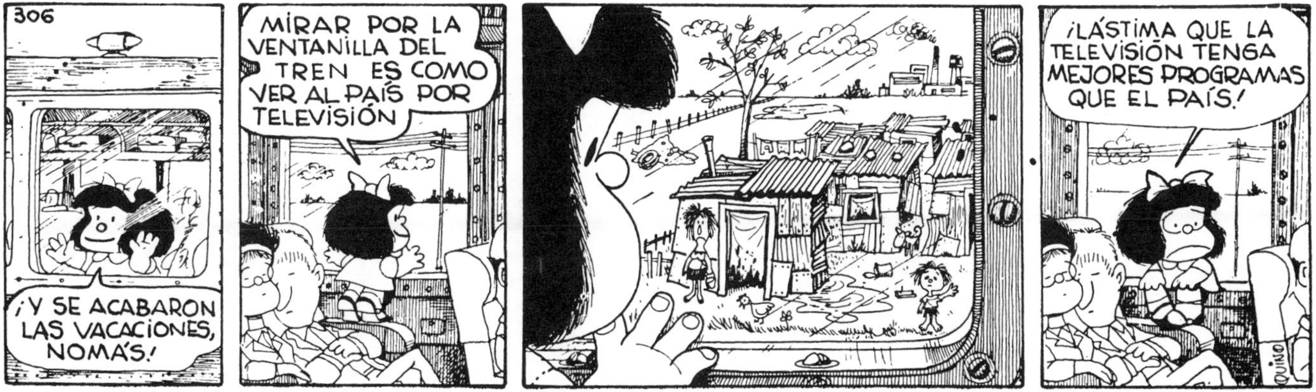

306
¡Y SE ACABARON LAS VACACIONES, NOMÁS!
MIRAR POR LA VENTANILLA DEL TREN ES COMO VER AL PAÍS POR TELEVISIÓN
¡LÁSTIMA QUE LA TELEVISIÓN TENGA MEJORES PROGRAMAS QUE EL PAÍS!
QUINO

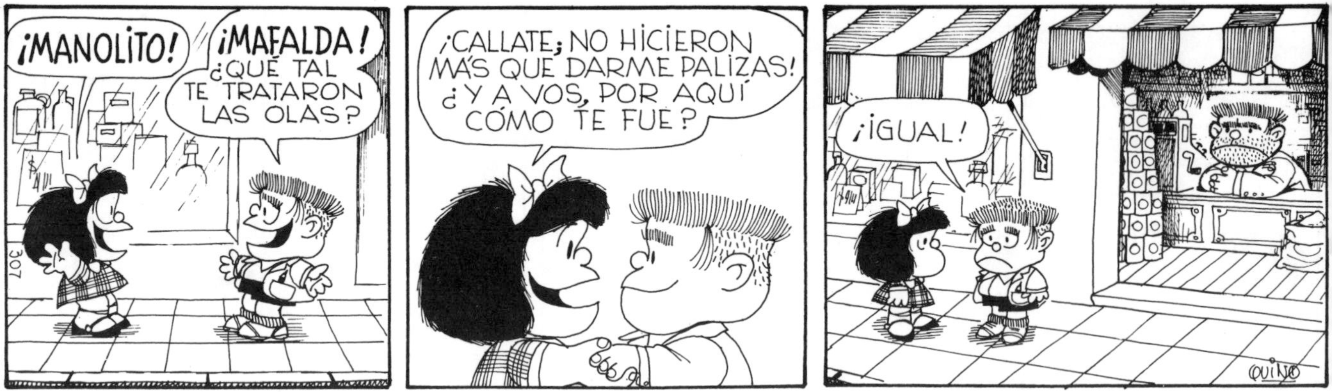
¡MANOLITO!
¡MAFALDA! ¿QUÉ TAL TE TRATARON LAS OLAS?
307
¡CALLATE; NO HICIERON MÁS QUE DARME PALIZAS! ¿Y A VOS, POR AQUÍ CÓMO TE FUE?
¡IGUAL!
QUINO

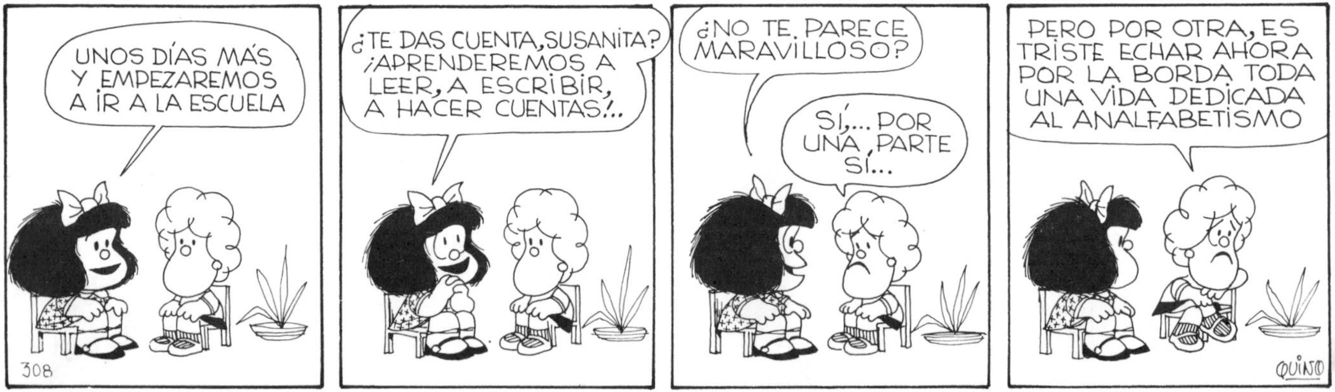
UNOS DÍAS MÁS Y EMPEZAREMOS A IR A LA ESCUELA
308
¿TE DAS CUENTA, SUSANITA? ¡APRENDEREMOS A LEER, A ESCRIBIR, A HACER CUENTAS!..
¿NO TE PARECE MARAVILLOSO?
SÍ,... POR UNA PARTE SÍ...
PERO POR OTRA, ES TRISTE ECHAR AHORA POR LA BORDA TODA UNA VIDA DEDICADA AL ANALFABETISMO
QUINO

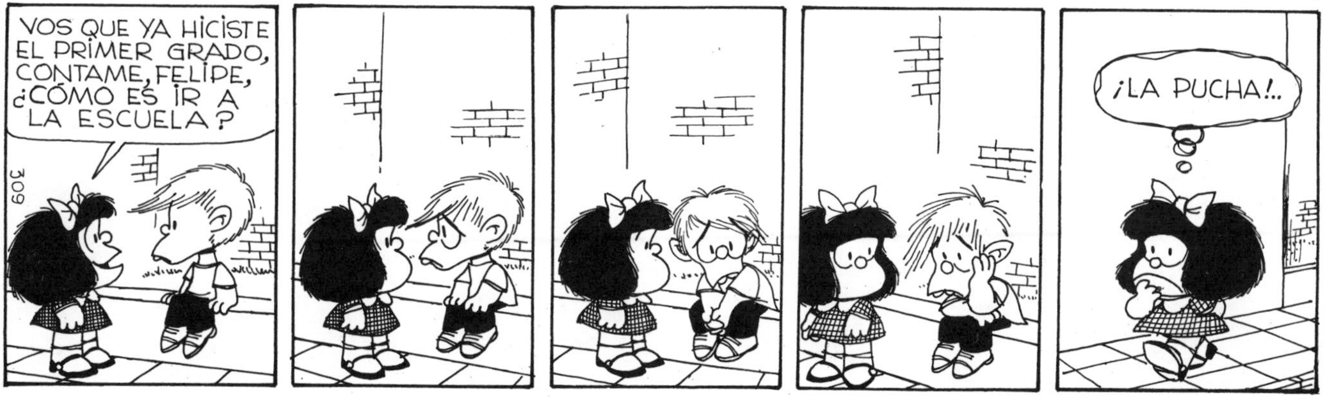
309
VOS QUE YA HICISTE EL PRIMER GRADO, CONTAME, FELIPE, ¿CÓMO ES IR A LA ESCUELA?
¡LA PUCHA!..

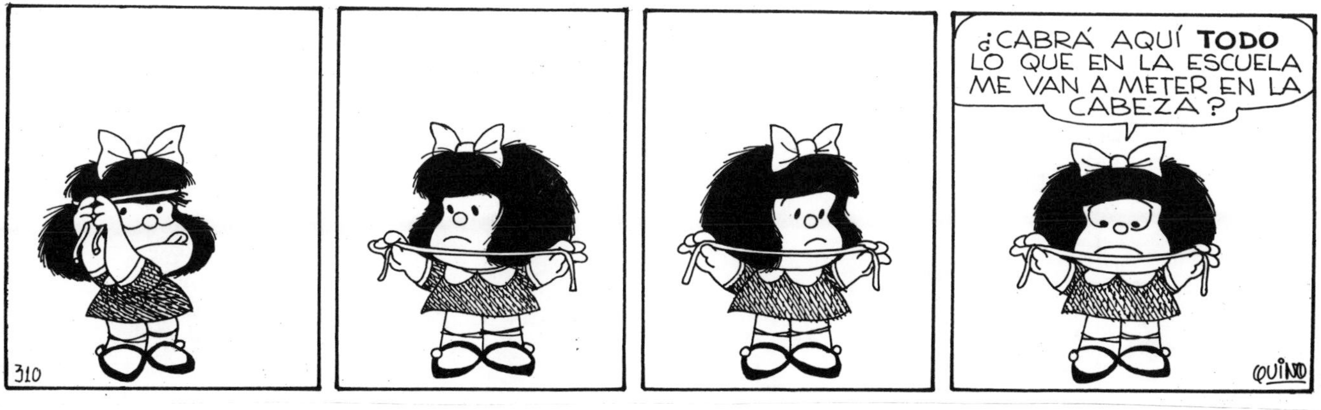
310
¿CABRÁ AQUÍ **TODO** LO QUE EN LA ESCUELA ME VAN A METER EN LA CABEZA?
QUINO

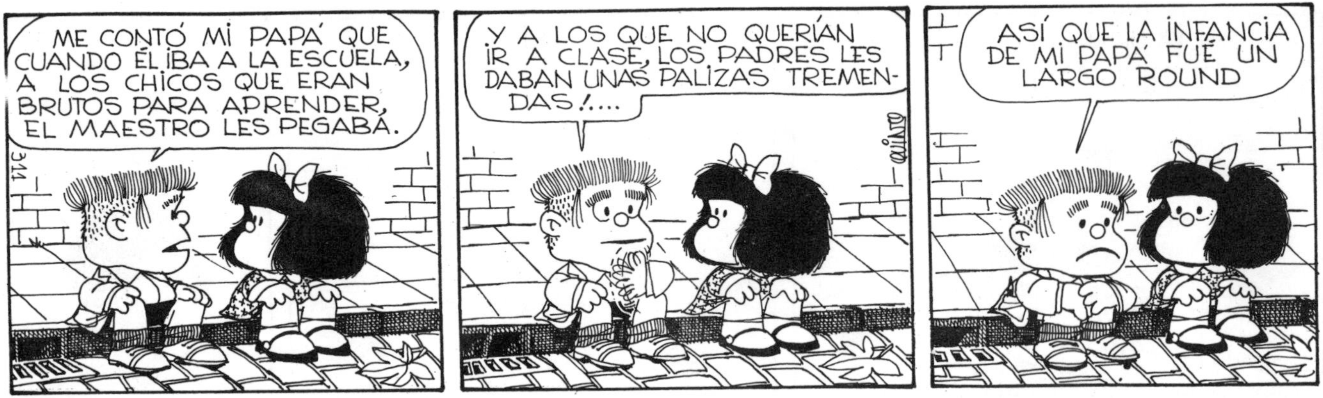
ME CONTÓ MI PAPÁ QUE CUANDO ÉL IBA A LA ESCUELA, A LOS CHICOS QUE ERAN BRUTOS PARA APRENDER, EL MAESTRO LES PEGABA.
Y A LOS QUE NO QUERÍAN IR A CLASE, LOS PADRES LES DABAN UNAS PALIZAS TREMENDAS!....
ASÍ QUE LA INFANCIA DE MI PAPÁ FUÉ UN LARGO ROUND

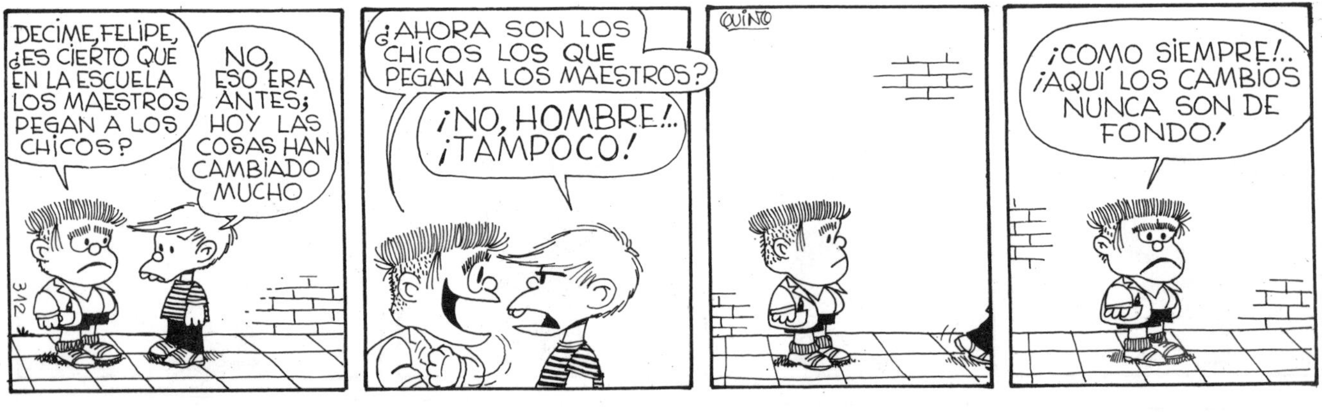
DECIME, FELIPE, ¿ES CIERTO QUE EN LA ESCUELA LOS MAESTROS PEGAN A LOS CHICOS?
NO, ESO ERA ANTES; HOY LAS COSAS HAN CAMBIADO MUCHO
¿AHORA SON LOS CHICOS LOS QUE PEGAN A LOS MAESTROS?
¡NO, HOMBRE!.. ¡TAMPOCO!
¡COMO SIEMPRE!.. ¡AQUÍ LOS CAMBIOS NUNCA SON DE FONDO!

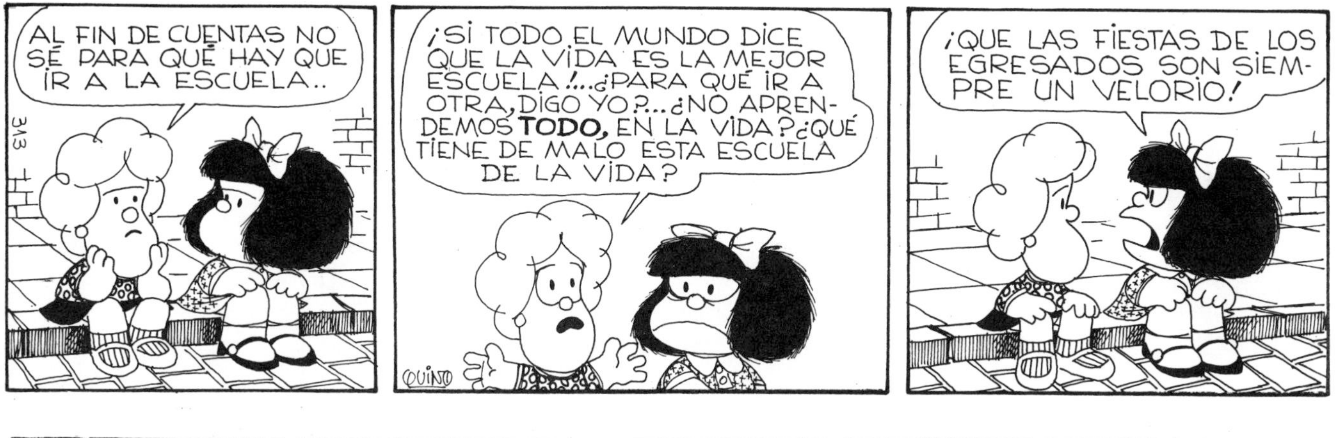
313
AL FIN DE CUENTAS NO SÉ PARA QUÉ HAY QUE IR A LA ESCUELA..
¡SI TODO EL MUNDO DICE QUE LA VIDA ES LA MEJOR ESCUELA!...¿PARA QUÉ IR A OTRA, DIGO YO?...¿NO APRENDEMOS **TODO,** EN LA VIDA? ¿QUÉ TIENE DE MALO ESTA ESCUELA DE LA VIDA?
QUINO
¡QUE LAS FIESTAS DE LOS EGRESADOS SON SIEMPRE UN VELORIO!

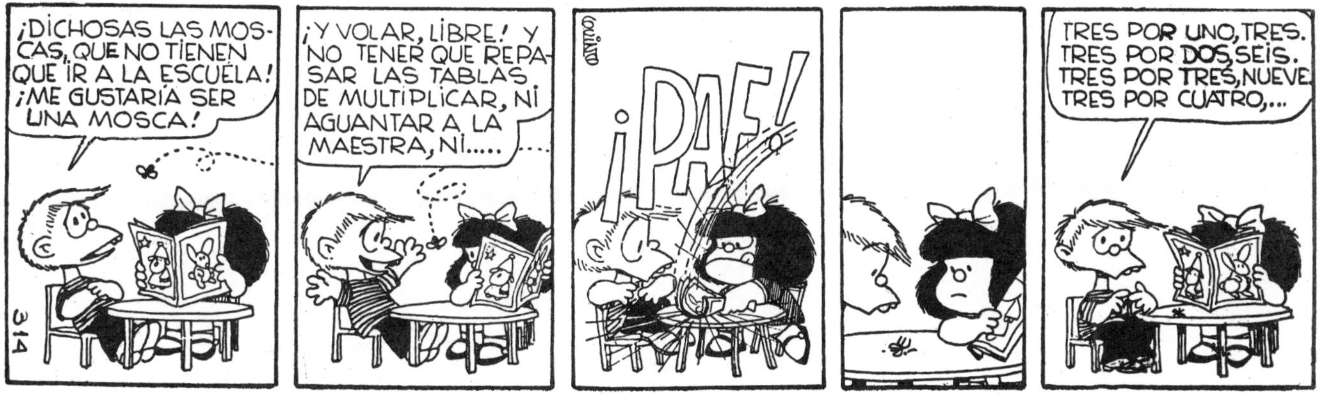
314
¡DICHOSAS LAS MOSCAS, QUE NO TIENEN QUE IR A LA ESCUELA! ¡ME GUSTARÍA SER UNA MOSCA!
¡Y VOLAR, LIBRE! Y NO TENER QUE REPASAR LAS TABLAS DE MULTIPLICAR, NI AGUANTAR A LA MAESTRA, NI.....
QUINO
¡PAF!
TRES POR UNO, TRES. TRES POR DOS, SEIS. TRES POR TRES, NUEVE. TRES POR CUATRO,...

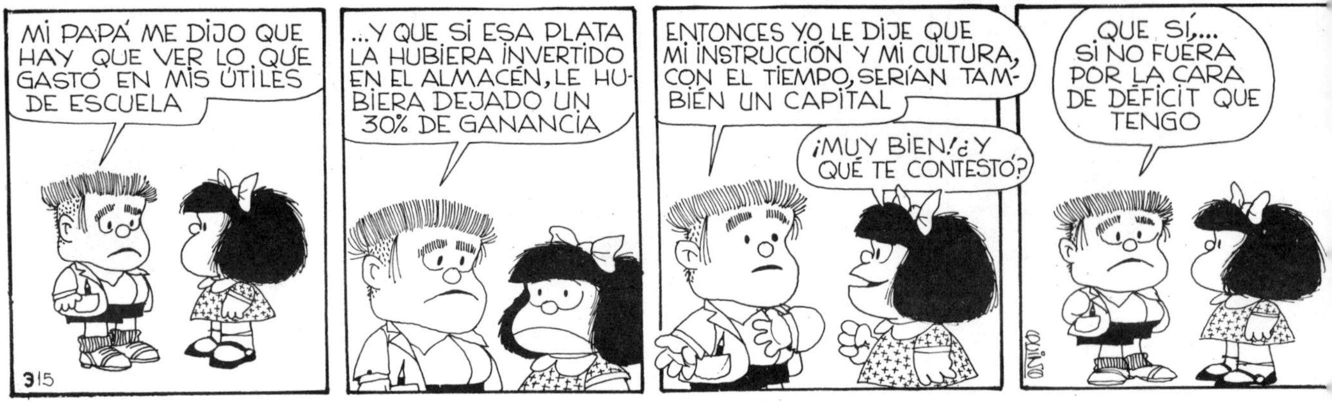
MI PAPÁ ME DIJO QUE HAY QUE VER LO QUE GASTÓ EN MIS ÚTILES DE ESCUELA
...Y QUE SI ESA PLATA LA HUBIERA INVERTIDO EN EL ALMACÉN, LE HUBIERA DEJADO UN 30% DE GANANCIA
ENTONCES YO LE DIJE QUE MI INSTRUCCIÓN Y MI CULTURA, CON EL TIEMPO, SERÍAN TAMBIÉN UN CAPITAL
¡MUY BIEN! ¿Y QUÉ TE CONTESTÓ?
QUE SÍ,... SI NO FUERA POR LA CARA DE DÉFICIT QUE TENGO
315

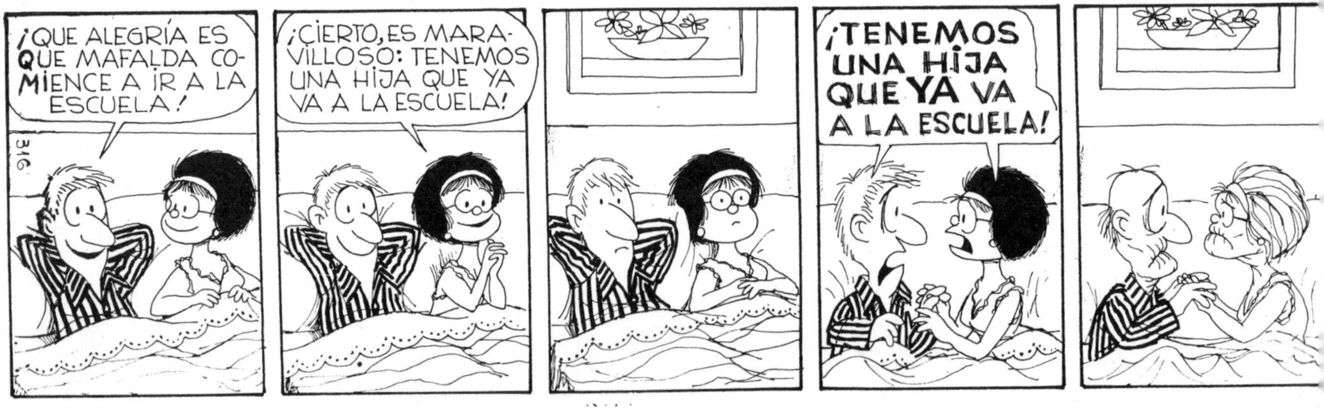
¡QUE ALEGRÍA ES QUE MAFALDA COMIENCE A IR A LA ESCUELA!
316
¡CIERTO, ES MARAVILLOSO: TENEMOS UNA HIJA QUE YA VA A LA ESCUELA!
¡TENEMOS UNA HIJA QUE YA VA A LA ESCUELA!

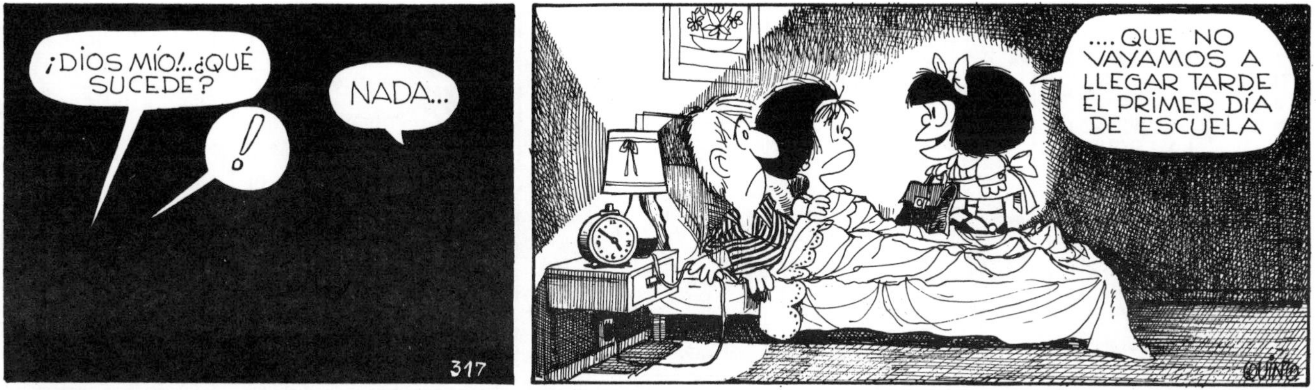
¡DIOS MÍO!...¿QUÉ SUCEDE?
!
NADA...
....QUE NO VAYAMOS A LLEGAR TARDE EL PRIMER DÍA DE ESCUELA
317
QUINO

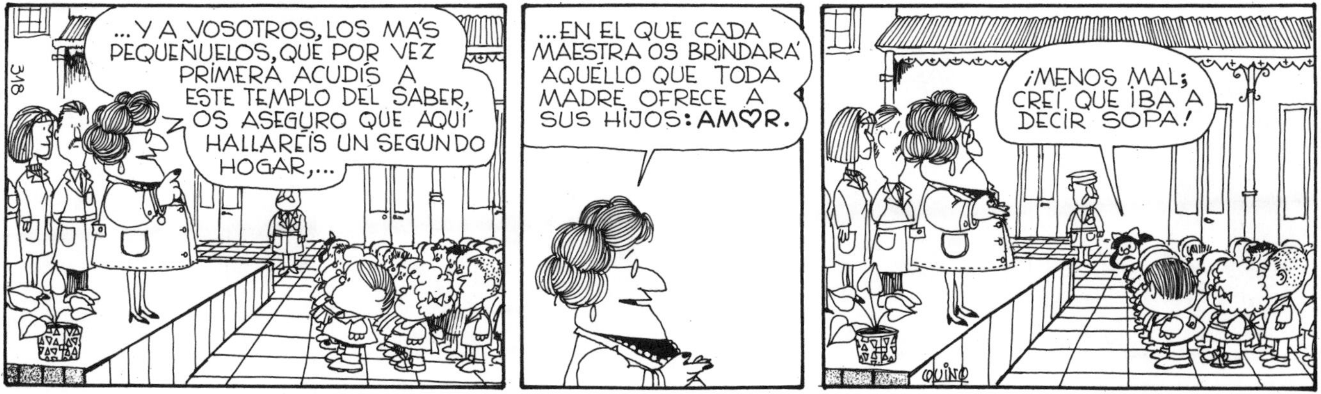
318
...Y A VOSOTROS, LOS MÁS PEQUEÑUELOS, QUE POR VEZ PRIMERA ACUDÍS A ESTE TEMPLO DEL SABER, OS ASEGURO QUE AQUÍ HALLARÉIS UN SEGUNDO HOGAR,...
...EN EL QUE CADA MAESTRA OS BRINDARÁ AQUÉLLO QUE TODA MADRE OFRECE A SUS HIJOS: AMOR.
¡MENOS MAL; CREÍ QUE IBA A DECIR SOPA!
QUINO

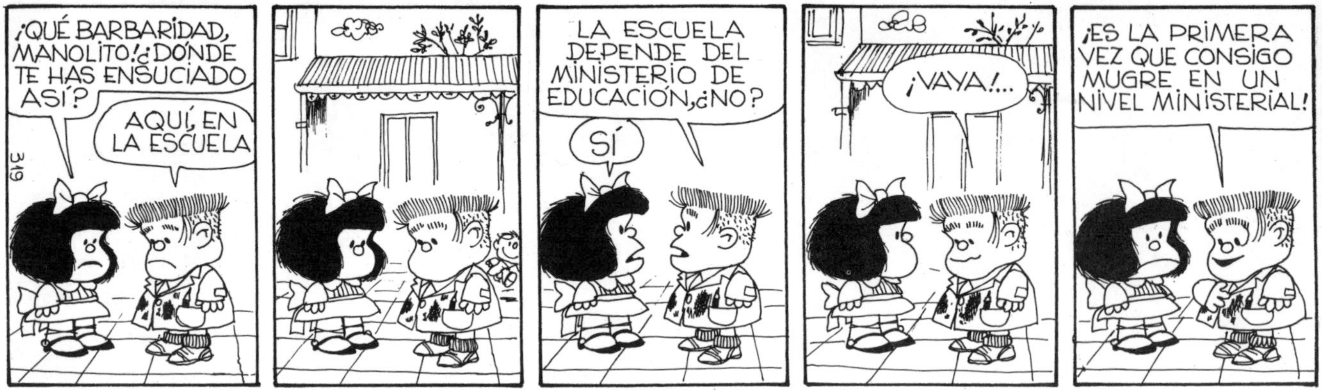
¡QUÉ BARBARIDAD, MANOLITO! ¿DÓNDE TE HAS ENSUCIADO ASÍ?
AQUÍ, EN LA ESCUELA
319
LA ESCUELA DEPENDE DEL MINISTERIO DE EDUCACIÓN, ¿NO?
SÍ
¡VAYA!...
¡ES LA PRIMERA VEZ QUE CONSIGO MUGRE EN UN NIVEL MINISTERIAL!

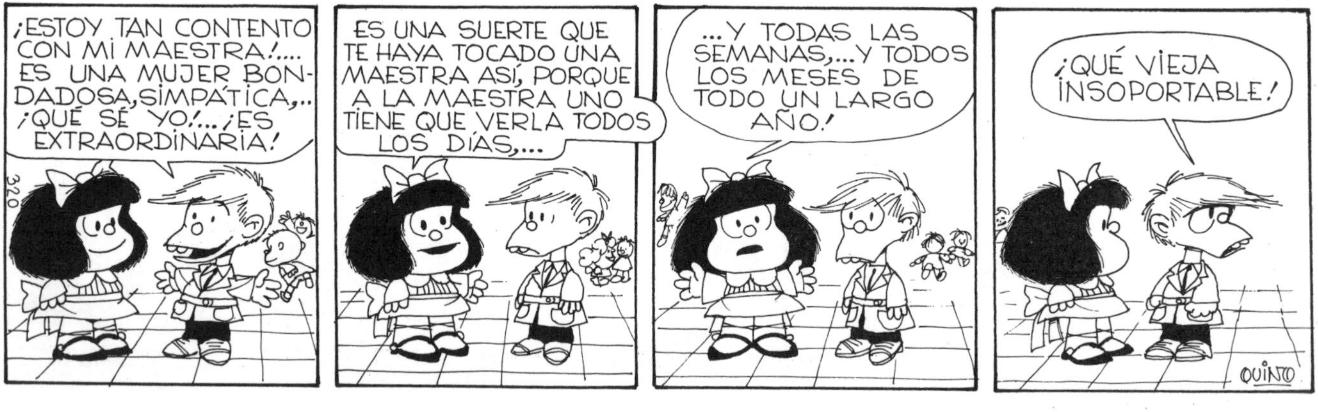
¡ESTOY TAN CONTENTO CON MI MAESTRA!.... ES UNA MUJER BONDADOSA, SIMPÁTICA,.. ¡QUÉ SÉ YO!... ¡ES EXTRAORDINARIA!
320
ES UNA SUERTE QUE TE HAYA TOCADO UNA MAESTRA ASÍ, PORQUE A LA MAESTRA UNO TIENE QUE VERLA TODOS LOS DÍAS,...
...Y TODAS LAS SEMANAS,... Y TODOS LOS MESES DE TODO UN LARGO AÑO!
¡QUÉ VIEJA INSOPORTABLE!
QUINO

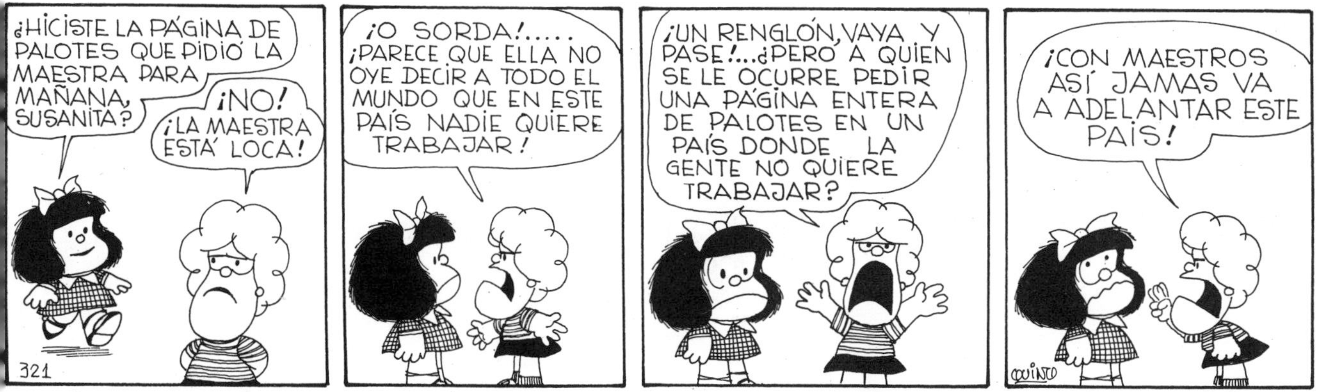
¿HICISTE LA PÁGINA DE PALOTES QUE PIDIÓ LA MAESTRA PARA MAÑANA, SUSANITA?
¡NO! ¡LA MAESTRA ESTÁ LOCA!
¡O SORDA!..... ¡PARECE QUE ELLA NO OYE DECIR A TODO EL MUNDO QUE EN ESTE PAÍS NADIE QUIERE TRABAJAR!
¡UN RENGLÓN, VAYA Y PASE!...¿PERO A QUIEN SE LE OCURRE PEDIR UNA PÁGINA ENTERA DE PALOTES EN UN PAÍS DONDE LA GENTE NO QUIERE TRABAJAR?
¡CON MAESTROS ASÍ JAMAS VA A ADELANTAR ESTE PAÍS!
321
QUINO

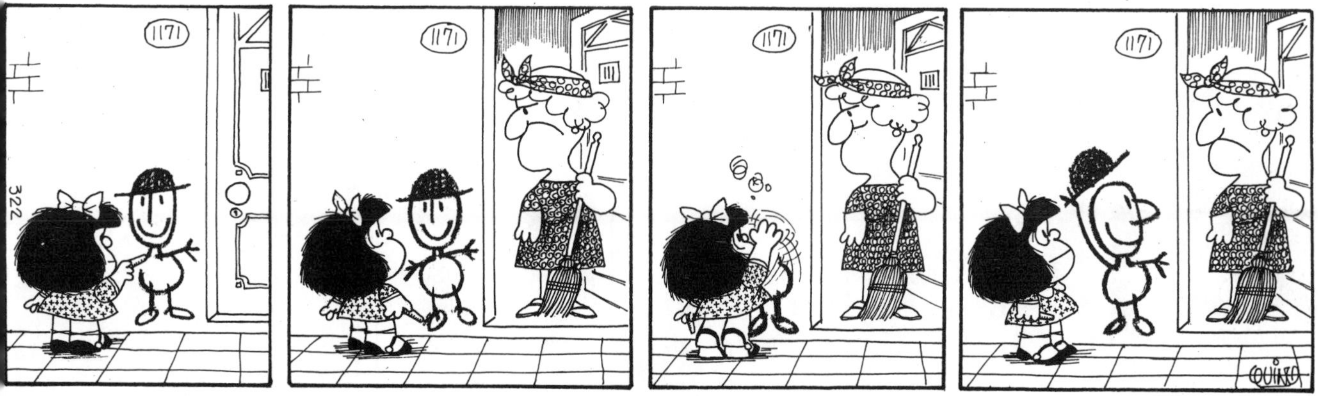
1171
322
QUINO

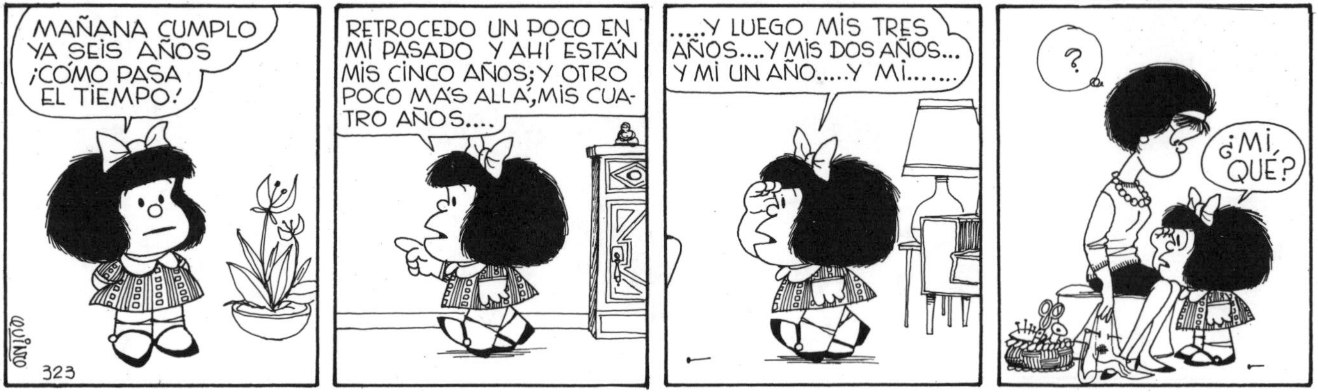
MAÑANA CUMPLO YA SEIS AÑOS ¡CÓMO PASA EL TIEMPO!
QUINO
323
RETROCEDO UN POCO EN MÍ PASADO Y AHÍ ESTÁN MIS CINCO AÑOS; Y OTRO POCO MÁS ALLÁ, MIS CUATRO AÑOS....
.....Y LUEGO MIS TRES AÑOS....Y MIS DOS AÑOS... Y MI UN AÑO.....Y MI.......
?
¿MI, QUÉ?

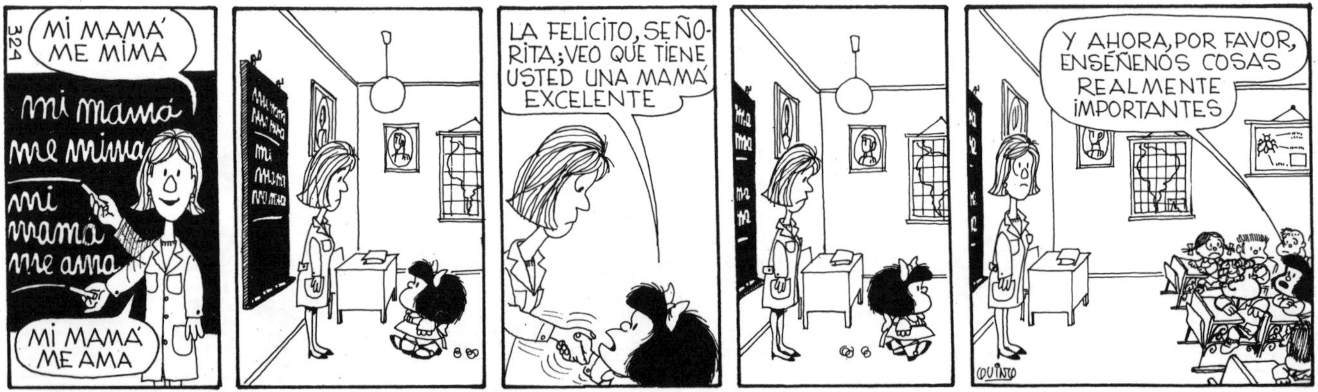
324
MI MAMÁ ME MIMA
mi mamá me mima
mi mamá me ama
MI MAMÁ ME AMA
LA FELICITO, SEÑORITA; VEO QUE TIENE USTED UNA MAMÁ EXCELENTE
Y AHORA, POR FAVOR, ENSÉÑENOS COSAS REALMENTE IMPORTANTES
QUINO

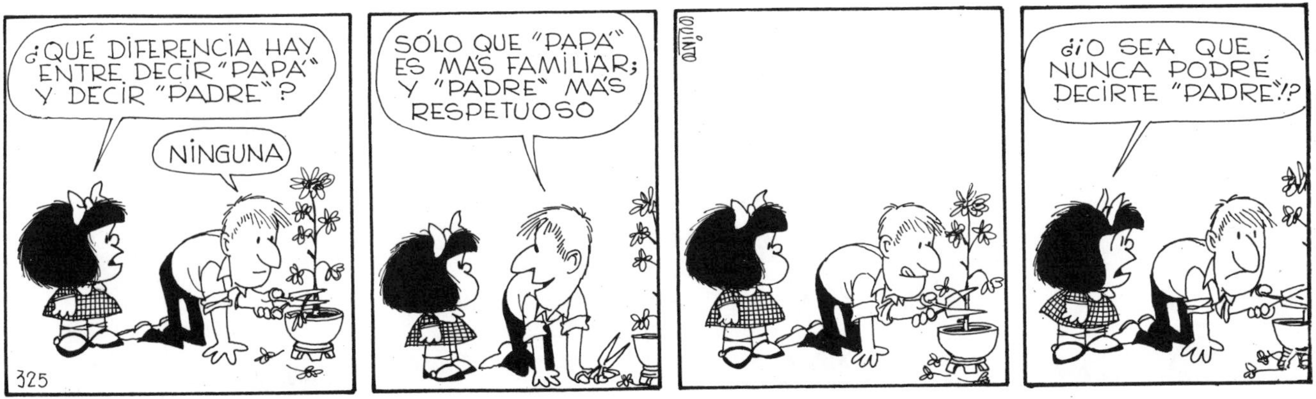
¿QUÉ DIFERENCIA HAY ENTRE DECIR "PAPÁ" Y DECIR "PADRE"?
NINGUNA
SÓLO QUE "PAPÁ" ES MÁS FAMILIAR; Y "PADRE" MÁS RESPETUOSO
¿¡O SEA QUE NUNCA PODRÉ DECIRTE "PADRE"!?
325

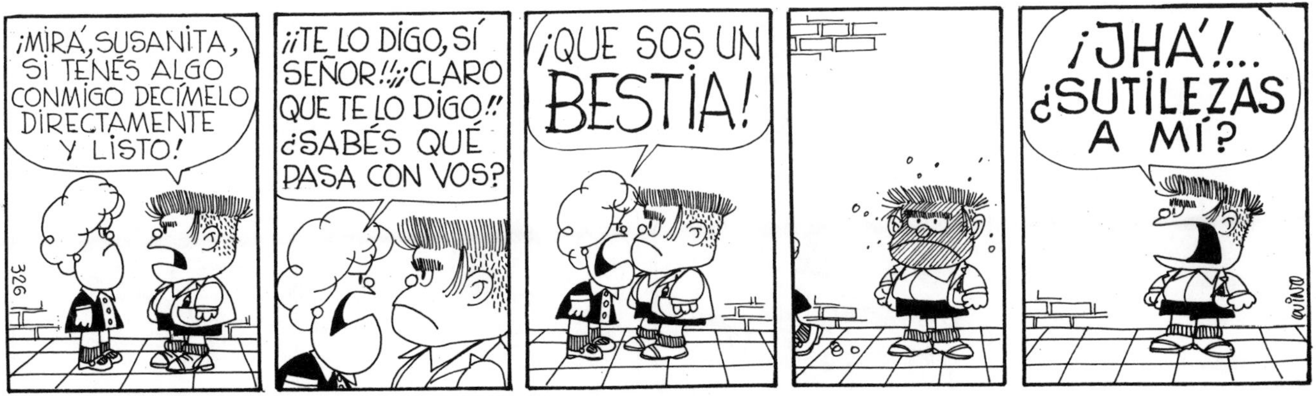
¡MIRÁ, SUSANITA, SI TENÉS ALGO CONMIGO DECÍMELO DIRECTAMENTE Y LISTO!
¡¡TE LO DIGO, SÍ SEÑOR!!¡¡CLARO QUE TE LO DIGO!! ¿SABÉS QUÉ PASA CON VOS?
¡QUE SOS UN BESTIA!
¡JHÁ!... ¿SUTILEZAS A MÍ?
326

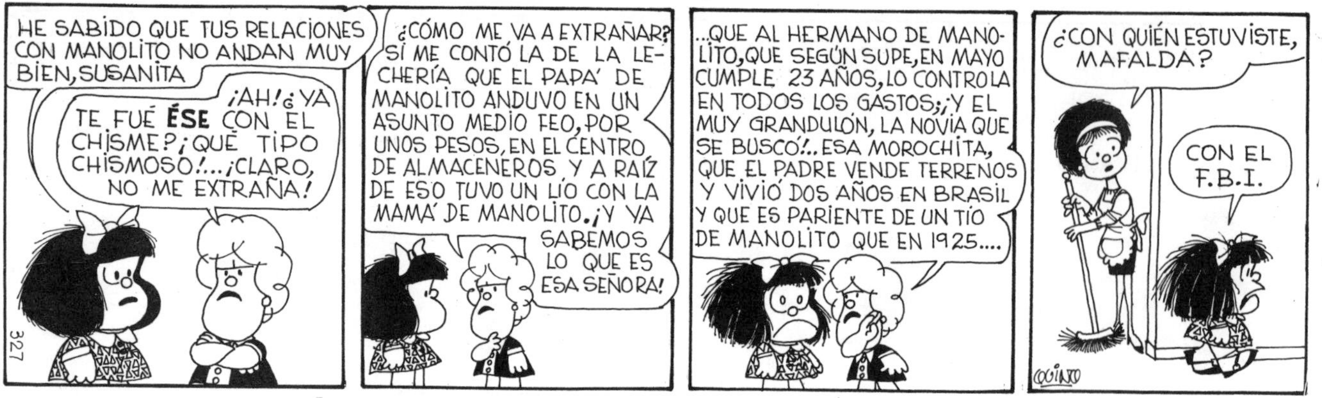
HE SABIDO QUE TUS RELACIONES CON MANOLITO NO ANDAN MUY BIEN, SUSANITA
¡AH! ¿YA TE FUÉ **ÉSE** CON EL CHISME? ¡QUÉ TIPO CHISMOSO!... ¡CLARO, NO ME EXTRAÑA!
327
¿CÓMO ME VA A EXTRAÑAR? SI ME CONTÓ LA DE LA LECHERÍA QUE EL PAPÁ DE MANOLITO ANDUVO EN UN ASUNTO MEDIO FEO, POR UNOS PESOS, EN EL CENTRO DE ALMACENEROS Y A RAÍZ DE ESO TUVO UN LÍO CON LA MAMÁ DE MANOLITO. ¡Y YA SABEMOS LO QUE ES ESA SEÑORA!
...QUE AL HERMANO DE MANOLITO, QUE SEGÚN SUPE, EN MAYO CUMPLE 23 AÑOS, LO CONTROLA EN TODOS LOS GASTOS; ¡Y EL MUY GRANDULÓN, LA NOVIA QUE SE BUSCÓ!.. ESA MOROCHITA, QUE EL PADRE VENDE TERRENOS Y VIVIÓ DOS AÑOS EN BRASIL Y QUE ES PARIENTE DE UN TÍO DE MANOLITO QUE EN 1925....
¿CON QUIÉN ESTUVISTE, MAFALDA?
CON EL F.B.I.
QUINO

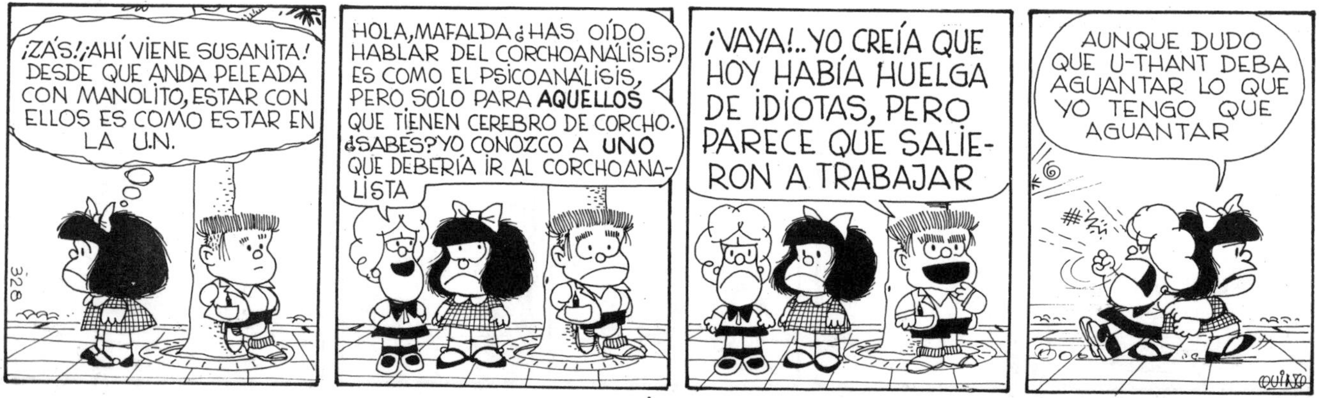
¡ZÁS! ¡AHÍ VIENE SUSANITA! DESDE QUE ANDA PELEADA CON MANOLITO, ESTAR CON ELLOS ES COMO ESTAR EN LA U.N.
328
HOLA, MAFALDA ¿HAS OÍDO HABLAR DEL CORCHOANÁLISIS? ES COMO EL PSICOANÁLISIS, PERO SÓLO PARA **AQUELLOS** QUE TIENEN CEREBRO DE CORCHO. ¿SABÉS? YO CONOZCO A **UNO** QUE DEBERÍA IR AL CORCHOANALISTA
¡VAYA!.. YO CREÍA QUE HOY HABÍA HUELGA DE IDIOTAS, PERO PARECE QUE SALIERON A TRABAJAR
AUNQUE DUDO QUE U-THANT DEBA AGUANTAR LO QUE YO TENGO QUE AGUANTAR
QUINO

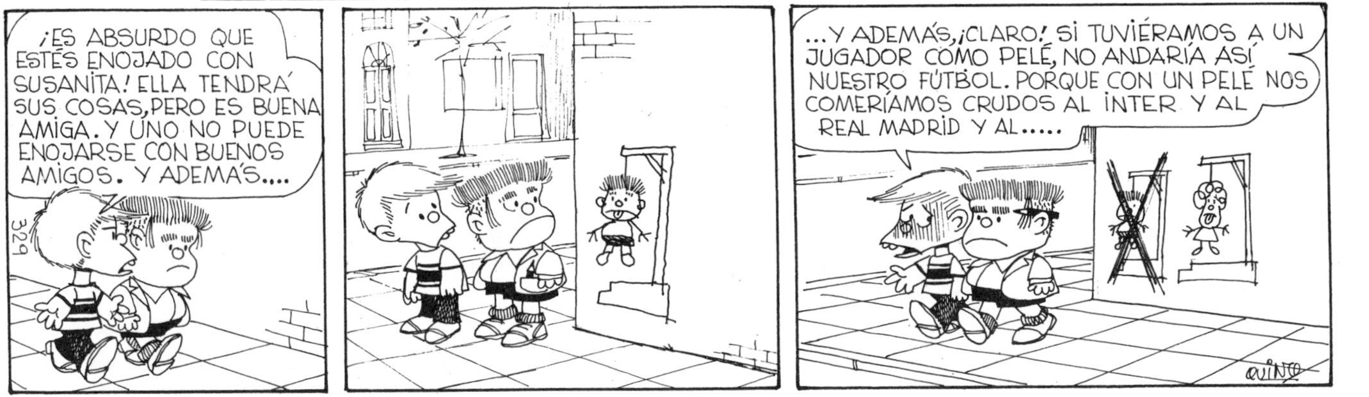
329
¡ES ABSURDO QUE ESTÉS ENOJADO CON SUSANITA! ELLA TENDRÁ SUS COSAS, PERO ES BUENA AMIGA. Y UNO NO PUEDE ENOJARSE CON BUENOS AMIGOS. Y ADEMÁS....
...Y ADEMÁS, ¡CLARO! SI TUVIÉRAMOS A UN JUGADOR COMO PELÉ, NO ANDARÍA ASÍ NUESTRO FÚTBOL. PORQUE CON UN PELÉ NOS COMERÍAMOS CRUDOS AL INTER Y AL REAL MADRID Y AL.....
QUINO

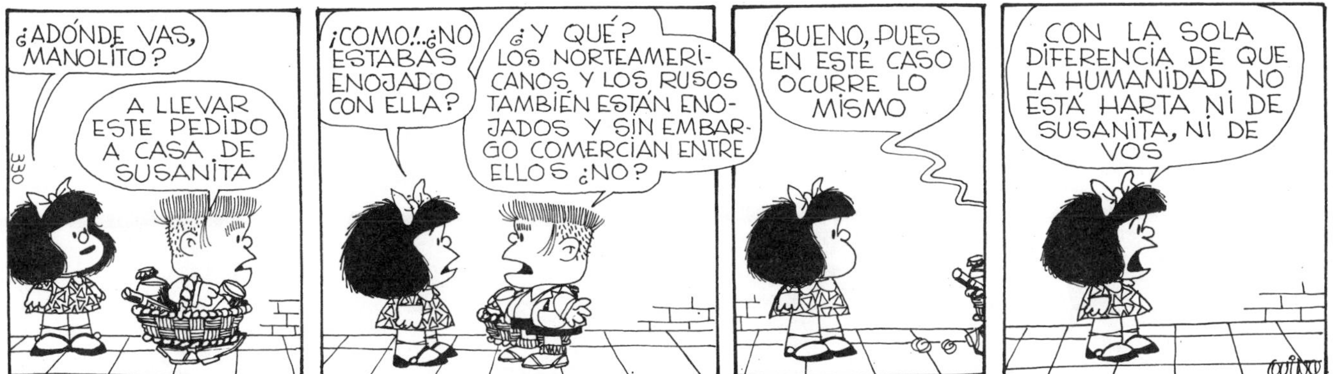
330
¿ADÓNDE VAS, MANOLITO?
A LLEVAR ESTE PEDIDO A CASA DE SUSANITA
¡COMO!..¿NO ESTABAS ENOJADO CON ELLA?
¿Y QUÉ? LOS NORTEAMERICANOS Y LOS RUSOS TAMBIÉN ESTÁN ENOJADOS Y SIN EMBARGO COMERCIAN ENTRE ELLOS ¿NO?
BUENO, PUES EN ESTE CASO OCURRE LO MISMO
CON LA SOLA DIFERENCIA DE QUE LA HUMANIDAD NO ESTÁ HARTA NI DE SUSANITA, NI DE VOS
QUINO

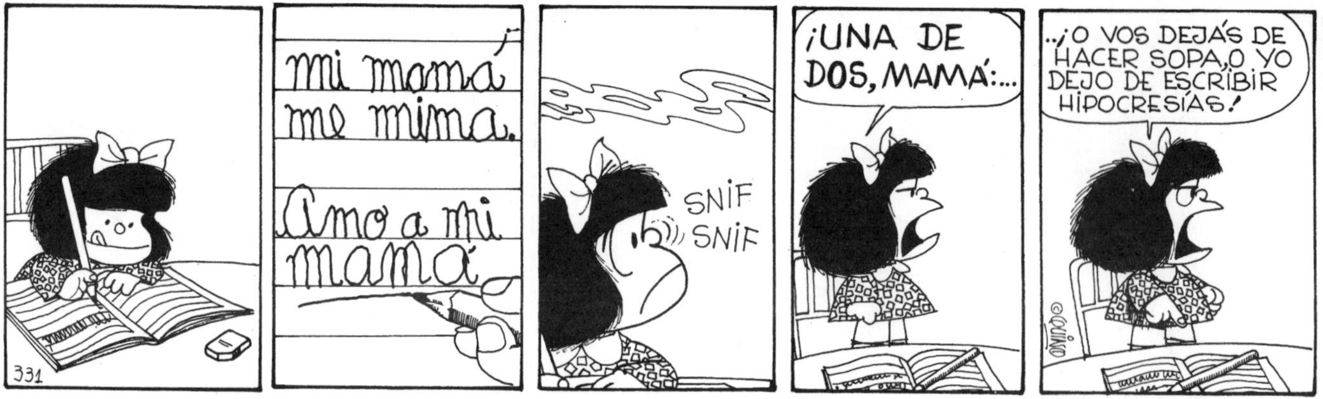
331
mi mamá me mima.
Amo a mi mamá
SNIF SNIF
¡UNA DE DOS, MAMÁ:...
..¡O VOS DEJÁS DE HACER SOPA, O YO DEJO DE ESCRIBIR HIPOCRESÍAS!

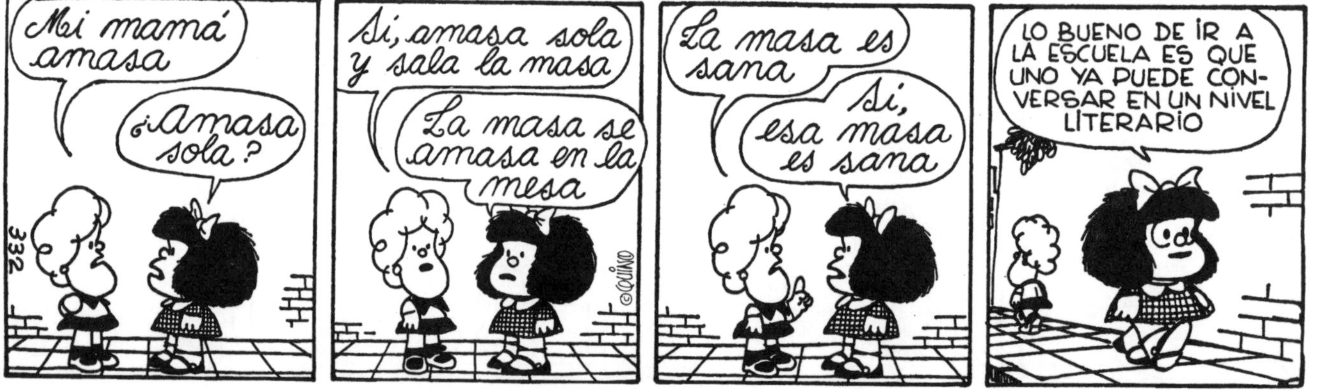
332
Mi mamá amasa
¿Amasa sola?
Sí, amasa sola y sala la masa
La masa se amasa en la mesa
La masa es sana
Sí, esa masa es sana
LO BUENO DE IR A LA ESCUELA ES QUE UNO YA PUEDE CONVERSAR EN UN NIVEL LITERARIO

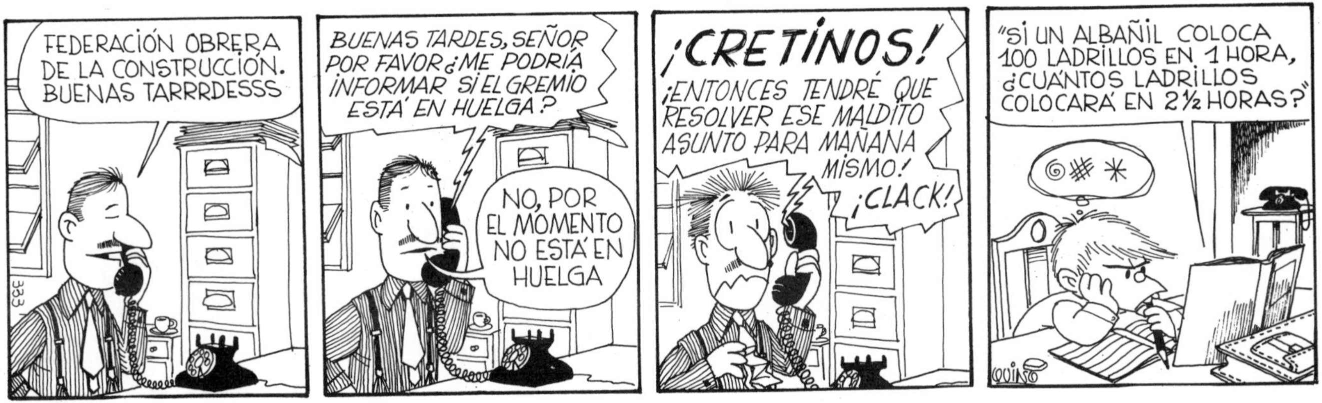
FEDERACIÓN OBRERA DE LA CONSTRUCCIÓN. BUENAS TARRRDESSS
333
BUENAS TARDES, SEÑOR POR FAVOR ¿ME PODRÍA INFORMAR SI EL GREMIO ESTÁ EN HUELGA?
NO, POR EL MOMENTO NO ESTÁ EN HUELGA
¡CRETINOS!
¡ENTONCES TENDRÉ QUE RESOLVER ESE MALDITO ASUNTO PARA MAÑANA MISMO!
¡CLACK!
"SI UN ALBAÑIL COLOCA 100 LADRILLOS EN 1 HORA, ¿CUÁNTOS LADRILLOS COLOCARÁ EN 2½ HORAS?"
QUINO

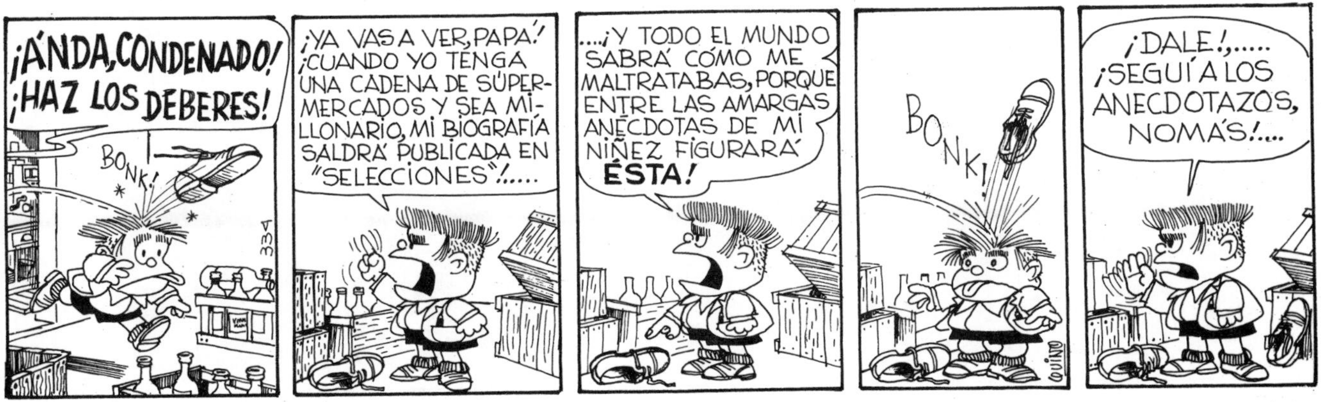
¡ÁNDA, CONDENADO! ¡HAZ LOS DEBERES!
BONK!
334
¡YA VAS A VER, PAPÁ! ¡CUANDO YO TENGA UNA CADENA DE SÚPERMERCADOS Y SEA MILLONARIO, MI BIOGRAFÍA SALDRÁ PUBLICADA EN "SELECCIONES"!.....
....¡Y TODO EL MUNDO SABRÁ CÓMO ME MALTRATABAS, PORQUE ENTRE LAS AMARGAS ANÉCDOTAS DE MI NIÑEZ FIGURARÁ ÉSTA!
BONK!
QUINO
¡DALE!,..... ¡SEGUÍ A LOS ANECDOTAZOS, NOMÁS!....

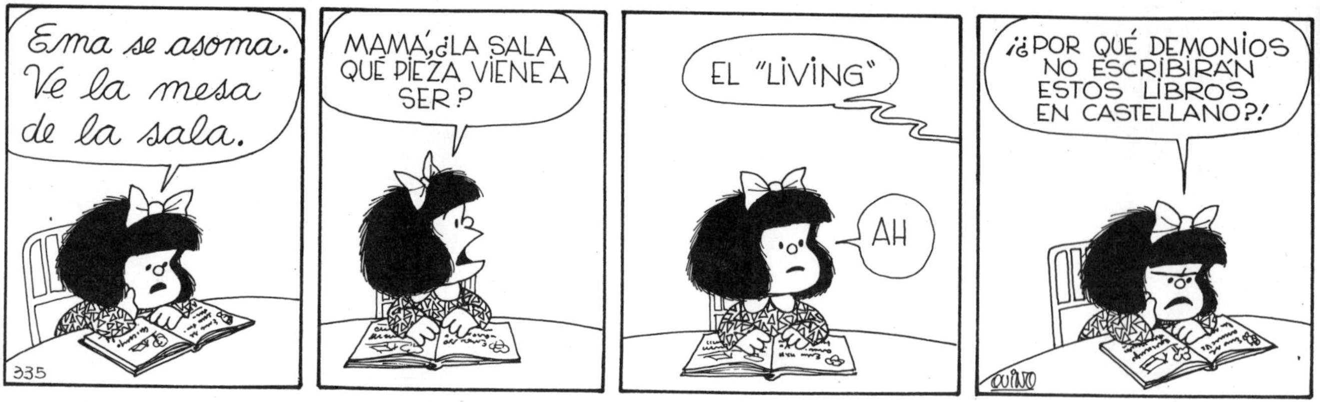
Ema se asoma. Ve la mesa de la sala.
MAMÁ, ¿LA SALA QUÉ PIEZA VIENE A SER?
EL "LIVING"
AH
¡¿POR QUÉ DEMONIOS NO ESCRIBIRÁN ESTOS LIBROS EN CASTELLANO?!
335
QUINO

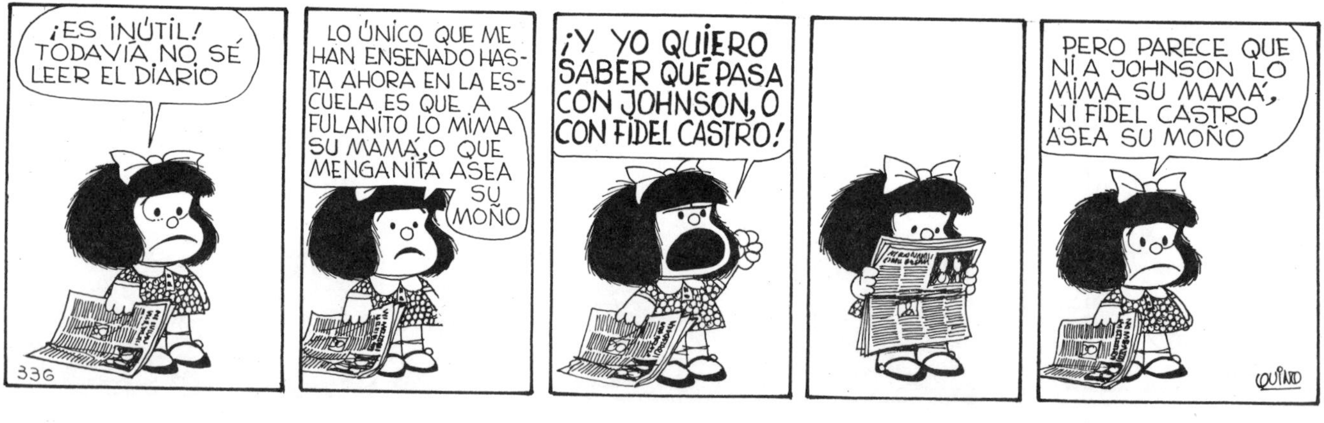
¡ES INÚTIL! TODAVÍA NO SÉ LEER EL DIARIO
LO ÚNICO QUE ME HAN ENSEÑADO HASTA AHORA EN LA ESCUELA ES QUE A FULANITO LO MIMA SU MAMÁ, O QUE MENGANITA ASEA SU MOÑO
¡Y YO QUIERO SABER QUÉ PASA CON JOHNSON, O CON FIDEL CASTRO!
PERO PARECE QUE NI A JOHNSON LO MIMA SU MAMÁ, NI FIDEL CASTRO ASEA SU MOÑO
336
QUINO

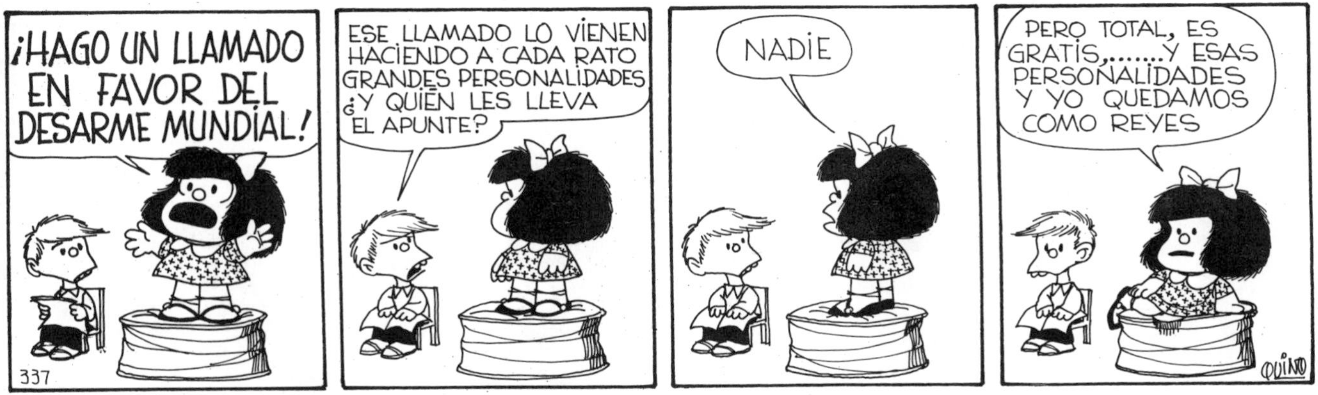
¡HAGO UN LLAMADO EN FAVOR DEL DESARME MUNDIAL!
ESE LLAMADO LO VIENEN HACIENDO A CADA RATO GRANDES PERSONALIDADES ¿Y QUIEN LES LLEVA EL APUNTE?
NADIE
PERO TOTAL, ES GRATIS,.......Y ESAS PERSONALIDADES Y YO QUEDAMOS COMO REYES
337
QUINO

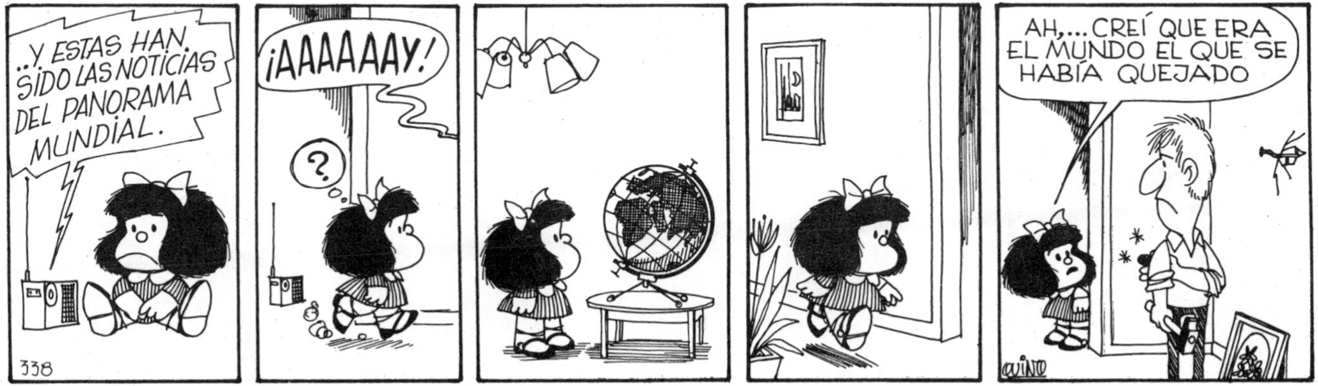
...Y ESTAS HAN SIDO LAS NOTICIAS DEL PANORAMA MUNDIAL.
¡AAAAAAY!
?
AH,... CREÍ QUE ERA EL MUNDO EL QUE SE HABÍA QUEJADO
338
QUINO

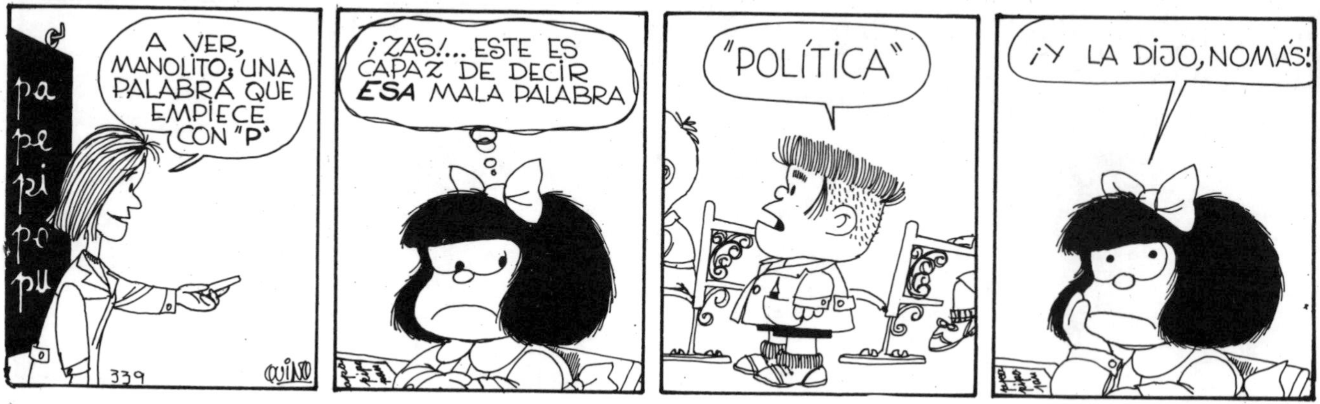
pa
pe
pi
pó
pu
A VER, MANOLITO; UNA PALABRA QUE EMPIECE CON "P"
339
QUINO
¡ZÁS!... ESTE ES CAPAZ DE DECIR ESA MALA PALABRA
"POLÍTICA"
¡Y LA DIJO, NOMÁS!

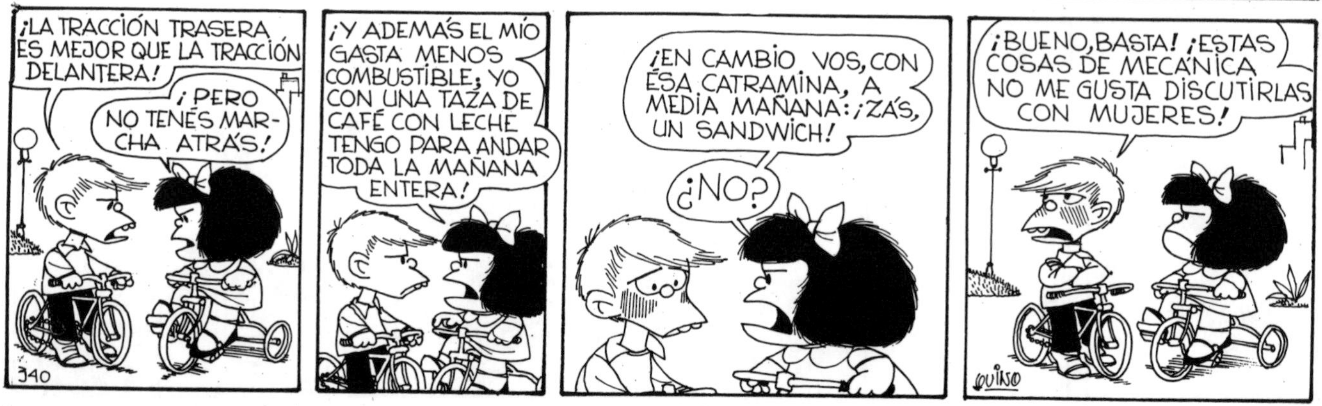
¡LA TRACCIÓN TRASERA ES MEJOR QUE LA TRACCIÓN DELANTERA!
¡PERO NO TENÉS MARCHA ATRÁS!
340
¡Y ADEMÁS EL MÍO GASTA MENOS COMBUSTIBLE; YO CON UNA TAZA DE CAFÉ CON LECHE TENGO PARA ANDAR TODA LA MAÑANA ENTERA!
¡EN CAMBIO VOS, CON ÉSA CATRAMINA, A MEDIA MAÑANA: ¡ZÁS, UN SANDWICH!
¿NO?
¡BUENO, BASTA! ¡ESTAS COSAS DE MECÁNICA NO ME GUSTA DISCUTIRLAS CON MUJERES!
QUINO

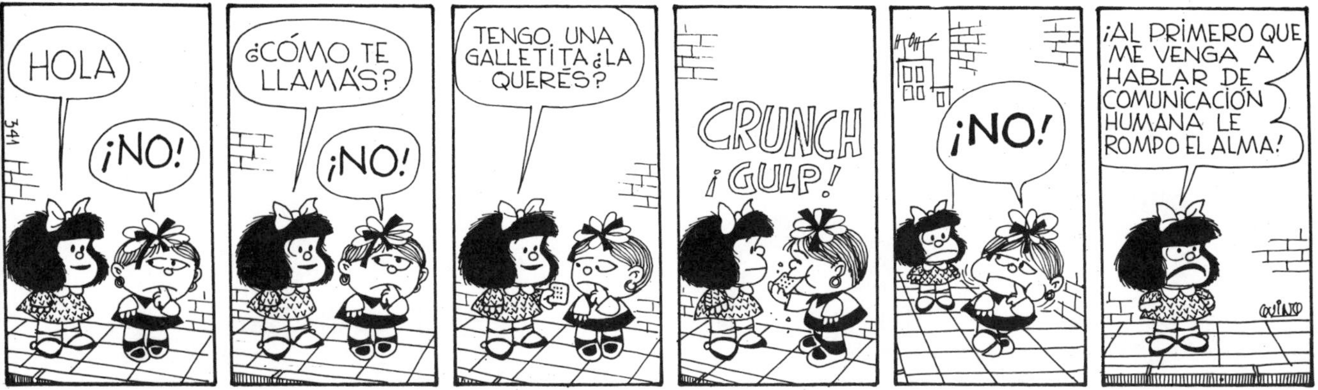
341
HOLA
¡NO!
¿CÓMO TE LLAMÁS?
¡NO!
TENGO UNA GALLETITA ¿LA QUERÉS?
CRUNCH
¡GULP!
¡NO!
¡AL PRIMERO QUE ME VENGA A HABLAR DE COMUNICACIÓN HUMANA LE ROMPO EL ALMA!

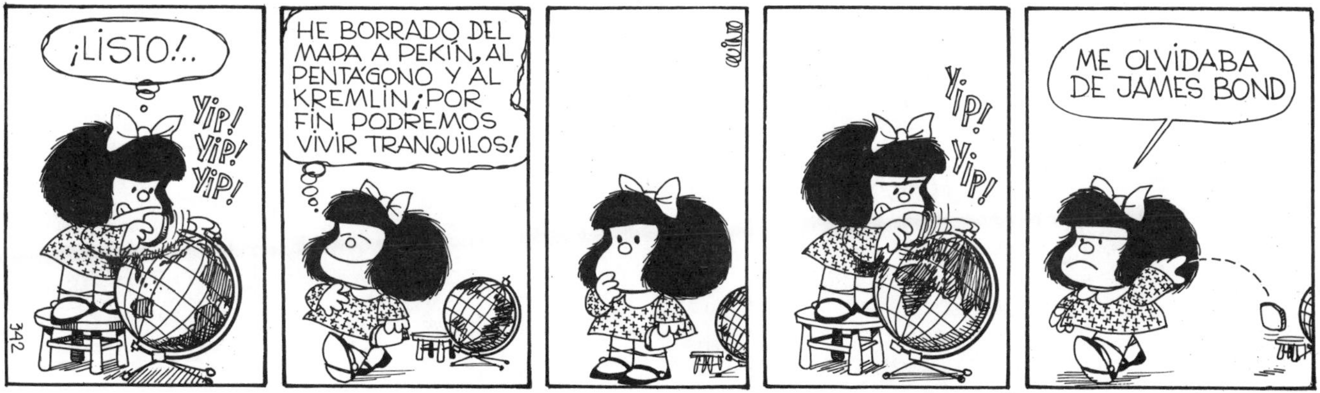
342
¡LISTO!..
YIP! YIP! YIP!
HE BORRADO DEL MAPA A PEKÍN, AL PENTÁGONO Y AL KREMLIN ¡POR FIN PODREMOS VIVIR TRANQUILOS!
YIP! YIP!
ME OLVIDABA DE JAMES BOND

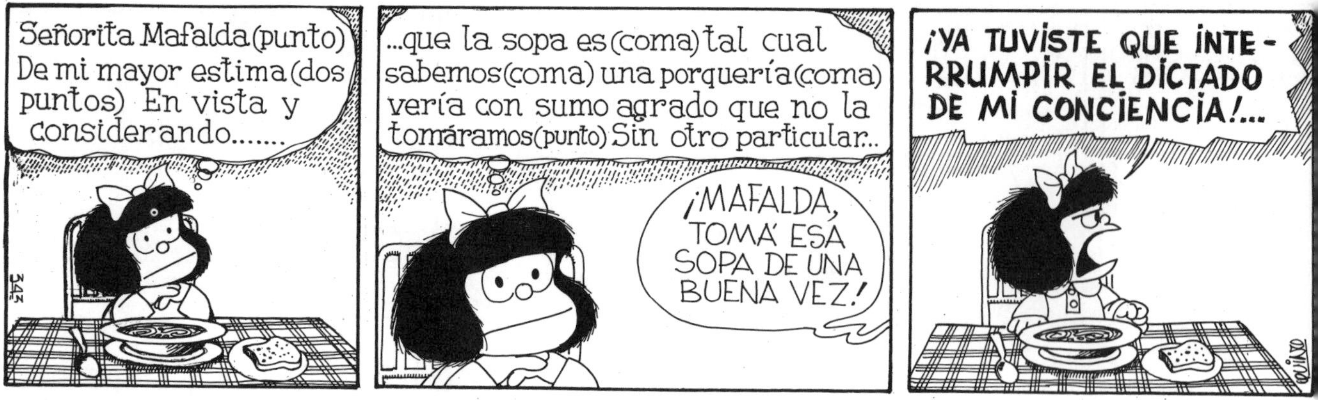
Señorita Mafalda(punto) De mi mayor estima(dos puntos) En vista y considerando.......
...que la sopa es(coma)tal cual sabemos(coma) una porquería(coma) vería con sumo agrado que no la tomáramos(punto) Sin otro particular...
¡MAFALDA, TOMÁ ESA SOPA DE UNA BUENA VEZ!
¡YA TUVISTE QUE INTE-RRUMPIR EL DICTADO DE MI CONCIENCIA!...
343
QUINO

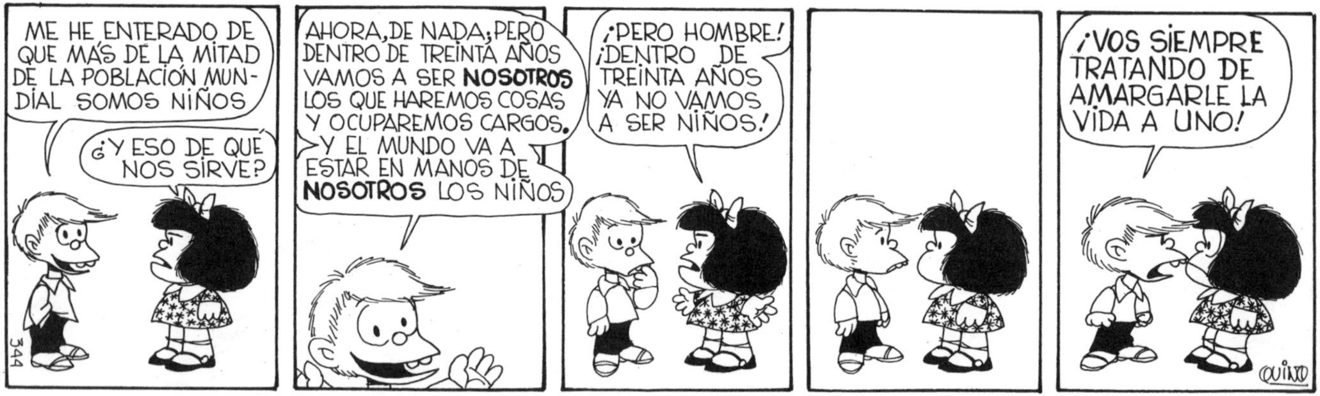
ME HE ENTERADO DE QUE MÁS DE LA MITAD DE LA POBLACIÓN MUNDIAL SOMOS NIÑOS
¿Y ESO DE QUÉ NOS SIRVE?
AHORA, DE NADA; PERO DENTRO DE TREINTA AÑOS VAMOS A SER **NOSOTROS** LOS QUE HAREMOS COSAS Y OCUPAREMOS CARGOS.
Y EL MUNDO VA A ESTAR EN MANOS DE **NOSOTROS** LOS NIÑOS
¡PERO HOMBRE! ¡DENTRO DE TREINTA AÑOS YA NO VAMOS A SER NIÑOS!
¡VOS SIEMPRE TRATANDO DE AMARGARLE LA VIDA A UNO!
344
QUINO

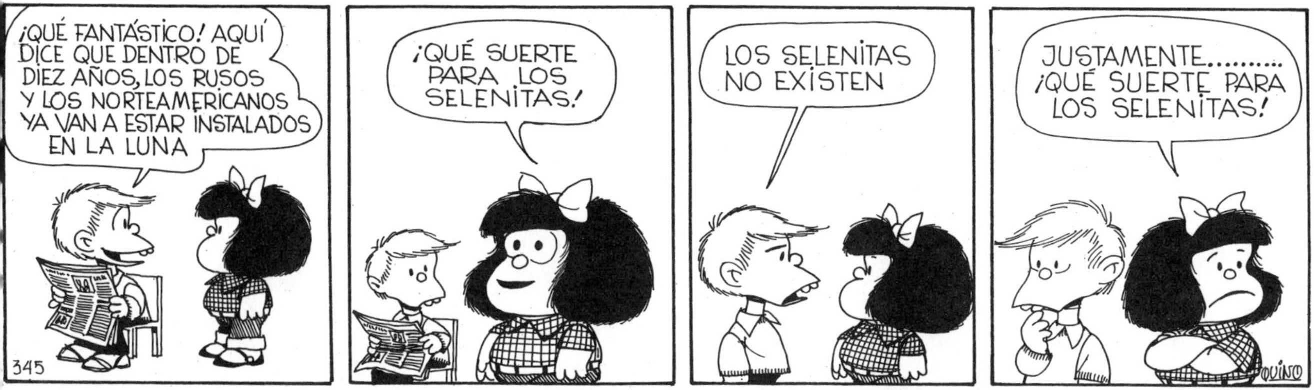
¡QUÉ FANTÁSTICO! AQUÍ DICE QUE DENTRO DE DIEZ AÑOS, LOS RUSOS Y LOS NORTEAMERICANOS YA VAN A ESTAR INSTALADOS EN LA LUNA
345
¡QUÉ SUERTE PARA LOS SELENITAS!
LOS SELENITAS NO EXISTEN
JUSTAMENTE......... ¡QUÉ SUERTE PARA LOS SELENITAS!
QUINO

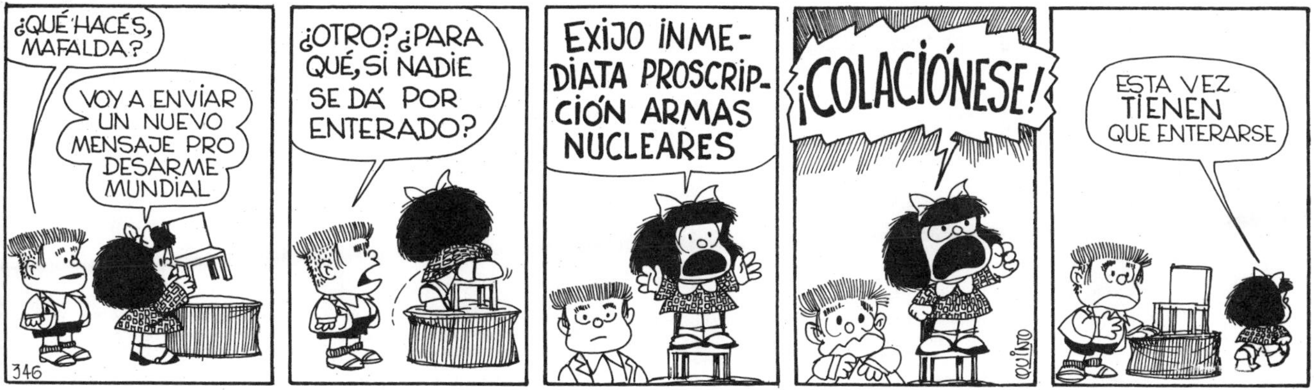
¿QUÉ HACÉS, MAFALDA?
VOY A ENVIAR UN NUEVO MENSAJE PRO DESARME MUNDIAL
346
¿OTRO? ¿PARA QUÉ, SI NADIE SE DÁ POR ENTERADO?
EXIJO INME-DIATA PROSCRIP-CIÓN ARMAS NUCLEARES
¡COLACIÓNESE!
QUINO
ESTA VEZ TIENEN QUE ENTERARSE

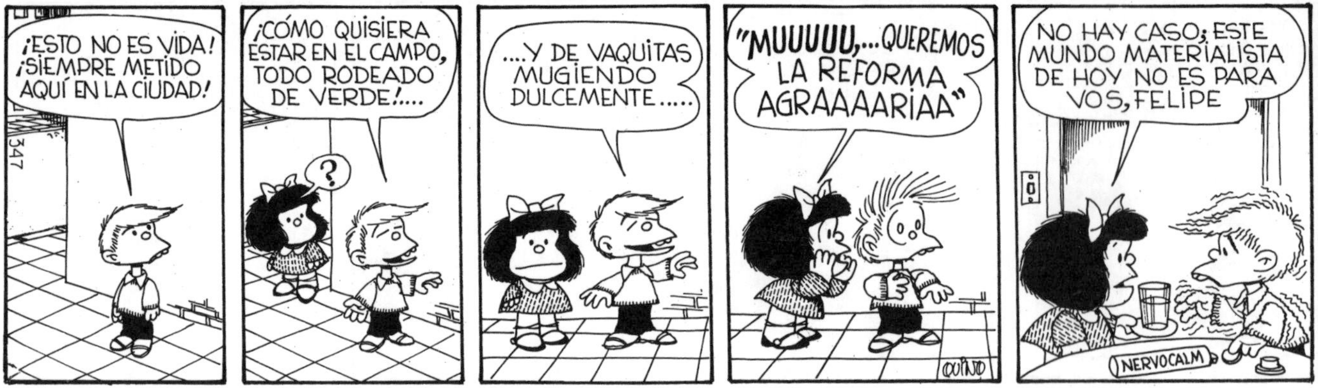
347
¡ESTO NO ES VIDA! ¡SIEMPRE METIDO AQUÍ EN LA CIUDAD!
¡CÓMO QUISIERA ESTAR EN EL CAMPO, TODO RODEADO DE VERDE!....
?
....Y DE VAQUITAS MUGIENDO DULCEMENTE.....
"MUUUUU,...QUEREMOS LA REFORMA AGRAAAARIAA"
QUINO
NO HAY CASO; ESTE MUNDO MATERIALISTA DE HOY NO ES PARA VOS, FELIPE
NERVOCALM

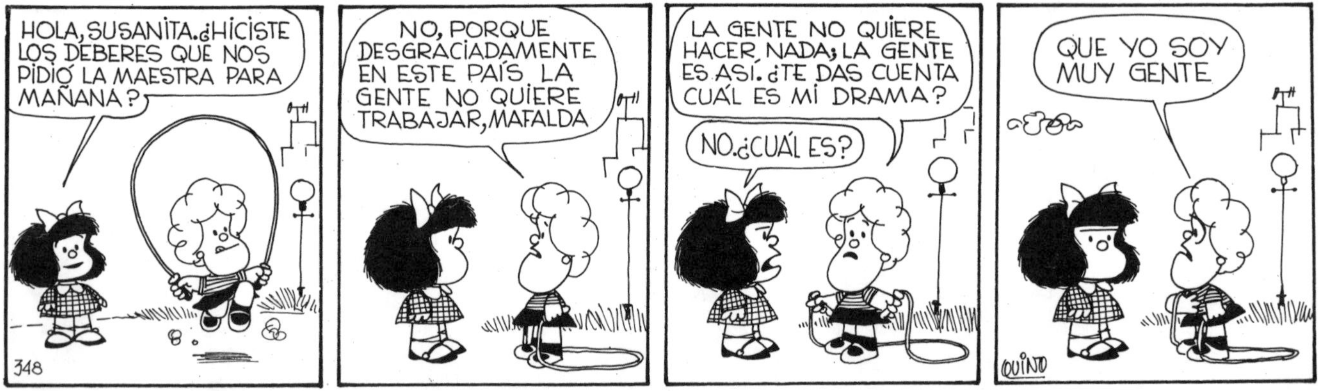
HOLA, SUSANITA. ¿HICISTE LOS DEBERES QUE NOS PIDIÓ LA MAESTRA PARA MAÑANA?
348
NO, PORQUE DESGRACIADAMENTE EN ESTE PAÍS LA GENTE NO QUIERE TRABAJAR, MAFALDA
LA GENTE NO QUIERE HACER NADA; LA GENTE ES ASÍ. ¿TE DAS CUENTA CUÁL ES MI DRAMA?
NO. ¿CUÁL ES?
QUE YO SOY MUY GENTE
QUINO

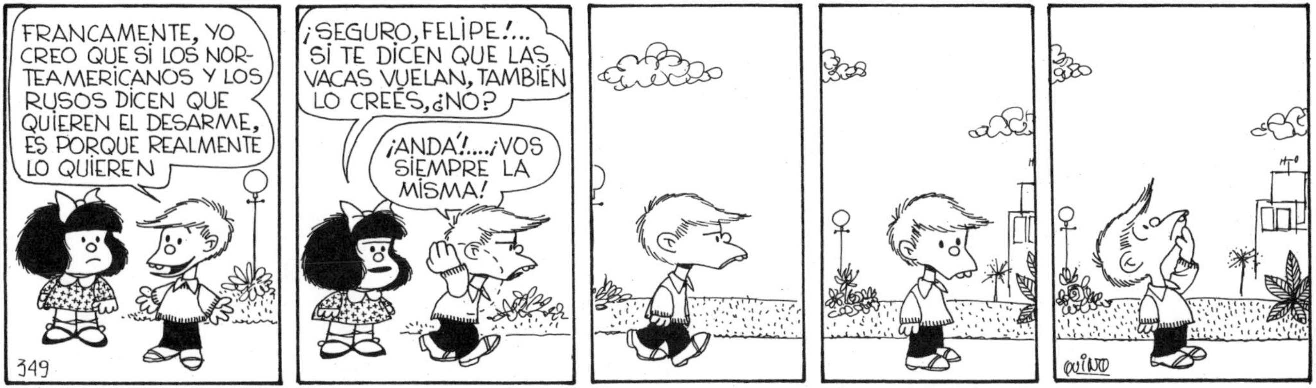
FRANCAMENTE, YO CREO QUE SI LOS NORTEAMERICANOS Y LOS RUSOS DICEN QUE QUIEREN EL DESARME, ES PORQUE REALMENTE LO QUIEREN
¡SEGURO, FELIPE!... SI TE DICEN QUE LAS VACAS VUELAN, TAMBIÉN LO CREÉS, ¿NO?
¡ANDÁ!....¡VOS SIEMPRE LA MISMA!
349
QUINO

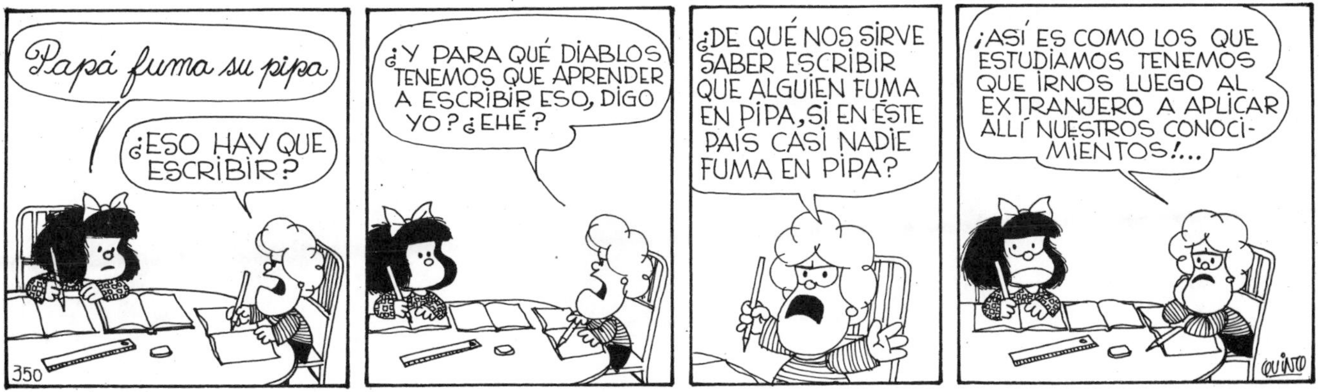
Papá fuma su pipa
¿ESO HAY QUE ESCRIBIR?
¿Y PARA QUÉ DIABLOS TENEMOS QUE APRENDER A ESCRIBIR ESO, DIGO YO? ¿EHÉ?
¿DE QUÉ NOS SIRVE SABER ESCRIBIR QUE ALGUIEN FUMA EN PIPA, SI EN ESTE PAÍS CASI NADIE FUMA EN PIPA?
¡ASÍ ES COMO LOS QUE ESTUDIAMOS TENEMOS QUE IRNOS LUEGO AL EXTRANJERO A APLICAR ALLÍ NUESTROS CONOCIMIENTOS!...
350
QUINO

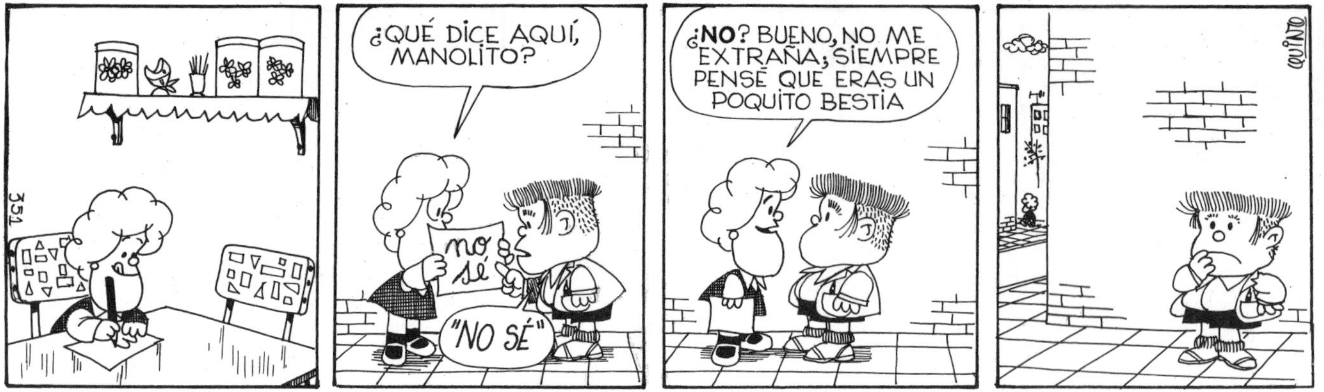
351
¿QUÉ DICE AQUÍ, MANOLITO?
no sé
"NO SÉ"
¿NO? BUENO, NO ME EXTRAÑA; SIEMPRE PENSÉ QUE ERAS UN POQUITO BESTIA
QUINO

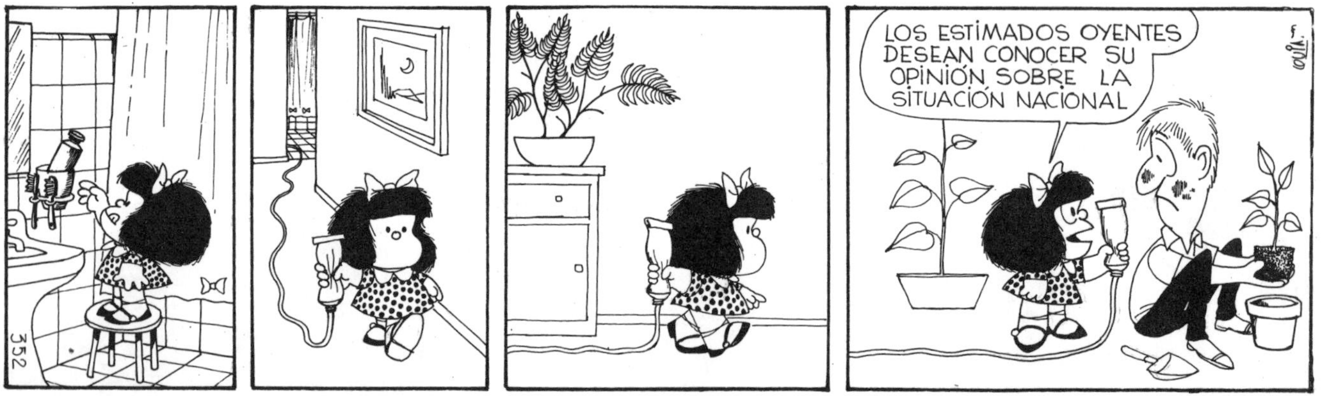
352
LOS ESTIMADOS OYENTES DESEAN CONOCER SU OPINIÓN SOBRE LA SITUACIÓN NACIONAL

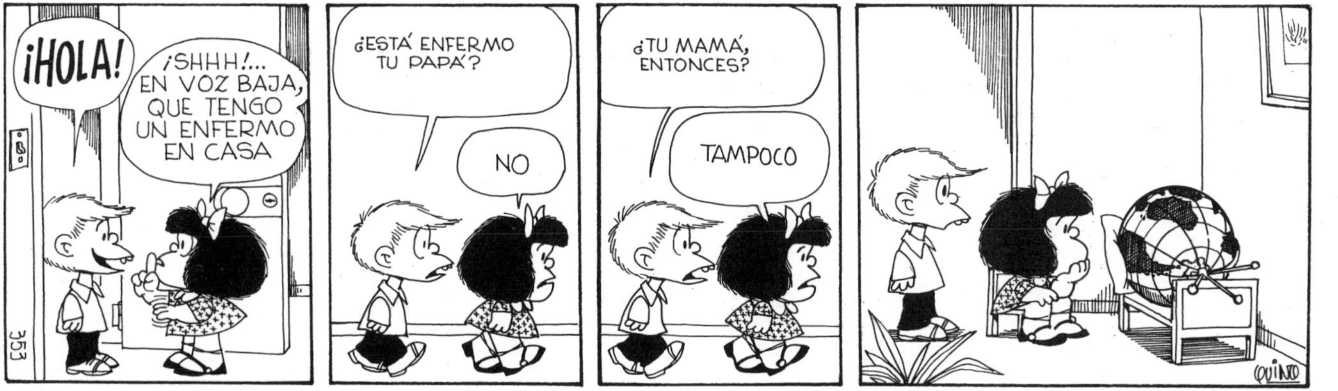
¡HOLA!
¡SHHH!... EN VOZ BAJA, QUE TENGO UN ENFERMO EN CASA
353
¿ESTÁ ENFERMO TU PAPÁ?
NO
¿TU MAMÁ, ENTONCES?
TAMPOCO
QUINO

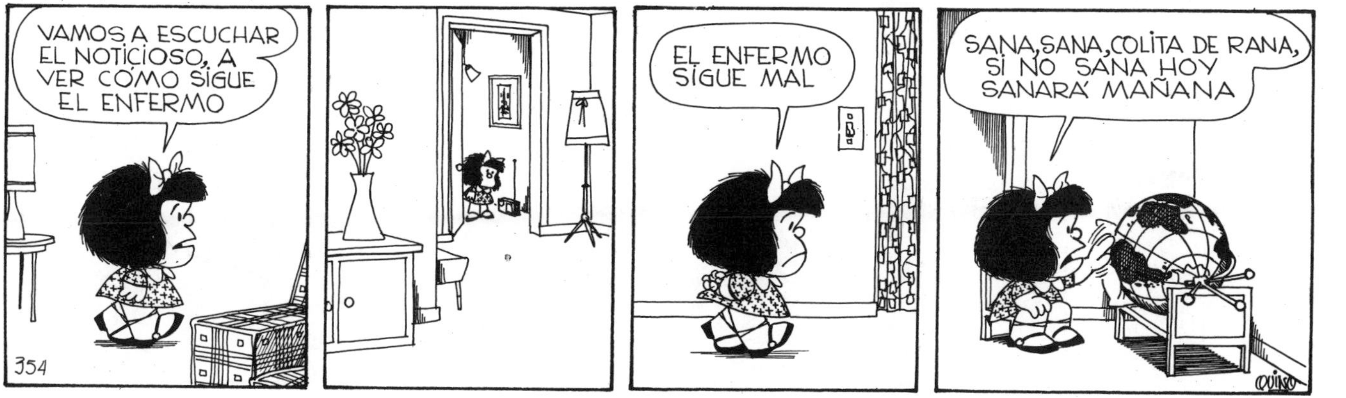
VAMOS A ESCUCHAR EL NOTICIOSO, A VER CÓMO SIGUE EL ENFERMO
354
EL ENFERMO SIGUE MAL
SANA, SANA, COLITA DE RANA, SI NO SANA HOY SANARÁ MAÑANA
QUINO

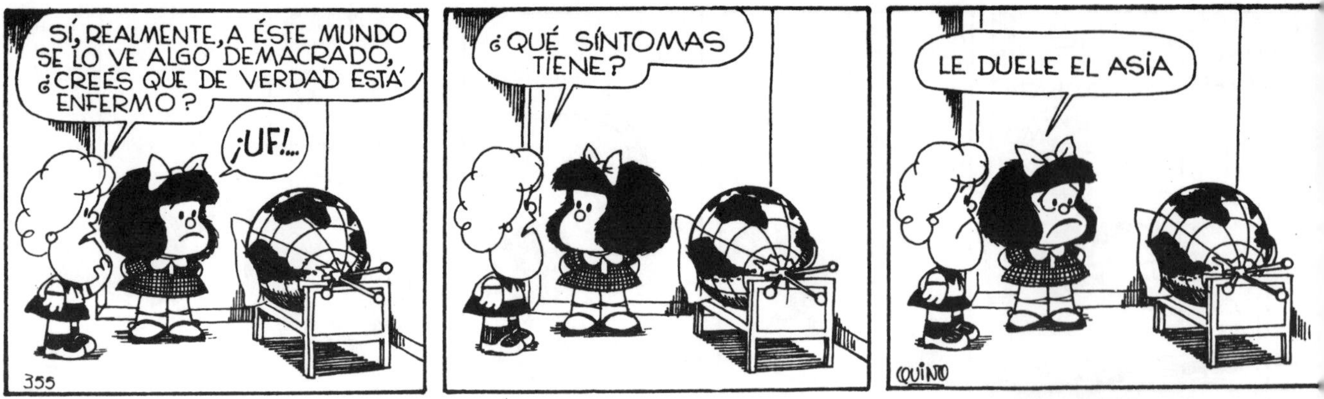
SÍ, REALMENTE, A ÉSTE MUNDO SE LO VE ALGO DEMACRADO, ¿CREÉS QUE DE VERDAD ESTÁ ENFERMO?
¡UF!...
355
¿QUÉ SÍNTOMAS TIENE?
LE DUELE EL ASIA
QUINO

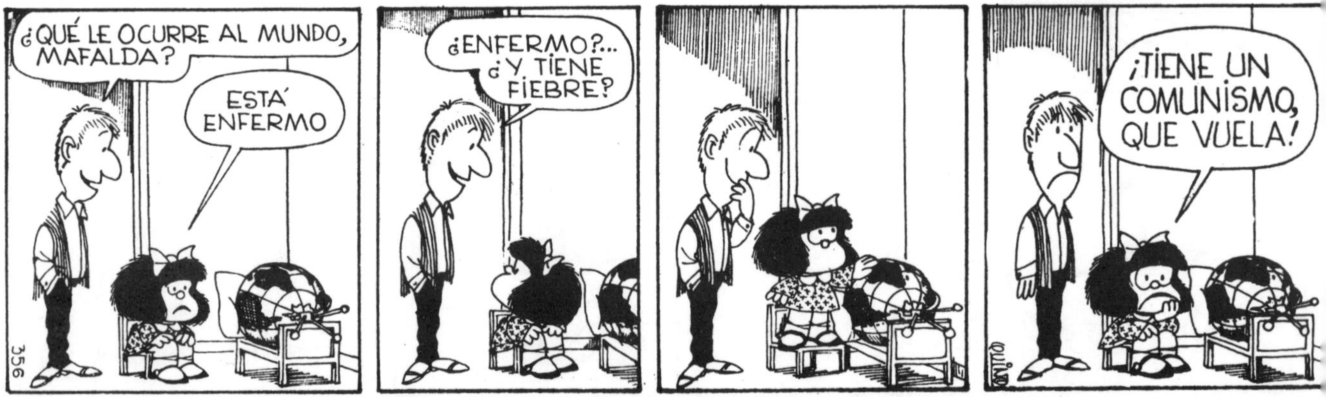
¿QUÉ LE OCURRE AL MUNDO, MAFALDA?
ESTÁ ENFERMO
356
¿ENFERMO?... ¿Y TIENE FIEBRE?
¡TIENE UN COMUNISMO, QUE VUELA!
QUINO

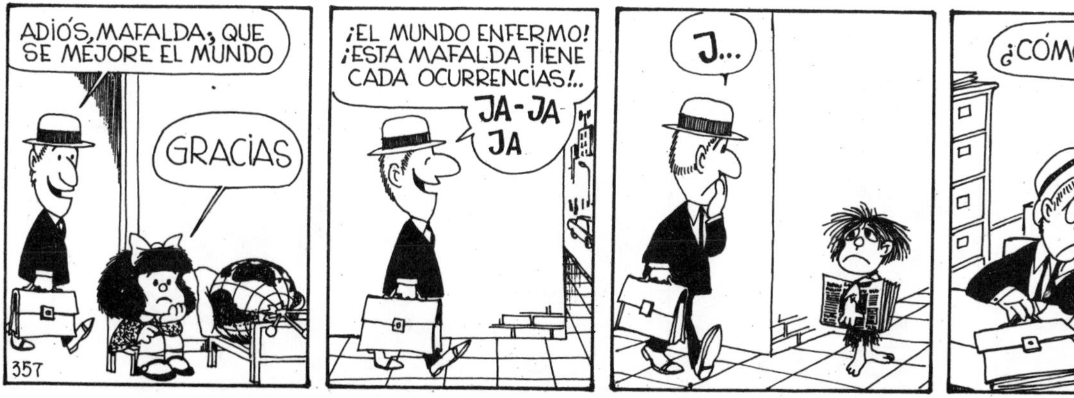
357
ADIÓS, MAFALDA, QUE SE MEJORE EL MUNDO
GRACIAS
¡EL MUNDO ENFERMO! ¡ESTA MAFALDA TIENE CADA OCURRENCIAS!..
JA-JA JA
J...
¿CÓMO?
¿EL MUNDO ESTÁ QUÉ?
QUINO

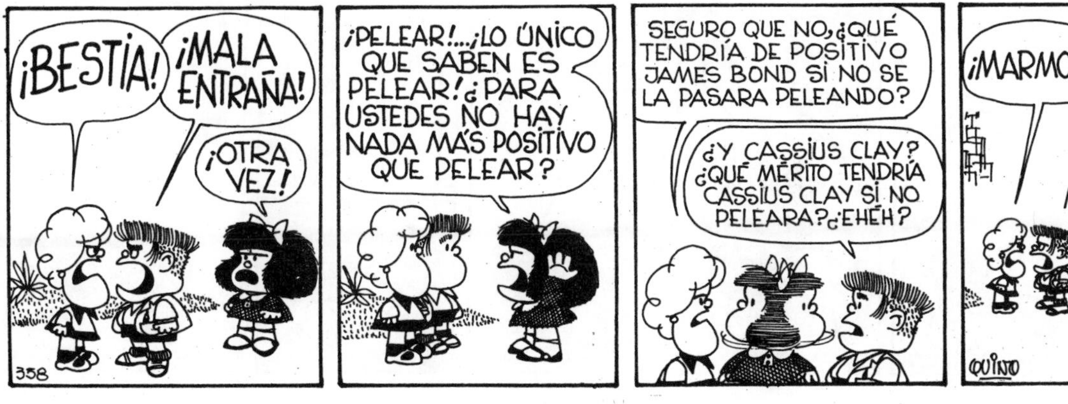
358
¡BESTIA!
¡MALA ENTRAÑA!
¡OTRA VEZ!
¡PELEAR!...¡LO ÚNICO QUE SABEN ES PELEAR! ¿PARA USTEDES NO HAY NADA MÁS POSITIVO QUE PELEAR?
SEGURO QUE NO, ¿QUÉ TENDRÍA DE POSITIVO JAMES BOND SI NO SE LA PASARA PELEANDO?
¿Y CASSIUS CLAY? ¿QUÉ MÉRITO TENDRÍA CASSIUS CLAY SI NO PELEARA? ¿EHÉH?
¡MARMOTA!
¡PEDAZO DE CRETINA!
¡ASÍ AVANZA LA HUMANIDAD!
QUINO

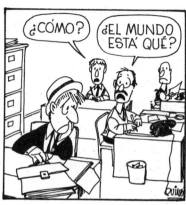

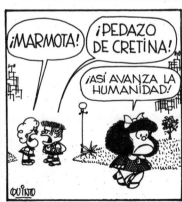

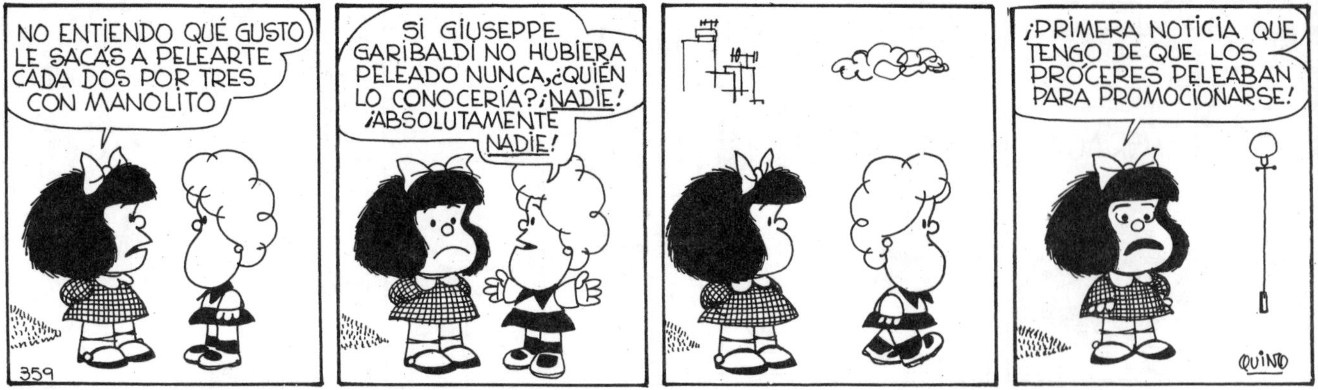
NO ENTIENDO QUÉ GUSTO LE SACÁS A PELEARTE CADA DOS POR TRES CON MANOLITO
SI GIUSEPPE GARIBALDI NO HUBIERA PELEADO NUNCA, ¿QUIÉN LO CONOCERÍA? ¡NADIE! ¡ABSOLUTAMENTE NADIE!
¡PRIMERA NOTICIA QUE TENGO DE QUE LOS PRÓCERES PELEABAN PARA PROMOCIONARSE!
359
QUINO

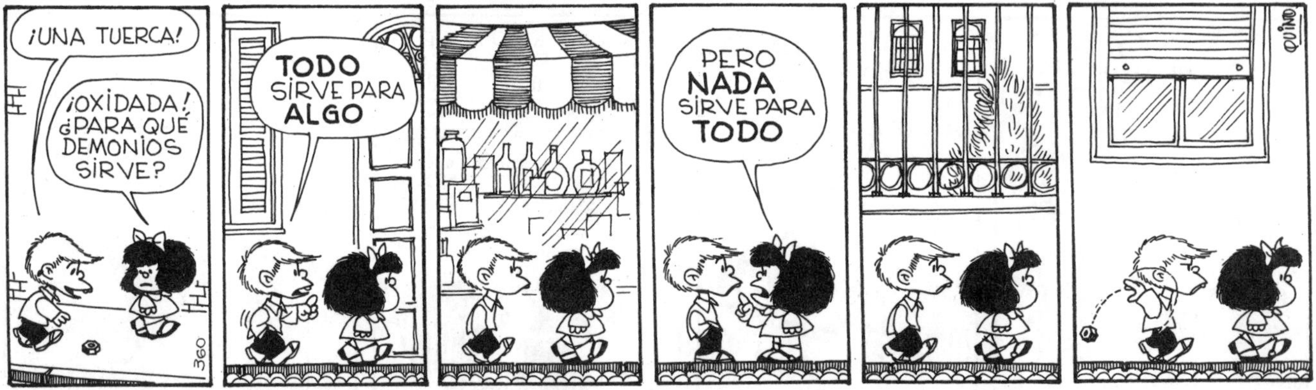
¡UNA TUERCA!
¡OXIDADA! ¿PARA QUÉ DEMONIOS SIRVE?
TODO SIRVE PARA ALGO
PERO NADA SIRVE PARA TODO
360
QUINO

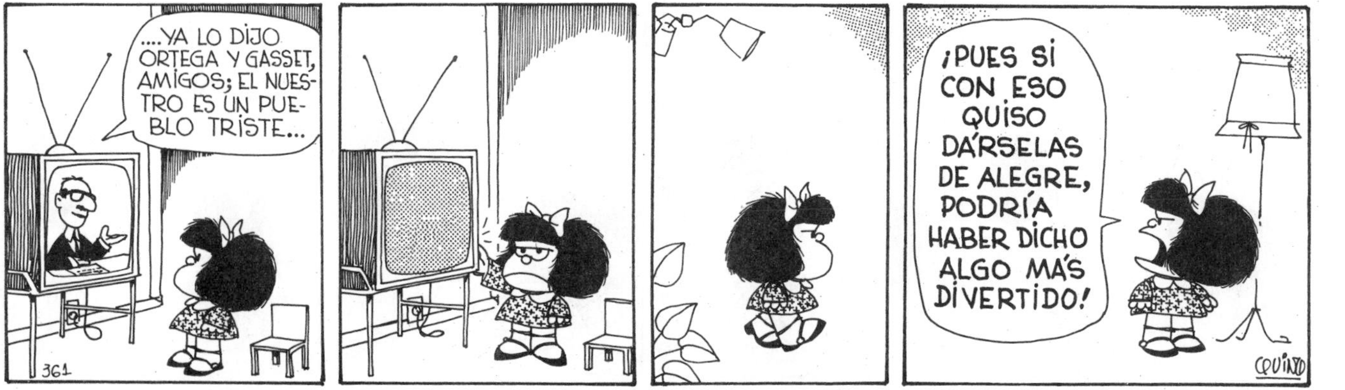

361
....YA LO DIJO ORTEGA Y GASSET, AMIGOS; EL NUESTRO ES UN PUEBLO TRISTE...
¡PUES SI CON ESO QUISO DÁRSELAS DE ALEGRE, PODRÍA HABER DICHO ALGO MÁS DIVERTIDO!
QUINO

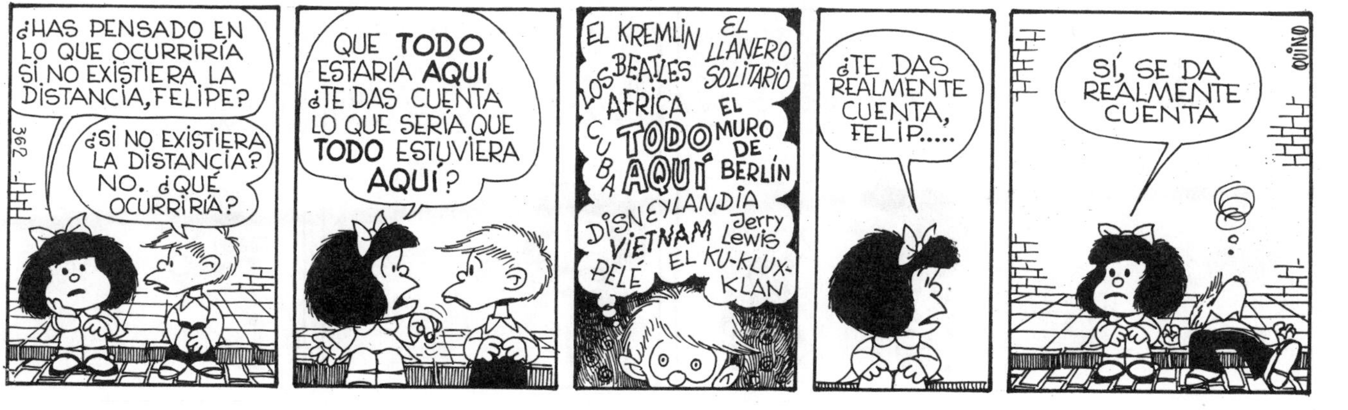

362
¿HAS PENSADO EN LO QUE OCURRIRÍA SI NO EXISTIERA LA DISTANCIA, FELIPE?
¿SI NO EXISTIERA LA DISTANCIA? NO. ¿QUÉ OCURRIRÍA?
QUE TODO ESTARÍA AQUÍ ¿TE DAS CUENTA LO QUE SERÍA QUE TODO ESTUVIERA AQUÍ?
EL KREMLIN
EL LLANERO SOLITARIO
LOS BEATLES
AFRICA
CUBA
TODO AQUÍ
EL MURO DE BERLÍN
DISNEYLANDIA
VIETNAM
Jerry Lewis
PELÉ
EL KU-KLUX-KLAN
¿TE DAS REALMENTE CUENTA, FELIP.....
SÍ, SE DA REALMENTE CUENTA
QUINO

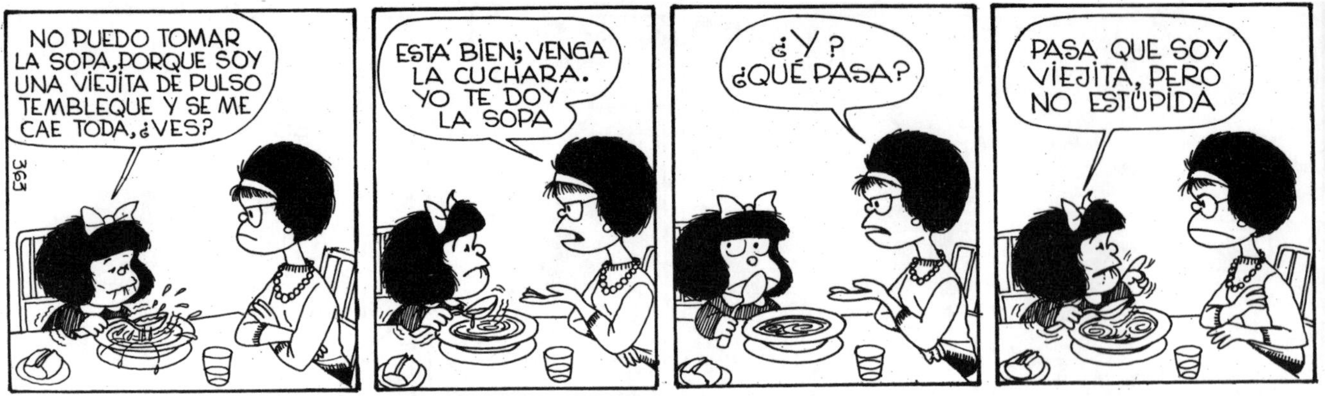
NO PUEDO TOMAR LA SOPA, PORQUE SOY UNA VIEJITA DE PULSO TEMBLEQUE Y SE ME CAE TODA, ¿VES?
363
ESTÁ BIEN; VENGA LA CUCHARA. YO TE DOY LA SOPA
¿Y? ¿QUÉ PASA?
PASA QUE SOY VIEJITA, PERO NO ESTÚPIDA

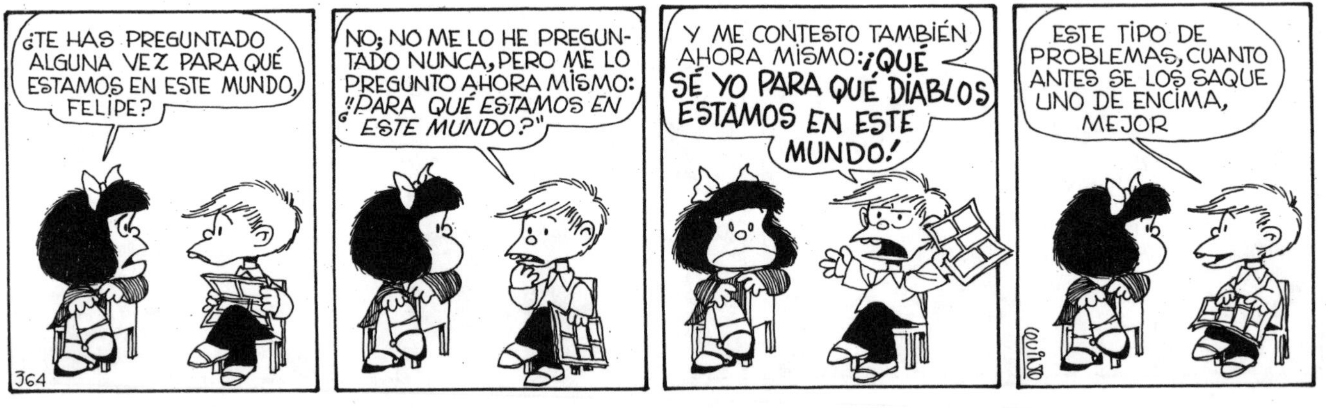
¿TE HAS PREGUNTADO ALGUNA VEZ PARA QUÉ ESTAMOS EN ESTE MUNDO, FELIPE?
364
NO; NO ME LO HE PREGUNTADO NUNCA, PERO ME LO PREGUNTO AHORA MISMO: "¿PARA QUÉ ESTAMOS EN ESTE MUNDO?"
Y ME CONTESTO TAMBIÉN AHORA MISMO: ¡QUÉ SÉ YO PARA QUÉ DIABLOS ESTAMOS EN ESTE MUNDO!
ESTE TIPO DE PROBLEMAS, CUANTO ANTES SE LOS SAQUE UNO DE ENCIMA, MEJOR
QUINO

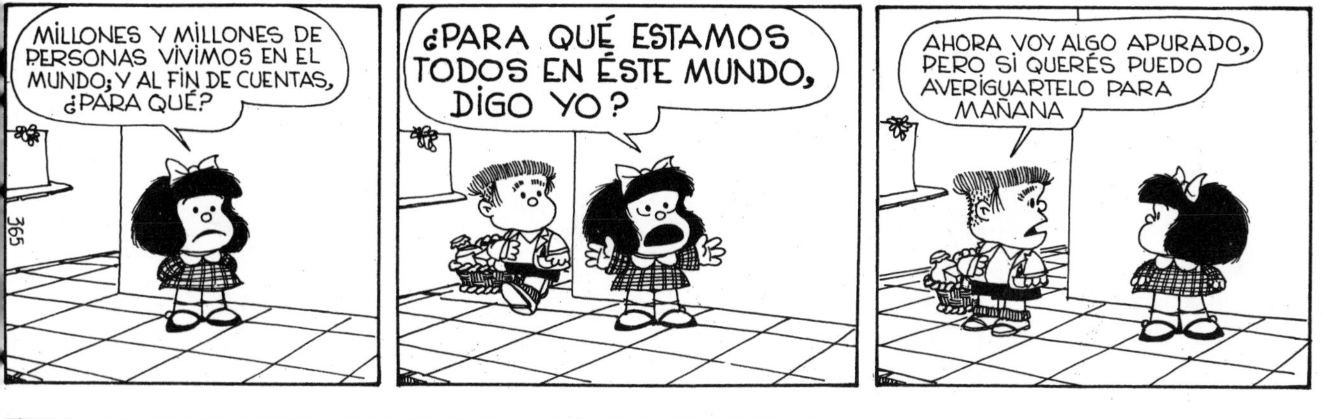
365
MILLONES Y MILLONES DE PERSONAS VIVIMOS EN EL MUNDO; Y AL FIN DE CUENTAS, ¿PARA QUÉ?
¿PARA QUÉ ESTAMOS TODOS EN ÉSTE MUNDO, DIGO YO?
AHORA VOY ALGO APURADO, PERO SI QUERÉS PUEDO AVERIGUARTELO PARA MAÑANA

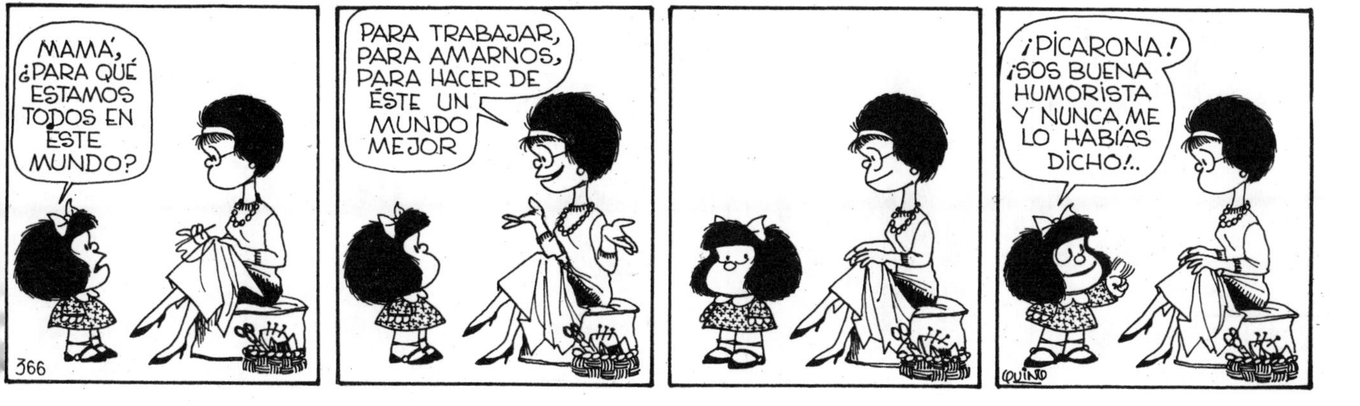
MAMÁ, ¿PARA QUÉ ESTAMOS TODOS EN ESTE MUNDO?
366
PARA TRABAJAR, PARA AMARNOS, PARA HACER DE ÉSTE UN MUNDO MEJOR
¡PICARONA! ¡SOS BUENA HUMORISTA Y NUNCA ME LO HABÍAS DICHO!..
QUINO

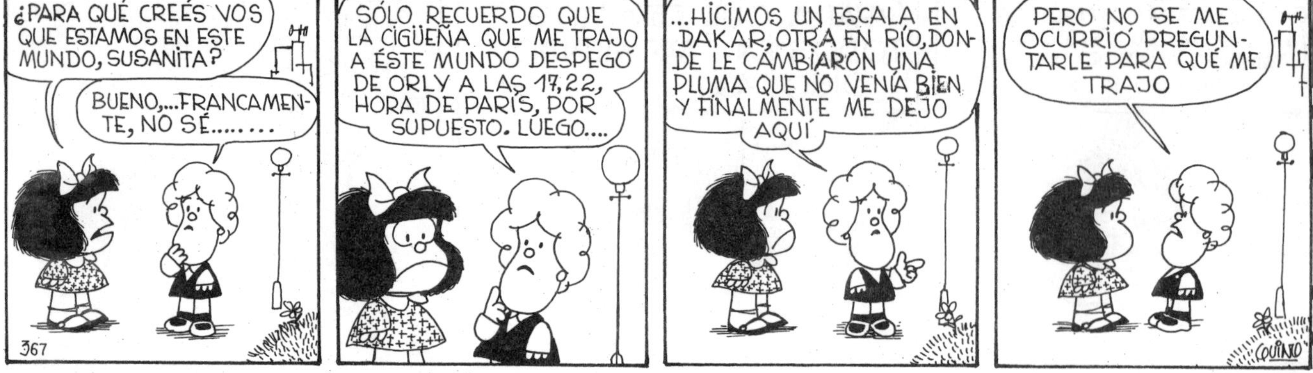
¿PARA QUÉ CREÉS VOS QUE ESTAMOS EN ESTE MUNDO, SUSANITA?
BUENO,...FRANCAMENTE, NO SÉ........
367
SÓLO RECUERDO QUE LA CIGÜEÑA QUE ME TRAJO A ÉSTE MUNDO DESPEGÓ DE ORLY A LAS 17,22, HORA DE PARÍS, POR SUPUESTO. LUEGO....
...HICIMOS UN ESCALA EN DAKAR, OTRA EN RÍO, DONDE LE CAMBIARON UNA PLUMA QUE NO VENÍA BIEN Y FINALMENTE ME DEJO AQUÍ
PERO NO SE ME OCURRIÓ PREGUNTARLE PARA QUÉ ME TRAJO
QUINO

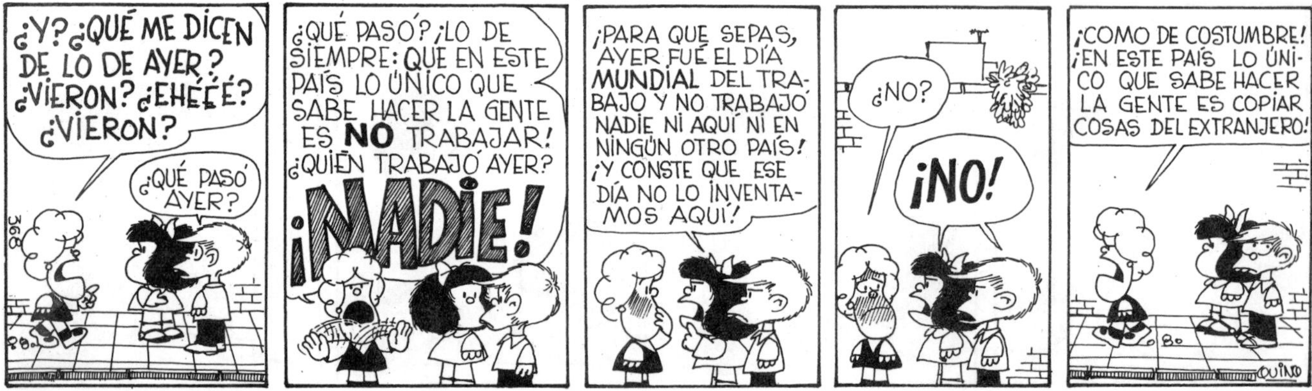
¿Y? ¿QUÉ ME DICEN DE LO DE AYER? ¿VIERON? ¿EHÉÉÉ? ¿VIERON?
¿QUÉ PASÓ AYER?
368
¿QUÉ PASÓ? ¡LO DE SIEMPRE: QUE EN ESTE PAÍS LO ÚNICO QUE SABE HACER LA GENTE ES **NO** TRABAJAR! ¿QUIÉN TRABAJÓ AYER?
¡NADIE!
¡PARA QUE SEPAS, AYER FUÉ EL DÍA MUNDIAL DEL TRABAJO Y NO TRABAJÓ NADIE NI AQUÍ NI EN NINGÚN OTRO PAÍS! ¡Y CONSTE QUE ESE DÍA NO LO INVENTAMOS AQUÍ!
¿NO?
¡NO!
¡COMO DE COSTUMBRE! ¡EN ESTE PAÍS LO ÚNICO QUE SABE HACER LA GENTE ES COPIAR COSAS DEL EXTRANJERO!
QUINO

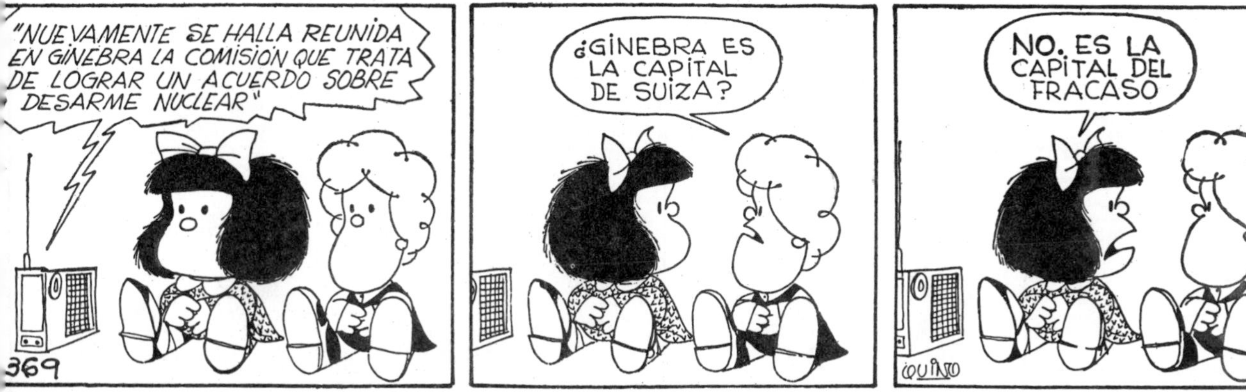
"NUEVAMENTE SE HALLA REUNIDA EN GINEBRA LA COMISIÓN QUE TRATA DE LOGRAR UN ACUERDO SOBRE DESARME NUCLEAR"
369
¿GINEBRA ES LA CAPITAL DE SUIZA?
NO. ES LA CAPITAL DEL FRACASO
QUINO

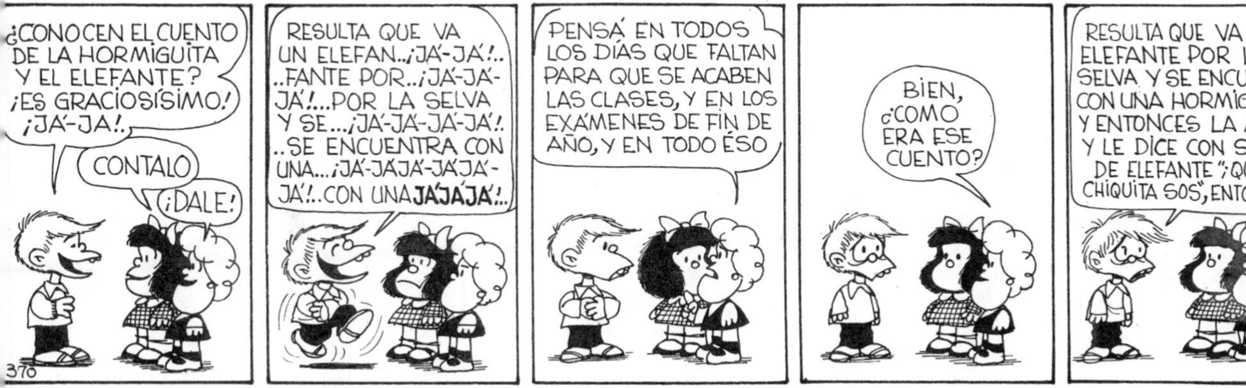
¿CONOCEN EL CUENTO DE LA HORMIGUITA Y EL ELEFANTE? ¡ES GRACIOSÍSIMO! ¡JÁ-JA!..
CONTALO
¡DALE!
370
RESULTA QUE VA UN ELEFAN..¡JÁ-JÁ!.. ..FANTE POR..¡JÁ-JÁ-JÁ!...POR LA SELVA Y SE...¡JÁ-JÁ-JÁ-JÁ!. ..SE ENCUENTRA CON UNA...¡JÁ-JÁJÁ-JÁJÁ-JÁ!..CON UNA JÁJÁJÁ!..
PENSÁ EN TODOS LOS DÍAS QUE FALTAN PARA QUE SE ACABEN LAS CLASES, Y EN LOS EXÁMENES DE FIN DE AÑO, Y EN TODO ÉSO
BIEN, ¿COMO ERA ESE CUENTO?
RESULTA QUE VA UN ELEFANTE POR LA SELVA Y SE ENCUENTRA CON UNA HORMIGUITA Y ENTONCES LA MIRA Y LE DICE CON SU VOZ DE ELEFANTE "¡QUÉ CHIQUITA SOS", ENTONCES...
QUINO

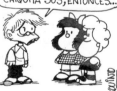

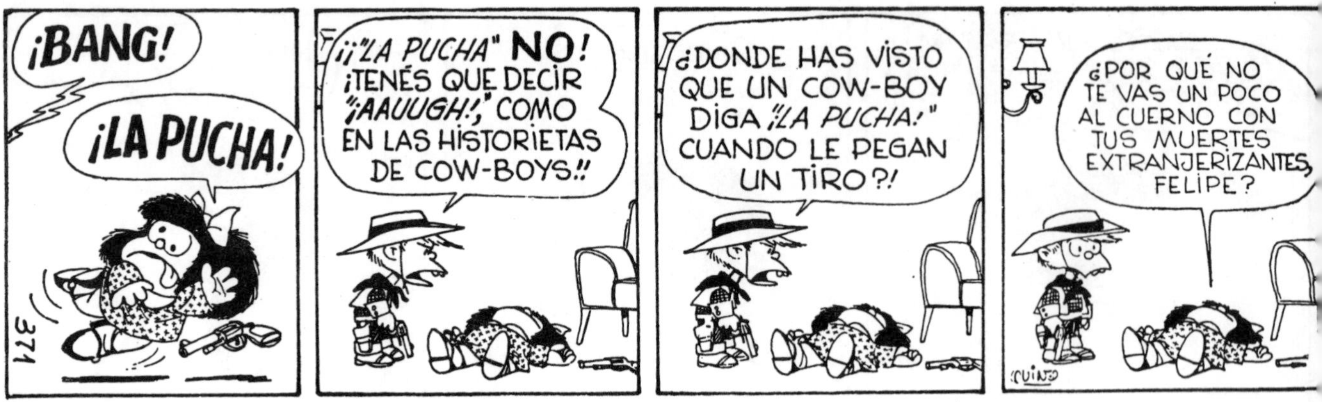
371
¡BANG!
¡LA PUCHA!
¡¡"LA PUCHA" NO!
¡TENÉS QUE DECIR "¡AAUUGH!", COMO EN LAS HISTORIETAS DE COW-BOYS!!
¿DONDE HAS VISTO QUE UN COW-BOY DIGA "¡LA PUCHA!" CUANDO LE PEGAN UN TIRO?!
¿POR QUÉ NO TE VAS UN POCO AL CUERNO CON TUS MUERTES EXTRANJERIZANTES, FELIPE?
QUINO

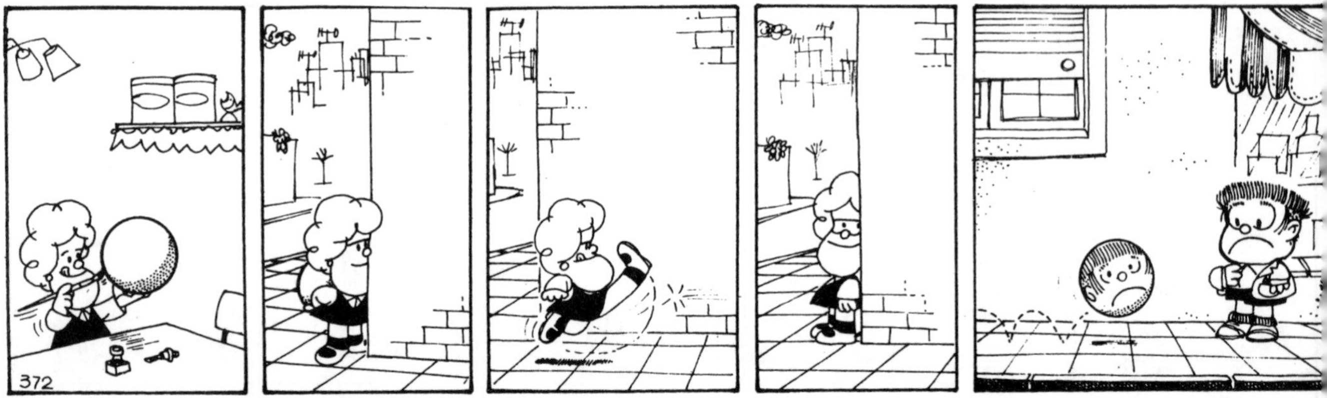
372

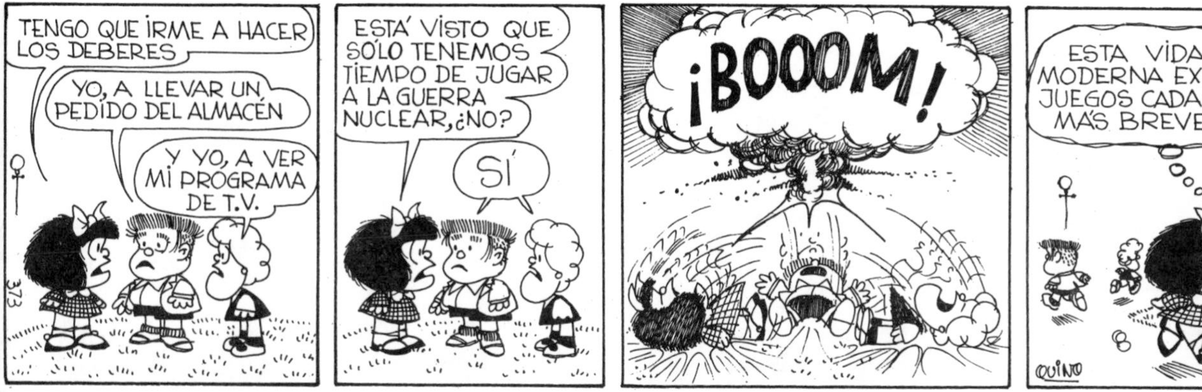
TENGO QUE IRME A HACER LOS DEBERES
YO, A LLEVAR UN PEDIDO DEL ALMACÉN
Y YO, A VER MI PROGRAMA DE T.V.
373
ESTÁ VISTO QUE SÓLO TENEMOS TIEMPO DE JUGAR A LA GUERRA NUCLEAR, ¿NO?
SÍ
¡BOOOM!
ESTA VIDA MODERNA EXIGE JUEGOS CADA VEZ MÁS BREVES
QUINO

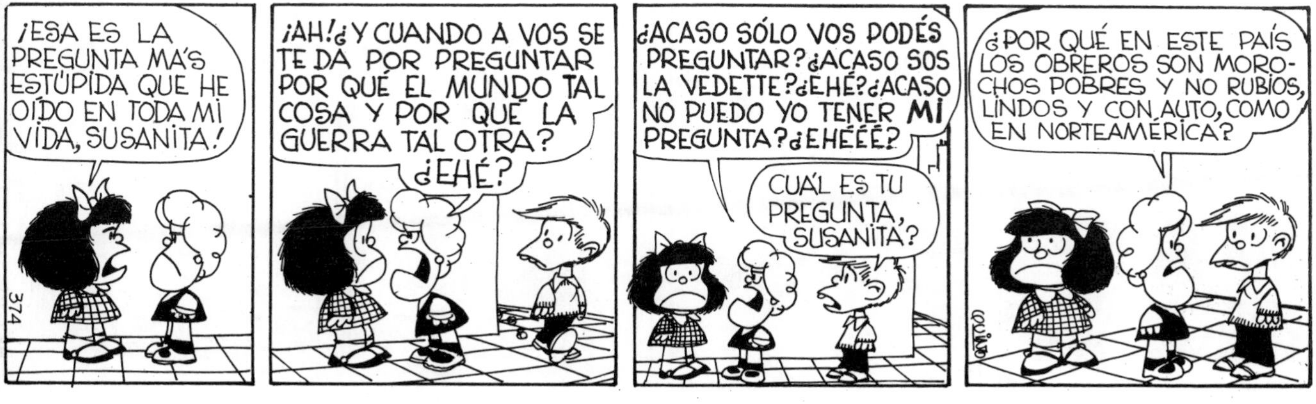
¡ESA ES LA PREGUNTA MÁS ESTÚPIDA QUE HE OÍDO EN TODA MI VIDA, SUSANITA!
374
¡AH! ¿Y CUANDO A VOS SE TE DA POR PREGUNTAR POR QUÉ EL MUNDO TAL COSA Y POR QUÉ LA GUERRA TAL OTRA?
¿EHÉ?
¿ACASO SÓLO VOS PODÉS PREGUNTAR? ¿ACASO SOS LA VEDETTE? ¿EHÉ? ¿ACASO NO PUEDO YO TENER MI PREGUNTA? ¿EHÉÉÉ?
CUÁL ES TU PREGUNTA, SUSANITA?
¿POR QUÉ EN ESTE PAÍS LOS OBREROS SON MOROCHOS POBRES Y NO RUBIOS, LINDOS Y CON AUTO, COMO EN NORTEAMÉRICA?
QUINO

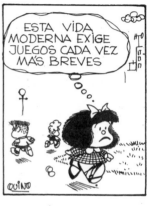

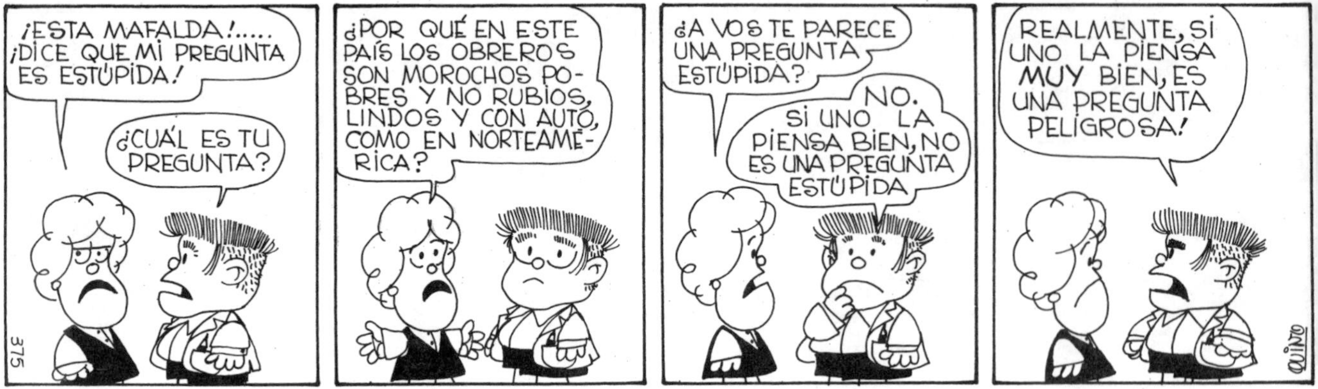
375
¡ESTA MAFALDA!..... ¡DICE QUE MI PREGUNTA ES ESTÚPIDA!
¿CUÁL ES TU PREGUNTA?
¿POR QUÉ EN ESTE PAÍS LOS OBREROS SON MOROCHOS POBRES Y NO RUBIOS, LINDOS Y CON AUTO, COMO EN NORTEAMÉRICA?
¿A VOS TE PARECE UNA PREGUNTA ESTÚPIDA?
NO. SI UNO LA PIENSA BIEN, NO ES UNA PREGUNTA ESTÚPIDA
REALMENTE, SI UNO LA PIENSA MUY BIEN, ES UNA PREGUNTA PELIGROSA!
QUINO

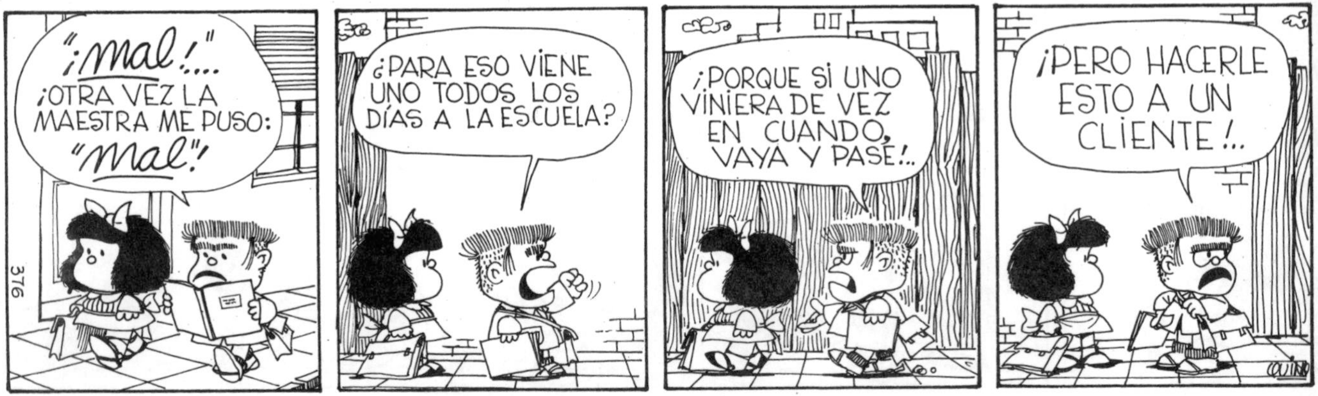
376
"¡Mal!"... ¡OTRA VEZ LA MAESTRA ME PUSO: "Mal"!
¿PARA ESO VIENE UNO TODOS LOS DÍAS A LA ESCUELA?
¡PORQUE SI UNO VINIERA DE VEZ EN CUANDO, VAYA Y PASE!..
¡PERO HACERLE ESTO A UN CLIENTE!..
QUINO

377

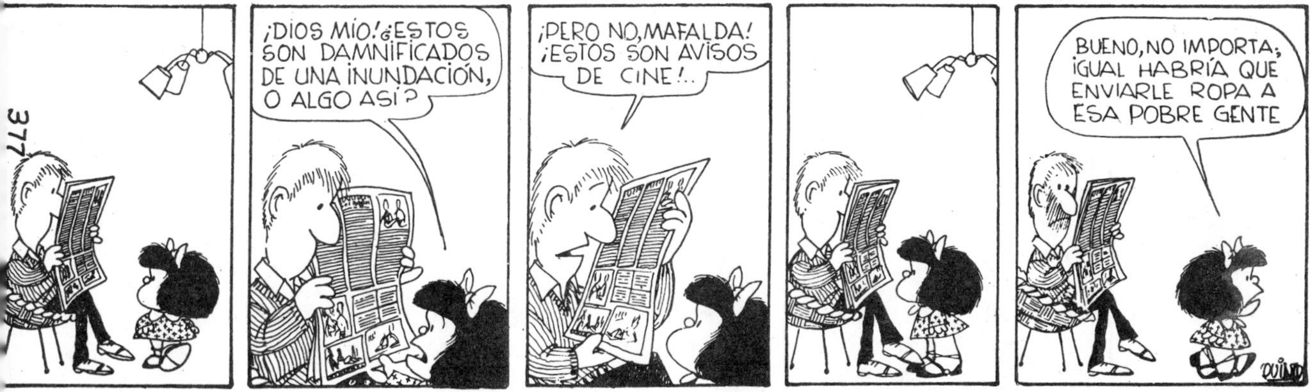

¡DIOS MÍO! ¿ESTOS SON DAMNIFICADOS DE UNA INUNDACIÓN, O ALGO ASÍ?
¡PERO NO, MAFALDA! ¡ESTOS SON AVISOS DE CINE!..
BUENO, NO IMPORTA; IGUAL HABRÍA QUE ENVIARLE ROPA A ESA POBRE GENTE
QUINO

378

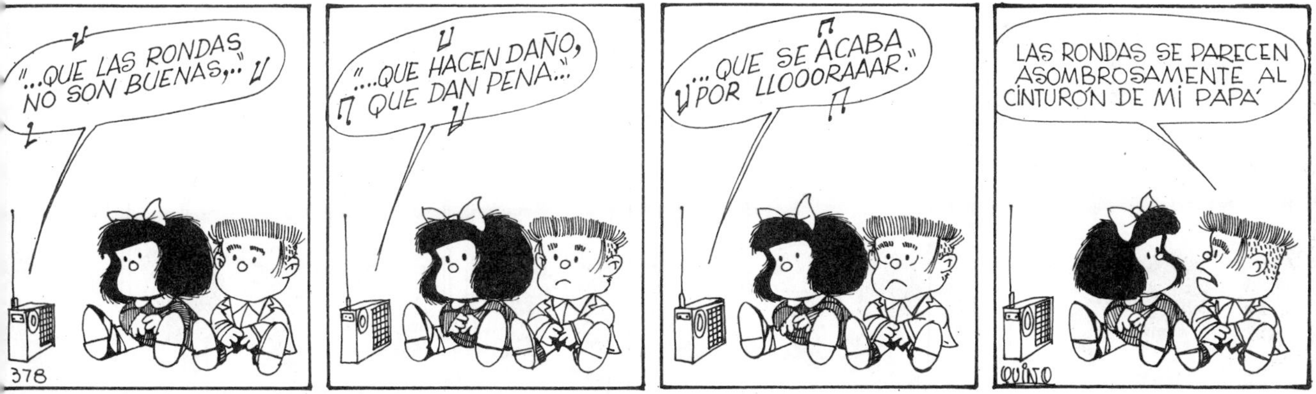

"...QUE LAS RONDAS NO SON BUENAS,..."
"...QUE HACEN DAÑO, QUE DAN PENA..."
"...QUE SE ACABA POR LLOORAAAR."
LAS RONDAS SE PARECEN ASOMBROSAMENTE AL CINTURÓN DE MI PAPÁ
QUINO

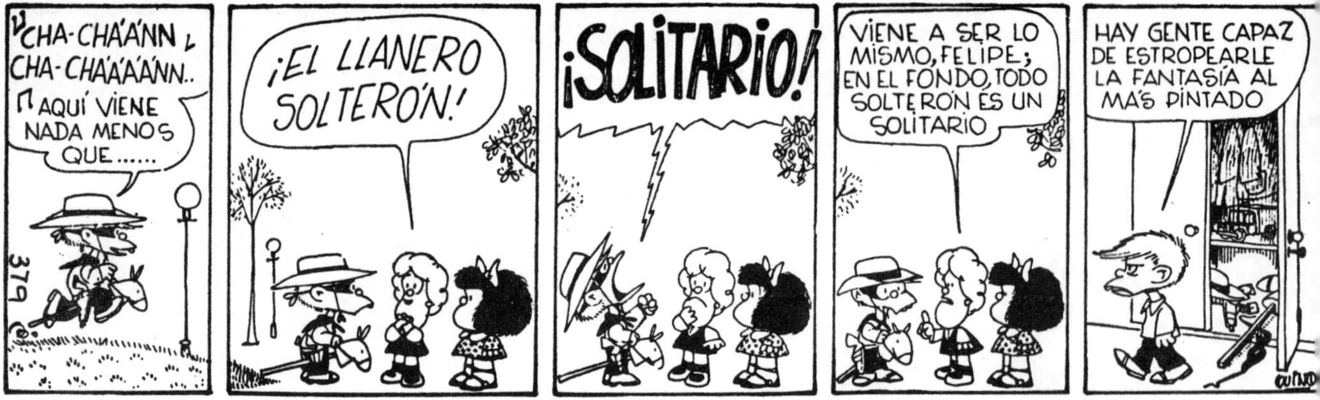

CHA-CHÁÁNN CHA-CHÁÁÁÁNN.. AQUÍ VIENE NADA MENOS QUE......
379
¡EL LLANERO SOLTERÓN!
¡SOLITARIO!
VIENE A SER LO MISMO, FELIPE; EN EL FONDO, TODO SOLTERÓN ES UN SOLITARIO
HAY GENTE CAPAZ DE ESTROPEARLE LA FANTASÍA AL MÁS PINTADO

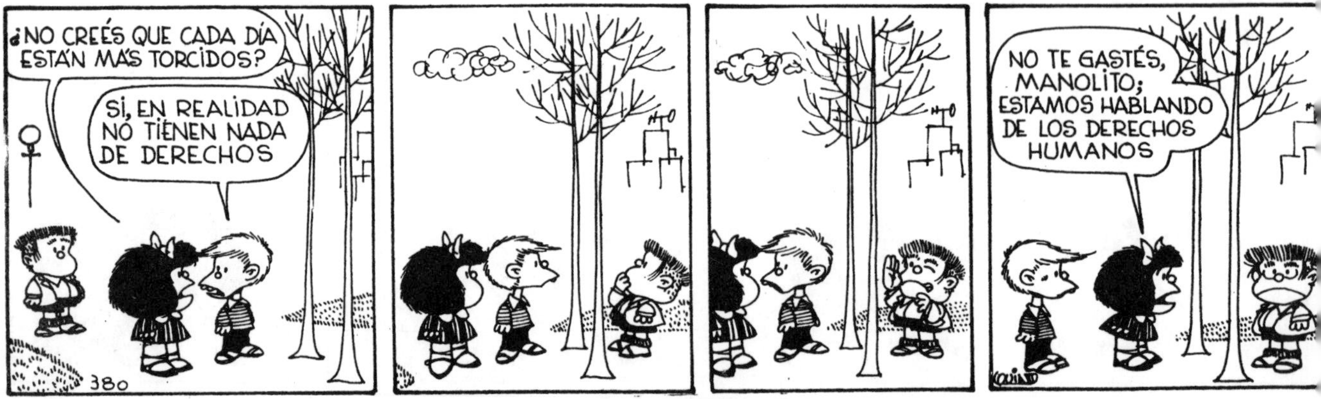

¿NO CREÉS QUE CADA DÍA ESTÁN MÁS TORCIDOS?
SÍ, EN REALIDAD NO TIENEN NADA DE DERECHOS
380
NO TE GASTÉS, MANOLITO; ESTAMOS HABLANDO DE LOS DERECHOS HUMANOS

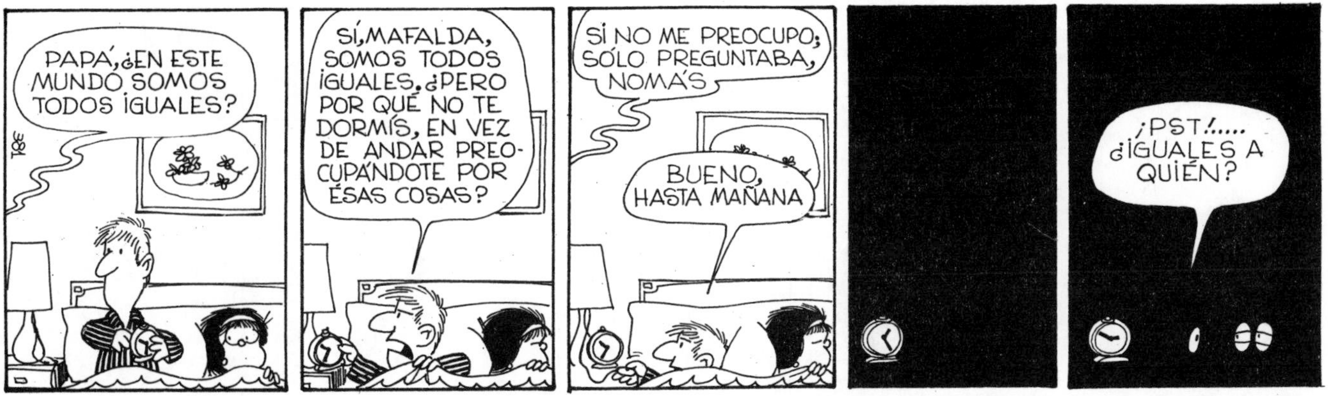
PAPÁ, ¿EN ESTE MUNDO SOMOS TODOS IGUALES?
SÍ, MAFALDA, SOMOS TODOS IGUALES. ¿PERO POR QUÉ NO TE DORMÍS, EN VEZ DE ANDAR PREOCUPÁNDOTE POR ÉSAS COSAS?
SI NO ME PREOCUPO; SÓLO PREGUNTABA, NOMÁS
BUENO, HASTA MAÑANA
¡PST!..... ¿IGUALES A QUIÉN?

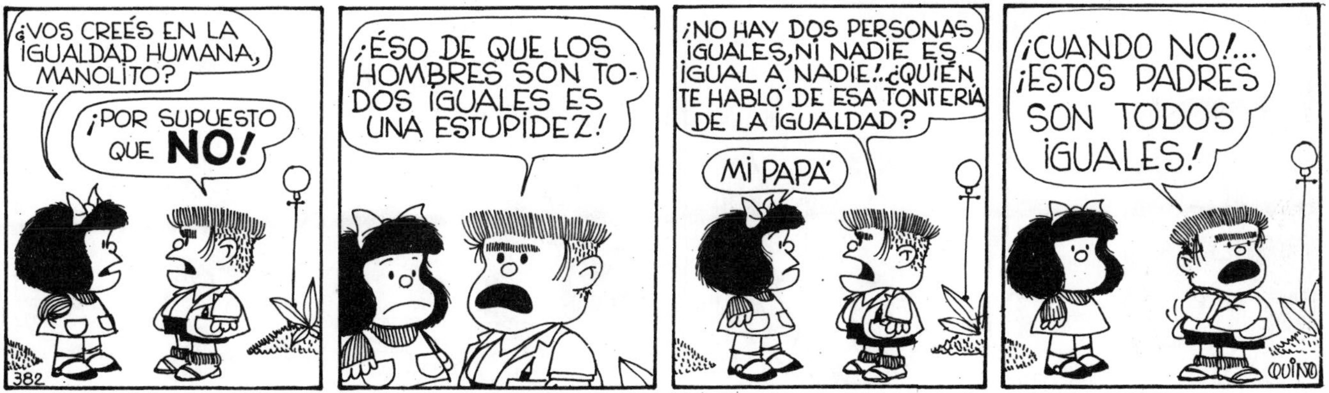
¿VOS CREÉS EN LA IGUALDAD HUMANA, MANOLITO?
¡POR SUPUESTO QUE **NO**!
¡ÉSO DE QUE LOS HOMBRES SON TODOS IGUALES ES UNA ESTUPIDEZ!
¡NO HAY DOS PERSONAS IGUALES, NI NADIE ES IGUAL A NADIE!.. ¿QUIÉN TE HABLÓ DE ESA TONTERÍA DE LA IGUALDAD?
MI PAPÁ
¡CUANDO NO!... ¡ESTOS PADRES SON TODOS IGUALES!
382
QUINO

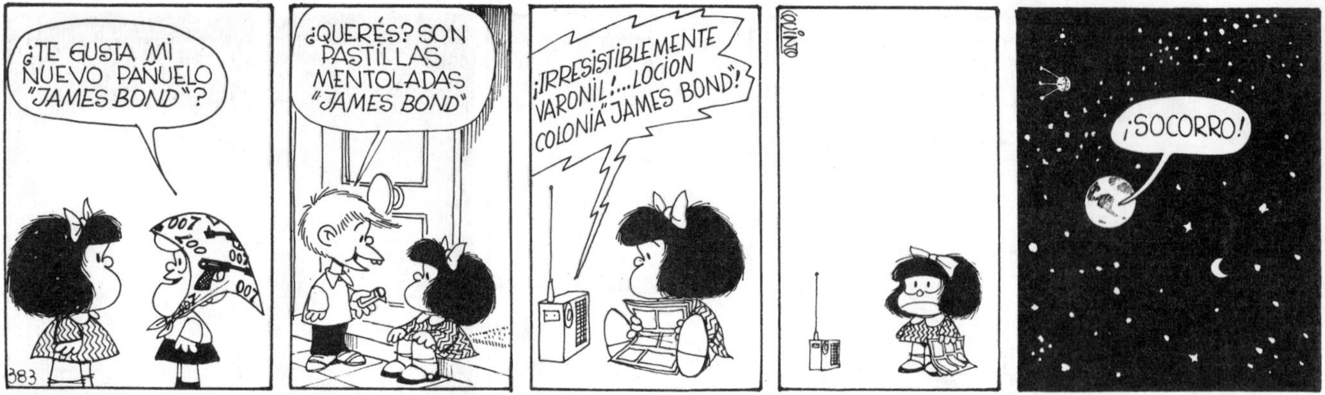
383
¿TE GUSTA MI NUEVO PAÑUELO "JAMES BOND"?
¿QUERÉS? SON PASTILLAS MENTOLADAS "JAMES BOND"
¡IRRESISTIBLEMENTE VARONIL!...LOCION COLONIA "JAMES BOND"!
¡SOCORRO!

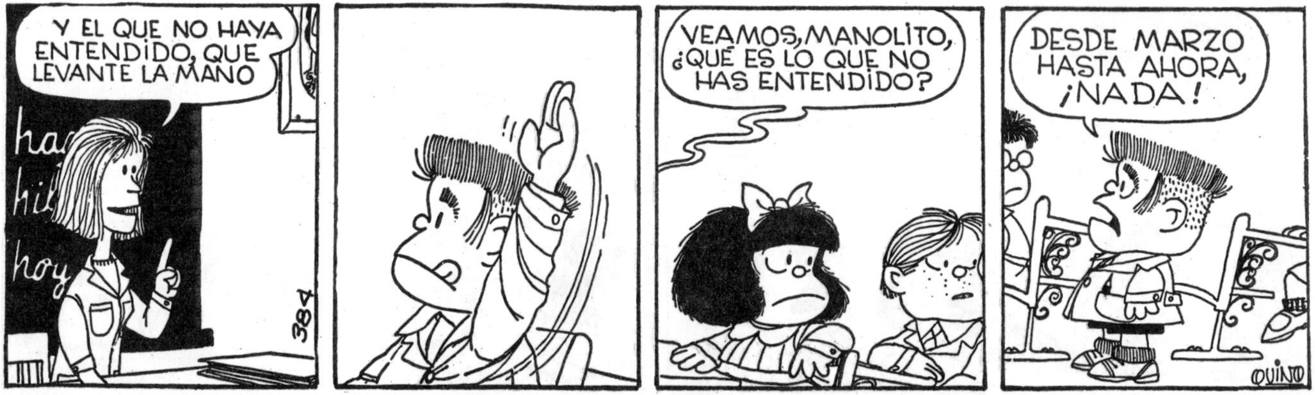
Y EL QUE NO HAYA ENTENDIDO, QUE LEVANTE LA MANO
hoy
384
VEAMOS, MANOLITO, ¿QUÉ ES LO QUE NO HAS ENTENDIDO?
DESDE MARZO HASTA AHORA, ¡NADA!
QUINO

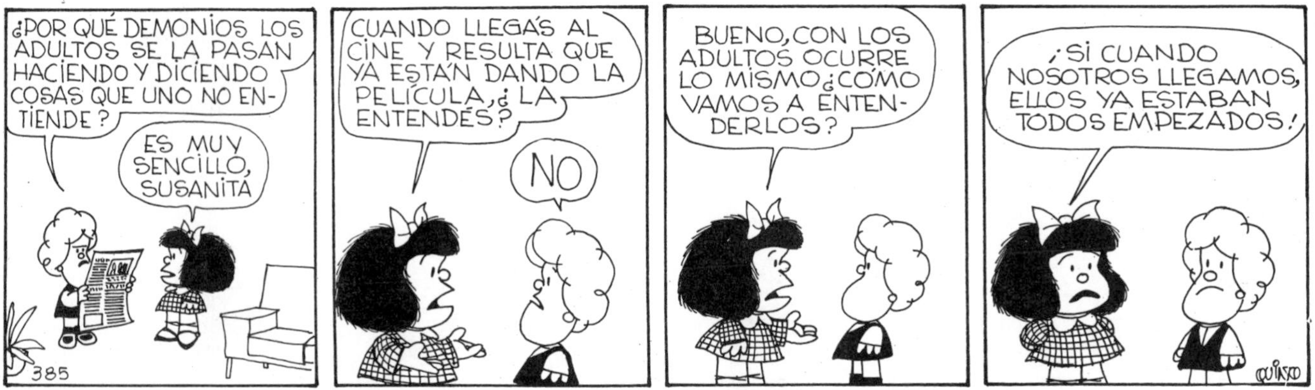
¿POR QUÉ DEMONIOS LOS ADULTOS SE LA PASAN HACIENDO Y DICIENDO COSAS QUE UNO NO ENTIENDE?
ES MUY SENCILLO, SUSANITA
385
CUANDO LLEGÁS AL CINE Y RESULTA QUE YA ESTÁN DANDO LA PELÍCULA, ¿LA ENTENDÉS?
NO
BUENO, CON LOS ADULTOS OCURRE LO MISMO ¿CÓMO VAMOS A ENTENDERLOS?
¡SI CUANDO NOSOTROS LLEGAMOS, ELLOS YA ESTABAN TODOS EMPEZADOS!
QUINO

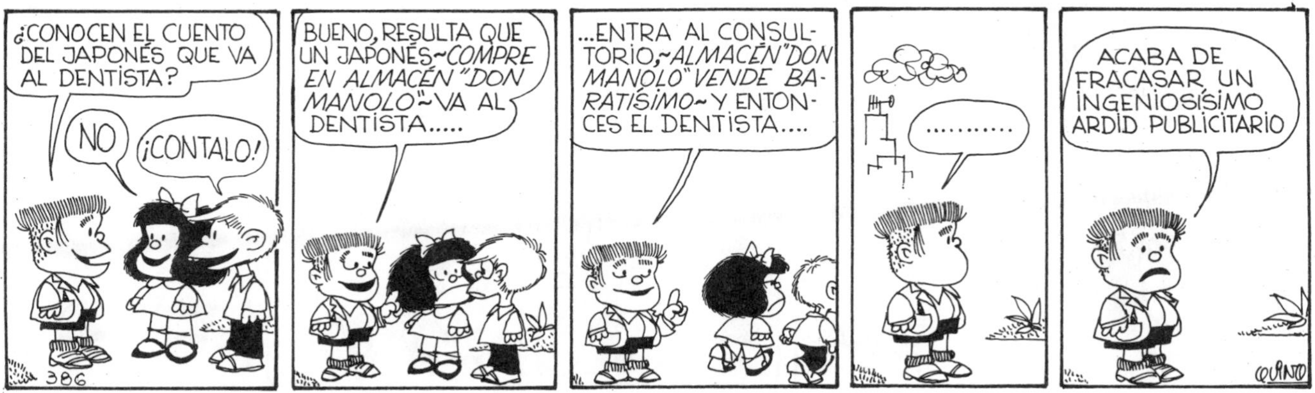
¿CONOCEN EL CUENTO DEL JAPONÉS QUE VA AL DENTISTA?
NO
¡CONTALO!
386
BUENO, RESULTA QUE UN JAPONÉS ~*COMPRE EN ALMACÉN "DON MANOLO"*~ VA AL DENTISTA.....
...ENTRA AL CONSULTORIO, ~*ALMACÉN "DON MANOLO" VENDE BARATÍSIMO*~ Y ENTONCES EL DENTISTA....
....
ACABA DE FRACASAR UN INGENIOSÍSIMO ARDID PUBLICITARIO
QUINO

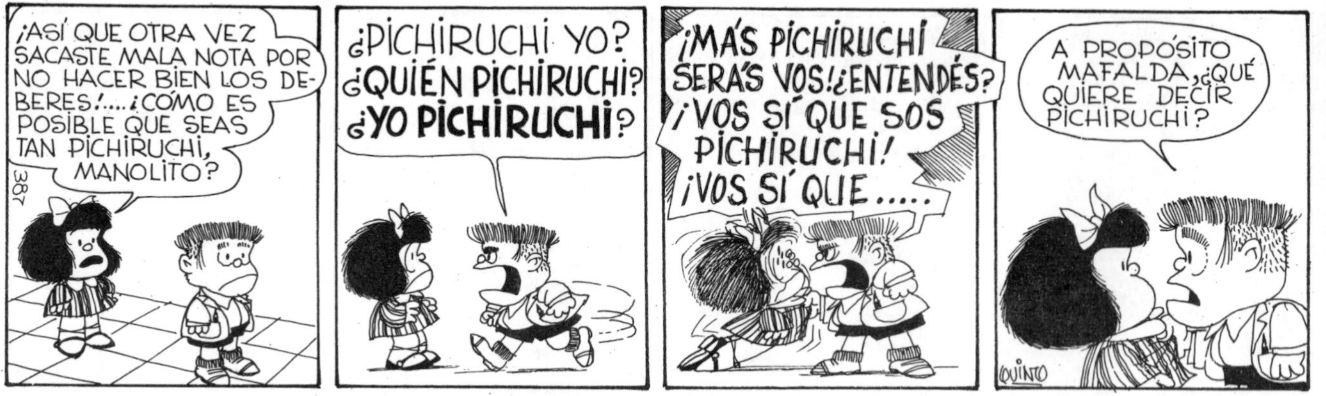
¡ASÍ QUE OTRA VEZ SACASTE MALA NOTA POR NO HACER BIEN LOS DEBERES!....¡CÓMO ES POSIBLE QUE SEAS TAN PICHIRUCHI, MANOLITO?
387
¿PICHIRUCHI YO? ¿QUIÉN PICHIRUCHI? ¿YO PICHIRUCHI?
¡MÁS PICHIRUCHI SERÁS VOS! ¿ENTENDÉS? ¡VOS SÍ QUE SOS PICHIRUCHI! ¡VOS SÍ QUE.....
A PROPÓSITO MAFALDA, ¿QUÉ QUIERE DECIR PICHIRUCHI?
QUINO

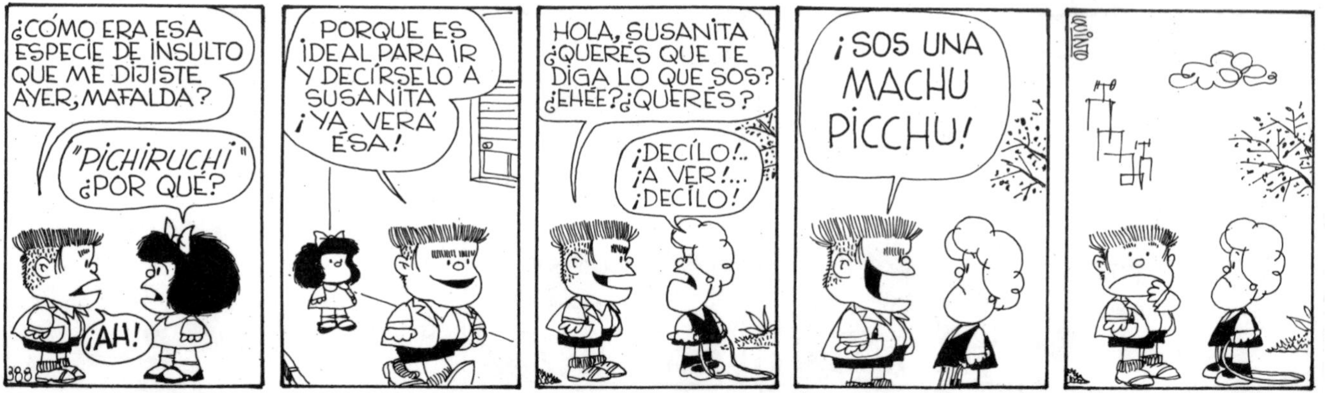
¿CÓMO ERA ESA ESPECIE DE INSULTO QUE ME DIJISTE AYER, MAFALDA?
"PICHIRUCHI" ¿POR QUÉ?
¡AH!
388
PORQUE ES IDEAL PARA IR Y DECÍRSELO A SUSANITA ¡YA VERÁ ÉSA!
HOLA, SUSANITA ¿QUERÉS QUE TE DIGA LO QUE SOS? ¿EHÉE? ¿QUERÉS?
¡DECÍLO!.. ¡A VER!... ¡DECÍLO!
¡SOS UNA MACHU PICCHU!
QUINO

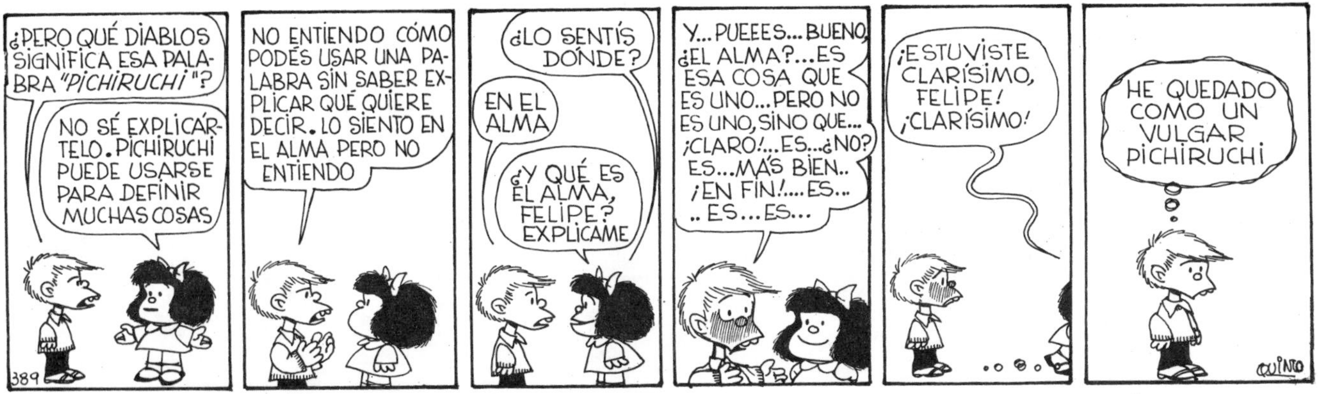
¿PERO QUÉ DIABLOS SIGNIFICA ESA PALABRA "PICHIRUCHI"?
NO SÉ EXPLICÁRTELO. PICHIRUCHI PUEDE USARSE PARA DEFINIR MUCHAS COSAS
389
NO ENTIENDO CÓMO PODÉS USAR UNA PALABRA SIN SABER EXPLICAR QUÉ QUIERE DECIR. LO SIENTO EN EL ALMA PERO NO ENTIENDO
¿LO SENTÍS DÓNDE?
EN EL ALMA
¿Y QUÉ ES EL ALMA, FELIPE? EXPLICAME
Y... PUEEES... BUENO, ¿EL ALMA?... ES ESA COSA QUE ES UNO... PERO NO ES UNO, SINO QUE... ¡CLARO!... ES... ¿NO? ES... MÁS BIEN.. ¡EN FIN!.... ES... .. ES... ES...
¡ESTUVISTE CLARÍSIMO, FELIPE! ¡CLARÍSIMO!
HE QUEDADO COMO UN VULGAR PICHIRUCHI
QUINO

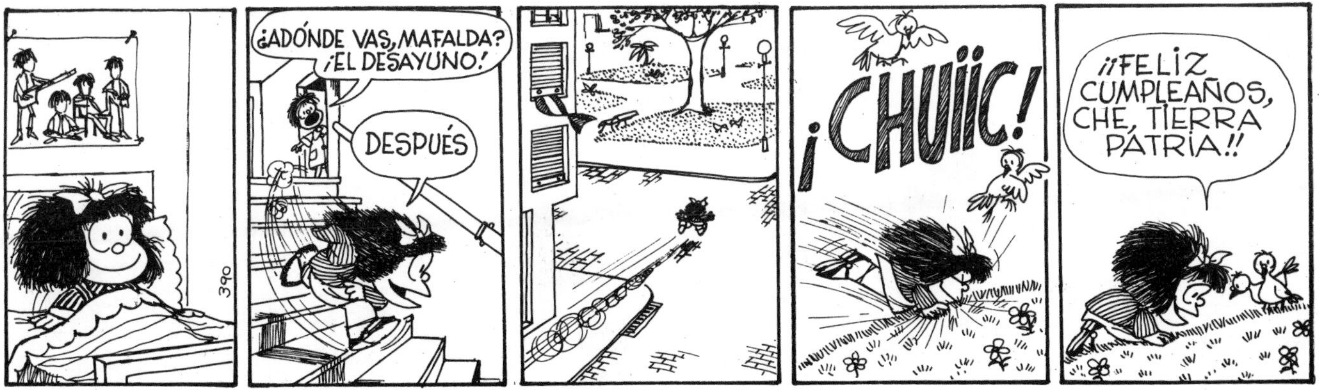
390
¿ADÓNDE VAS, MAFALDA? ¡EL DESAYUNO!
DESPUÉS
¡CHUIIC!
¡¡FELIZ CUMPLEAÑOS, CHE, TIERRA PATRIA!!

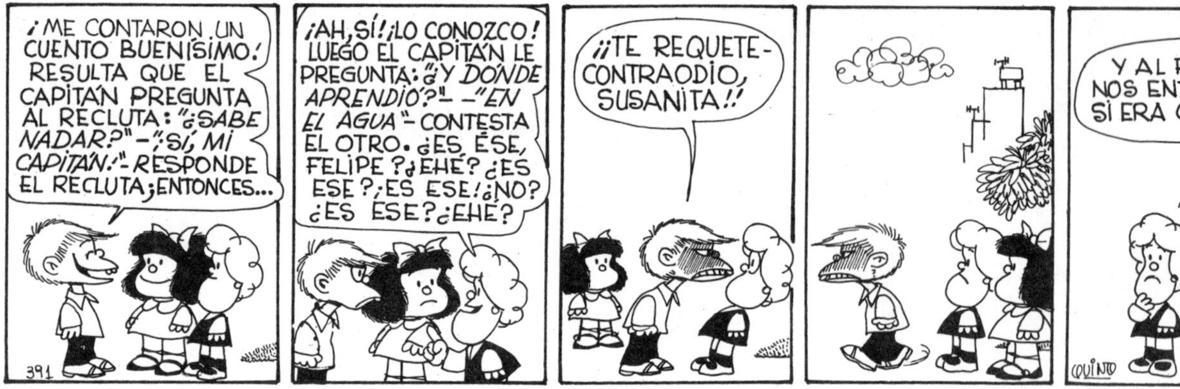
¡ME CONTARON UN CUENTO BUENÍSIMO! RESULTA QUE EL CAPITÁN PREGUNTA AL RECLUTA: "¿SABE NADAR?" –"¡SÍ, MI CAPITÁN!"– RESPONDE EL RECLUTA; ENTONCES...
¡AH, SÍ! ¡LO CONOZCO! LUEGO EL CAPITÁN LE PREGUNTA: "¿Y DÓNDE APRENDIÓ?" –"EN EL AGUA"– CONTESTA EL OTRO. ¿ES ÉSE, FELIPE? ¿EHÉ? ¿ES ÉSE? ¡ES ÉSE! ¿NO? ¿ES ÉSE? ¿EHÉ?
¡¡TE REQUETE-CONTRAODIO, SUSANITA!!
Y AL FINAL, NO NOS ENTERAMOS SI ERA O NO ÉSE
391
QUINO

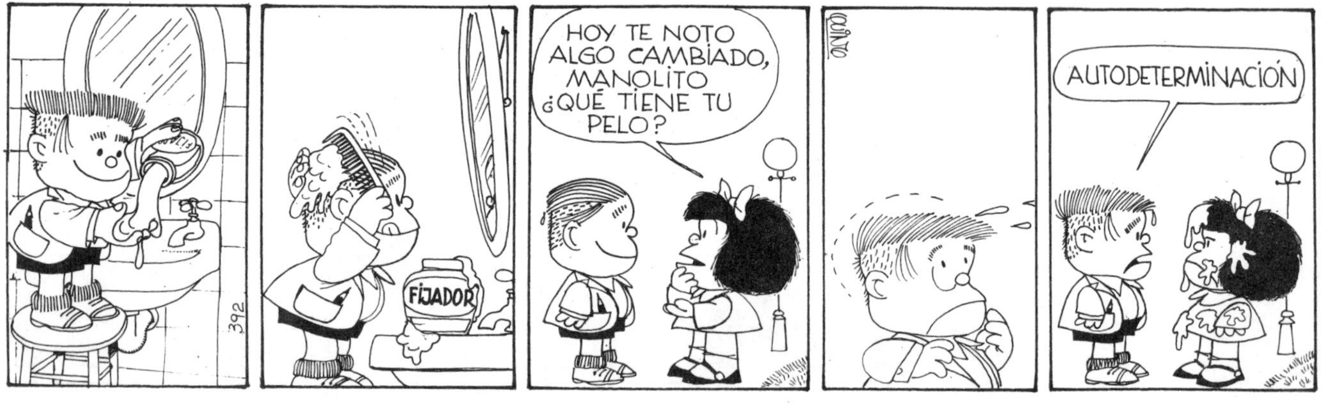
392
FIJADOR
HOY TE NOTO ALGO CAMBIADO, MANOLITO ¿QUÉ TIENE TU PELO?
QUINO
AUTODETERMINACIÓN

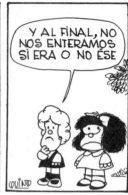

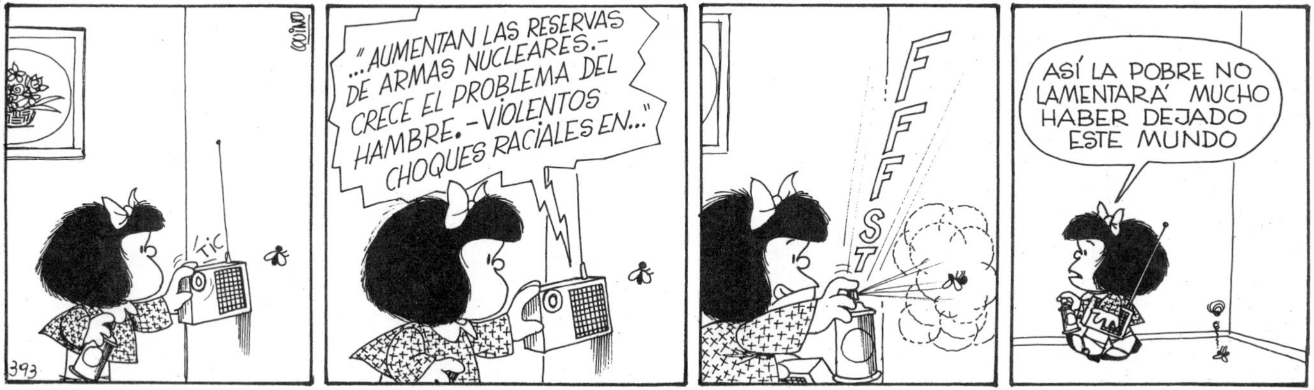
QUINO
393
TIC
..."AUMENTAN LAS RESERVAS DE ARMAS NUCLEARES.- CRECE EL PROBLEMA DEL HAMBRE.-VIOLENTOS CHOQUES RACIALES EN..."
FFFFST
ASÍ LA POBRE NO LAMENTARÁ MUCHO HABER DEJADO ESTE MUNDO

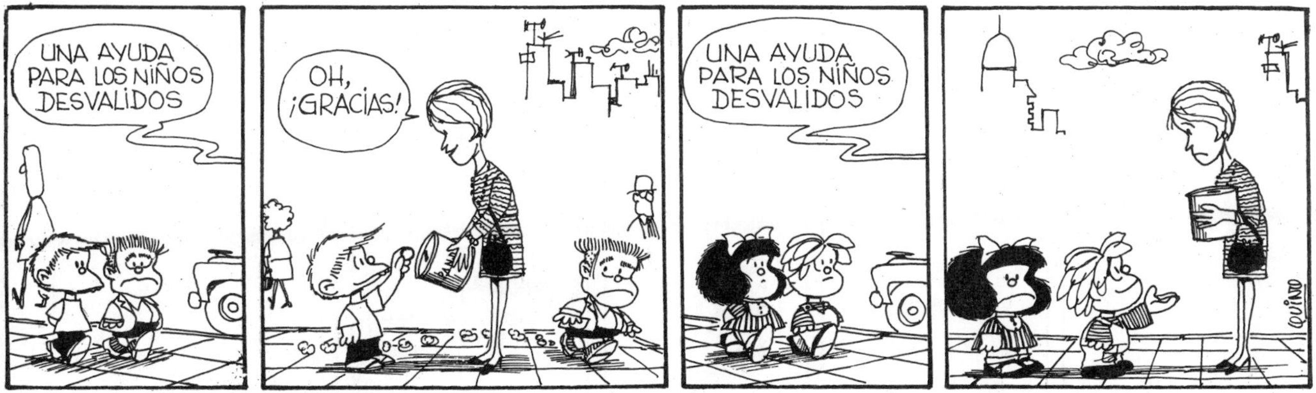
UNA AYUDA PARA LOS NIÑOS DESVALIDOS
OH, ¡GRACIAS!
UNA AYUDA PARA LOS NIÑOS DESVALIDOS
QUINO

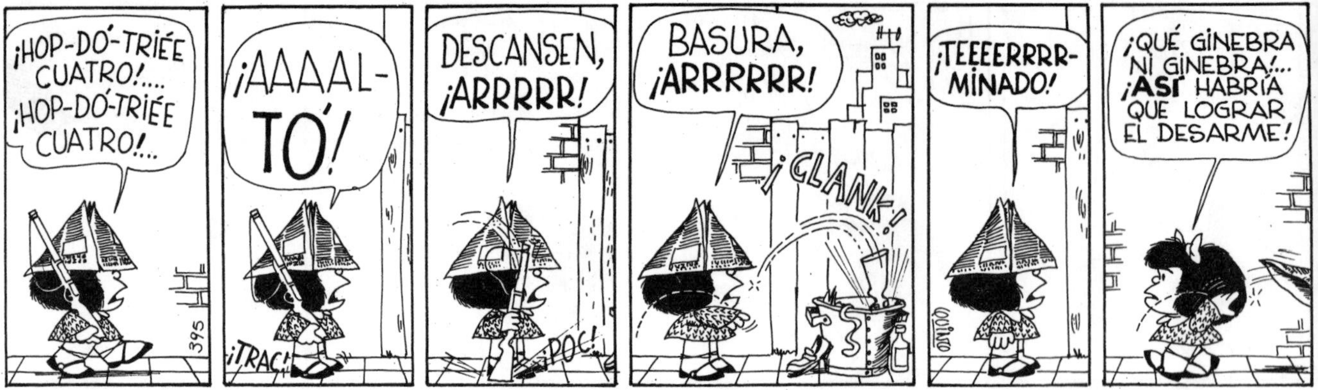
¡HOP-DÓ-TRIÉE CUATRO!.... ¡HOP-DÓ-TRIÉE CUATRO!...
395
¡AAAAL-TÓ!
¡TRAC!
DESCANSEN, ¡ARRRRR!
¡POC!
BASURA, ¡ARRRRRR!
¡CLANK!
¡TEEEERRRR-MINADO!
QUINO
¡QUÉ GINEBRA NI GINEBRA!... ¡ASÍ HABRÍA QUE LOGRAR EL DESARME!

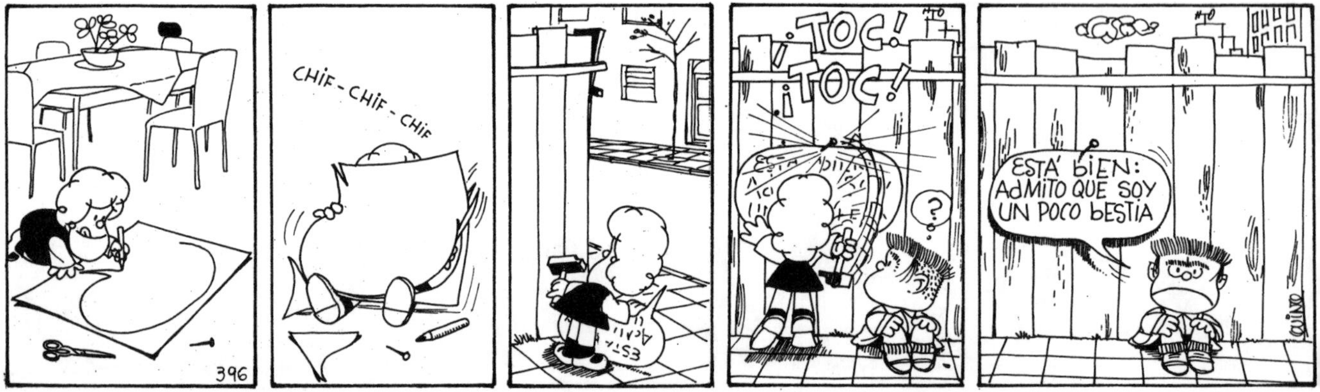
396
CHIF-CHIF-CHIF
¡TOC! ¡TOC!
?
ESTÁ BIEN: ADMITO QUE SOY UN POCO BESTIA
QUINO

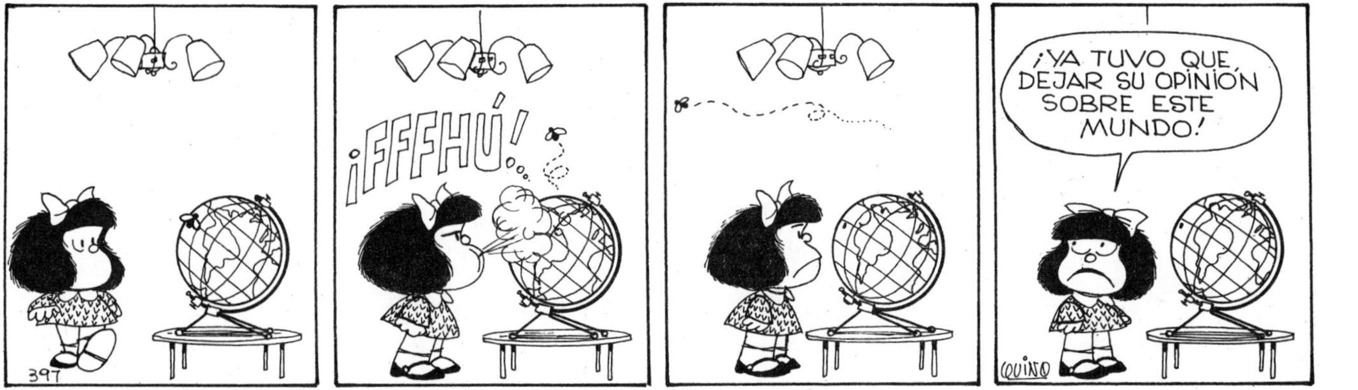
397
¡FFFHÚ!
¡YA TUVO QUE DEJAR SU OPINIÓN SOBRE ESTE MUNDO!
QUINO

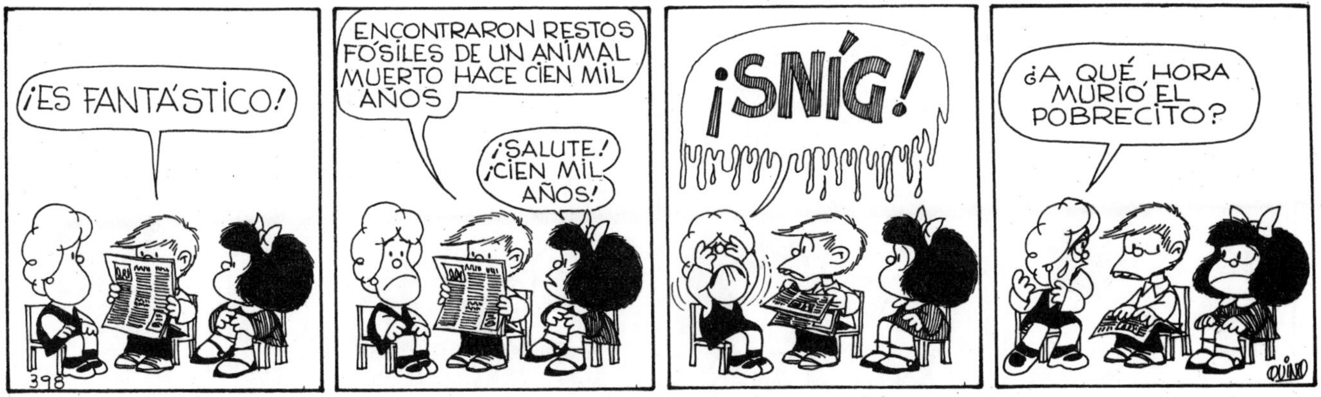
¡ES FANTÁSTICO!
398
ENCONTRARON RESTOS FÓSILES DE UN ANIMAL MUERTO HACE CIEN MIL AÑOS
¡SALUTE! ¡CIEN MIL AÑOS!
¡SNÍG!
¿A QUÉ HORA MURIÓ EL POBRECITO?
QUINO

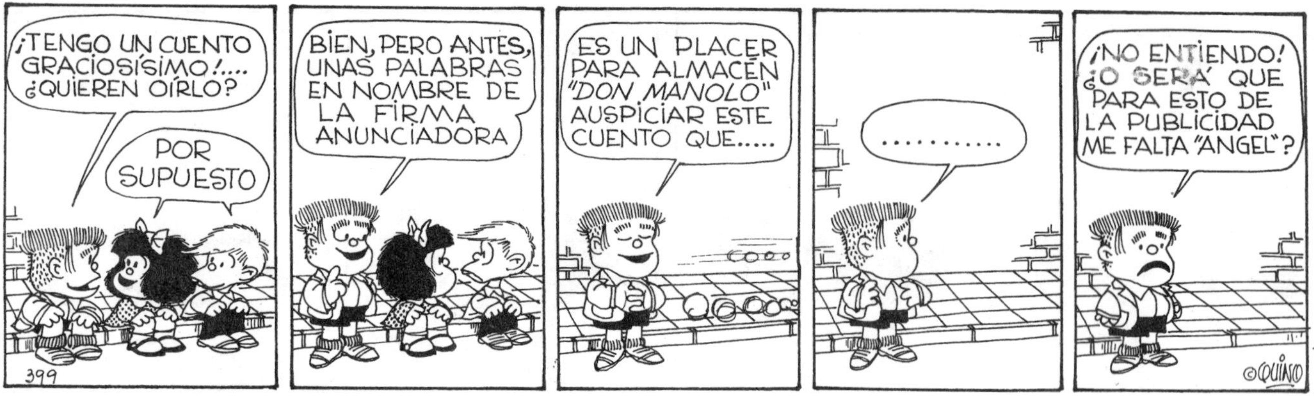
¡TENGO UN CUENTO GRACIOSÍSIMO!.... ¿QUIEREN OÍRLO?
POR SUPUESTO
BIEN, PERO ANTES, UNAS PALABRAS EN NOMBRE DE LA FIRMA ANUNCIADORA
ES UN PLACER PARA ALMACÉN *"DON MANOLO"* AUSPICIAR ESTE CUENTO QUE.....
....
¡NO ENTIENDO! ¿O SERÁ QUE PARA ESTO DE LA PUBLICIDAD ME FALTA "ÁNGEL"?
399
©QUINO

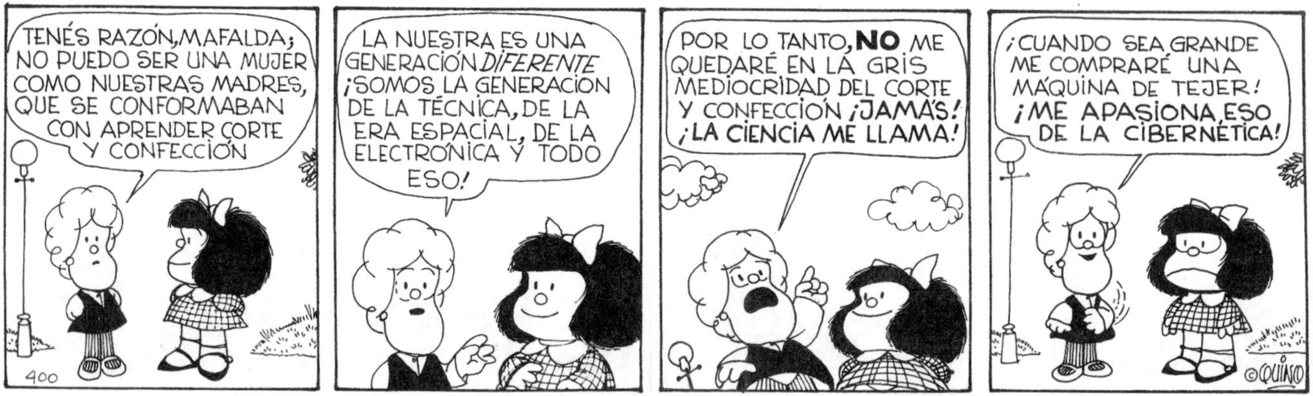
TENÉS RAZÓN, MAFALDA; NO PUEDO SER UNA MUJER COMO NUESTRAS MADRES, QUE SE CONFORMABAN CON APRENDER CORTE Y CONFECCIÓN
LA NUESTRA ES UNA GENERACIÓN *DIFERENTE* ¡SOMOS LA GENERACIÓN DE LA TÉCNICA, DE LA ERA ESPACIAL, DE LA ELECTRÓNICA Y TODO ESO!
POR LO TANTO, **NO** ME QUEDARÉ EN LA GRIS MEDIOCRIDAD DEL CORTE Y CONFECCIÓN **¡JAMÁS! ¡LA CIENCIA ME LLAMA!**
¡CUANDO SEA GRANDE ME COMPRARÉ UNA MÁQUINA DE TEJER! **¡ME APASIONA ESO DE LA CIBERNÉTICA!**
400
©QUINO

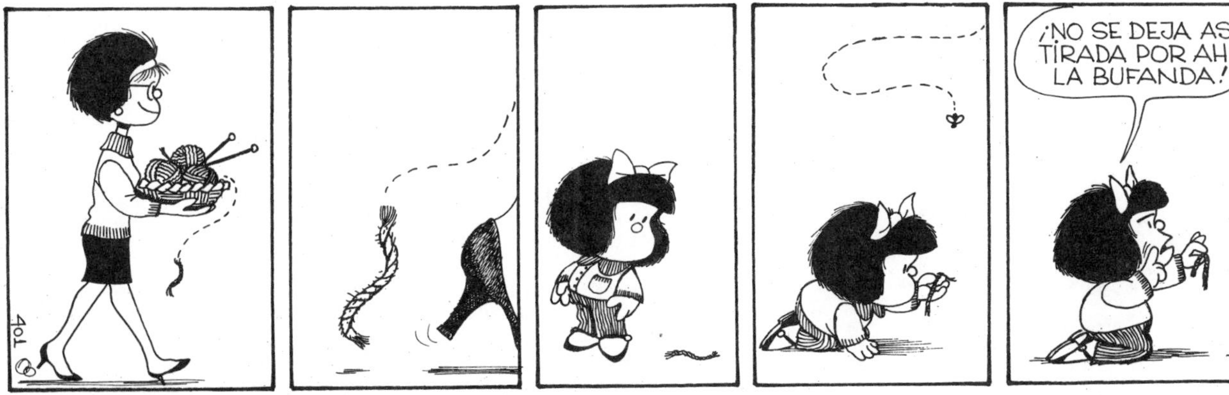
¡NO SE DEJA ASÍ TIRADA POR AHÍ LA BUFANDA!

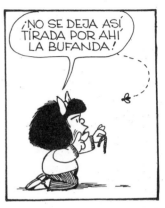

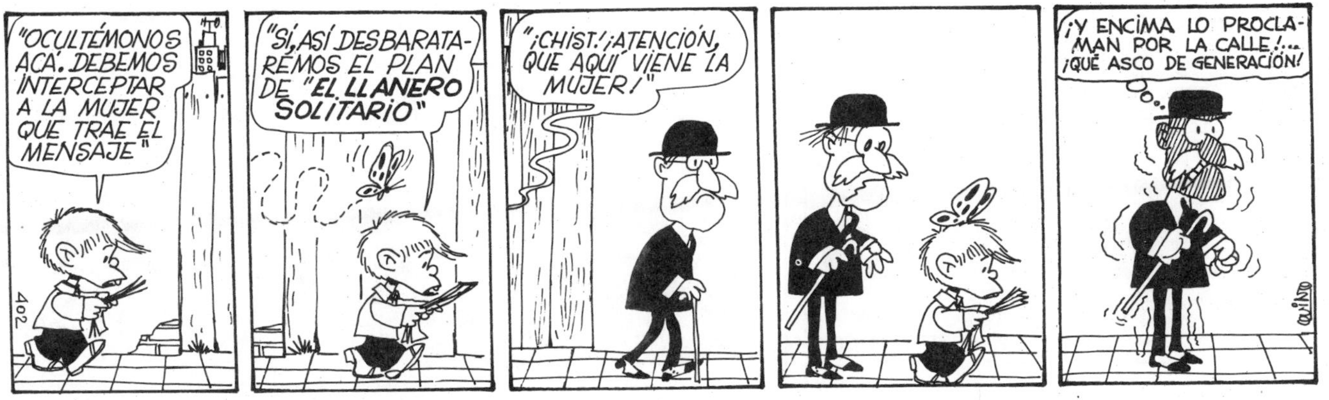
"OCULTÉMONOS ACÁ. DEBEMOS INTERCEPTAR A LA MUJER QUE TRAE EL MENSAJE"
"SÍ, ASÍ DESBARATARÉMOS EL PLAN DE "EL LLANERO SOLITARIO""
"¡CHIST! ¡ATENCIÓN, QUE AQUÍ VIENE LA MUJER!"
¡Y ENCIMA LO PROCLAMAN POR LA CALLE!... ¡QUÉ ASCO DE GENERACIÓN!
QUINO

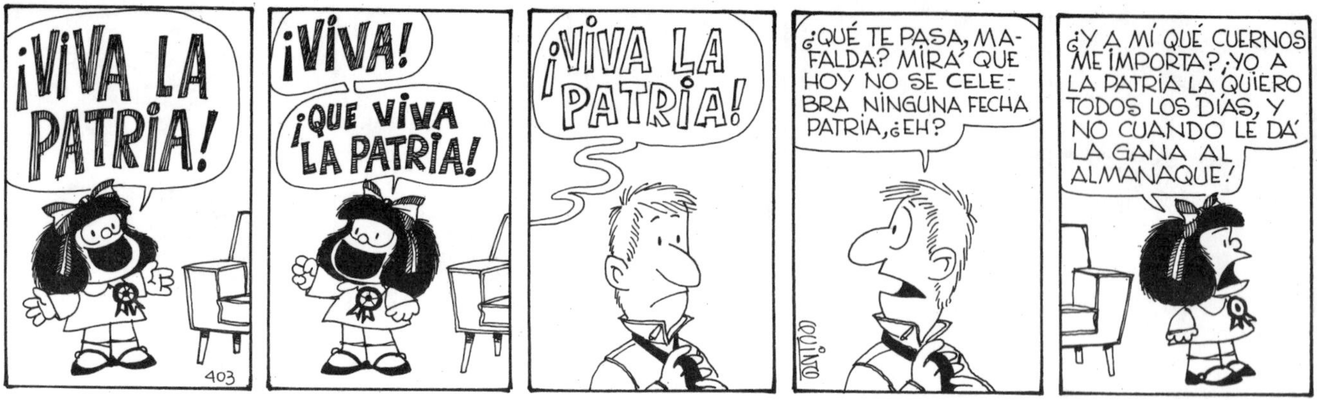
¡VIVA LA PATRIA!
403
¡VIVA!
¡QUE VIVA LA PATRIA!
¡VIVA LA PATRIA!
¿QUÉ TE PASA, MAFALDA? MIRÁ QUE HOY NO SE CELEBRA NINGUNA FECHA PATRIA, ¿EH?
QUINO
¿Y A MÍ QUÉ CUERNOS ME IMPORTA? ¡YO A LA PATRIA LA QUIERO TODOS LOS DÍAS, Y NO CUANDO LE DÁ LA GANA AL ALMANAQUE!

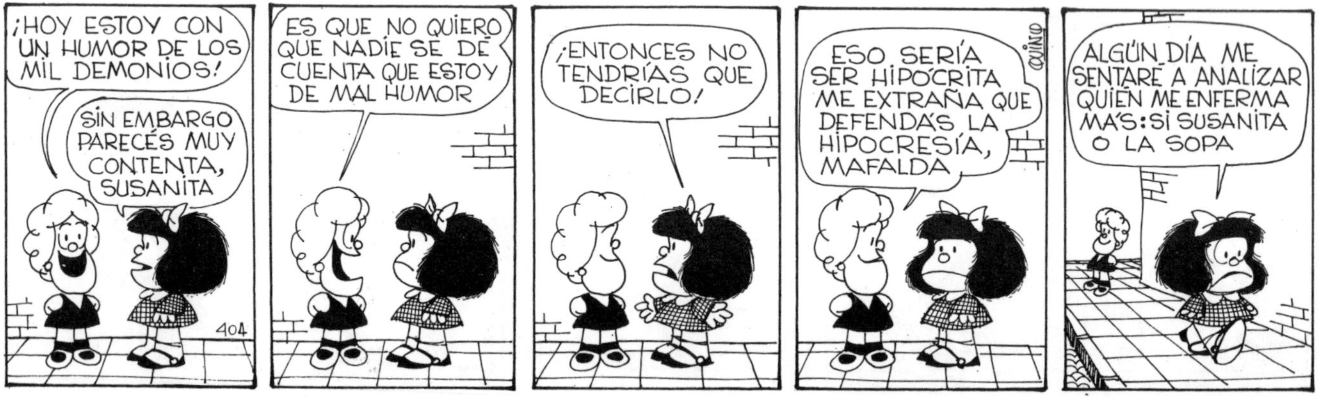
¡HOY ESTOY CON UN HUMOR DE LOS MIL DEMONIOS!
SIN EMBARGO PARECÉS MUY CONTENTA, SUSANITA
404
ES QUE NO QUIERO QUE NADIE SE DÉ CUENTA QUE ESTOY DE MAL HUMOR
¡ENTONCES NO TENDRÍAS QUE DECIRLO!
ESO SERÍA SER HIPÓCRITA
QUINO
ME EXTRAÑA QUE DEFENDÁS LA HIPOCRESÍA, MAFALDA
ALGÚN DÍA ME SENTARÉ A ANALIZAR QUIÉN ME ENFERMA MÁS: SI SUSANITA O LA SOPA

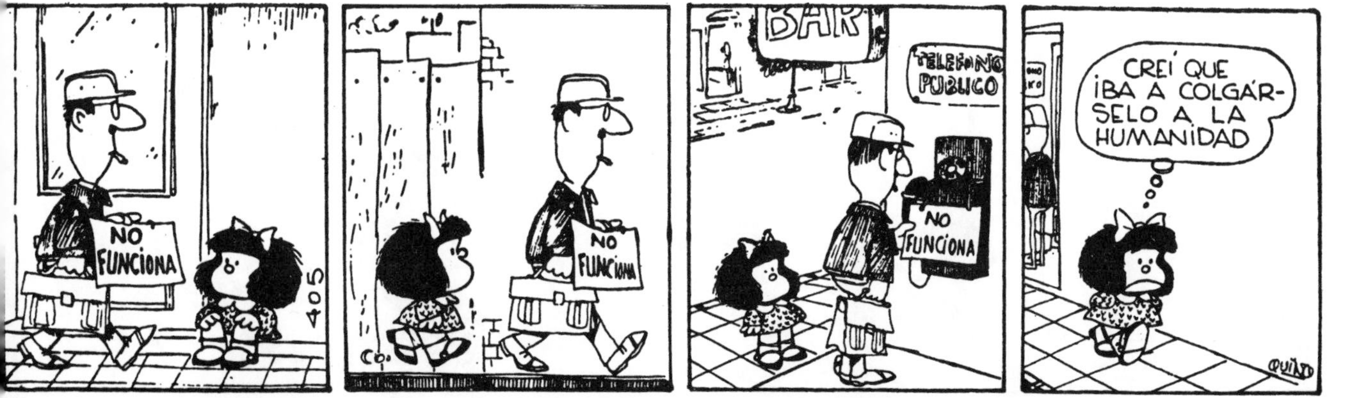
NO FUNCIONA
405
NO FUNCIONA
BAR
TELEFONO PUBLICO
NO FUNCIONA
CREÍ QUE ¡BA A COLGÁRSELO A LA HUMANIDAD
QUINO

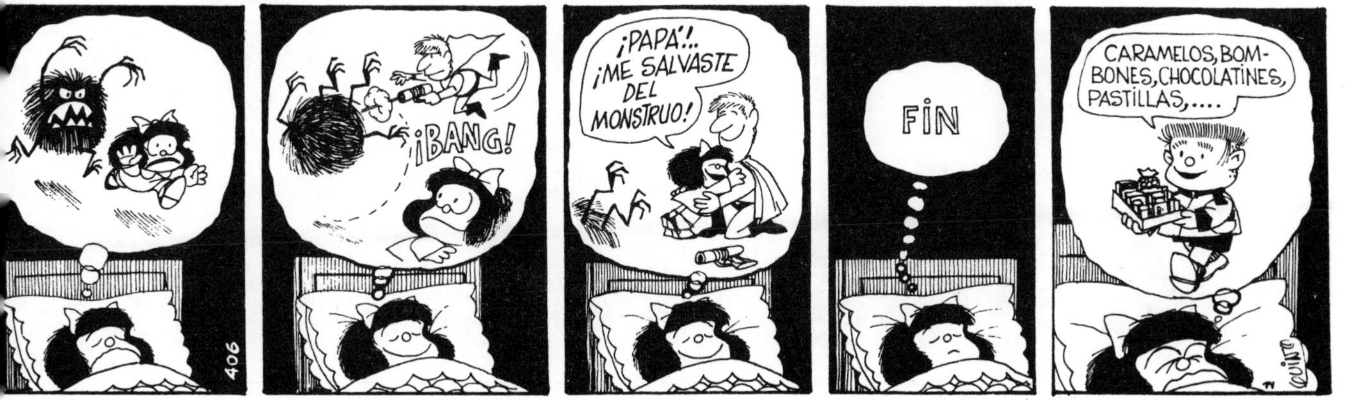
406
¡BANG!
¡PAPÁ!.. ¡ME SALVASTE DEL MONSTRUO!
FIN
CARAMELOS, BOMBONES, CHOCOLATINES, PASTILLAS,....
QUINO

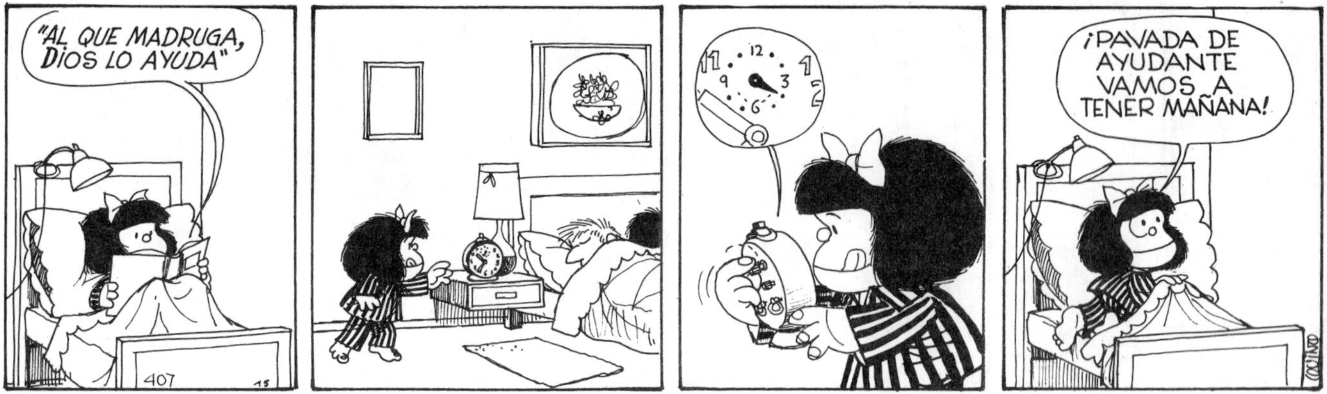
"AL QUE MADRUGA, DIOS LO AYUDA"
¡PAVADA DE AYUDANTE VAMOS A TENER MAÑANA!
407
QUINO

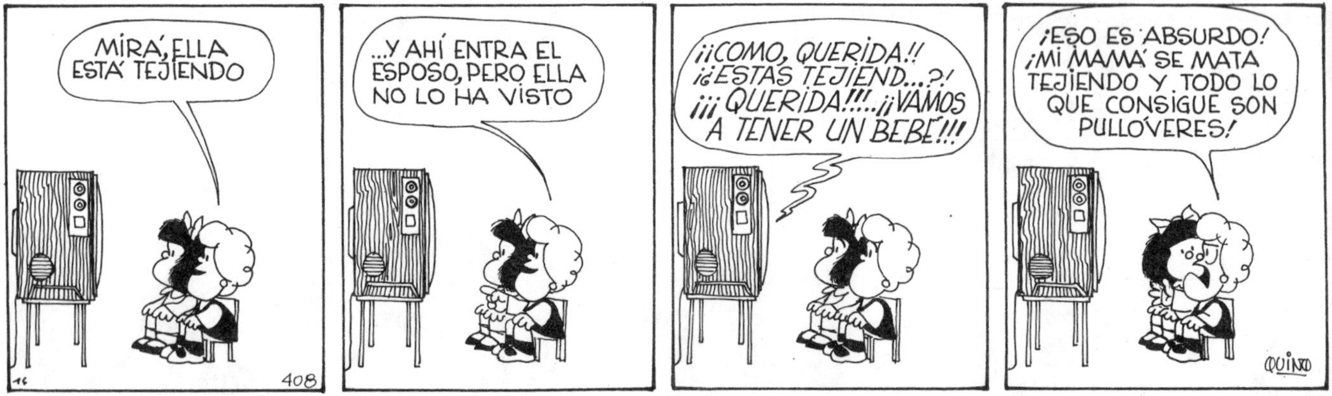
MIRÁ, ELLA ESTÁ TEJIENDO
...Y AHÍ ENTRA EL ESPOSO, PERO ELLA NO LO HA VISTO
¡¡COMO, QUERIDA!! ¡¿ESTÁS TEJIEND...?! ¡¡¡ QUERIDA!!!...¡¡VAMOS A TENER UN BEBÉ!!!
¡ESO ES ABSURDO! ¡MI MAMÁ SE MATA TEJIENDO Y TODO LO QUE CONSIGUE SON PULLÓVERES!
408
QUINO

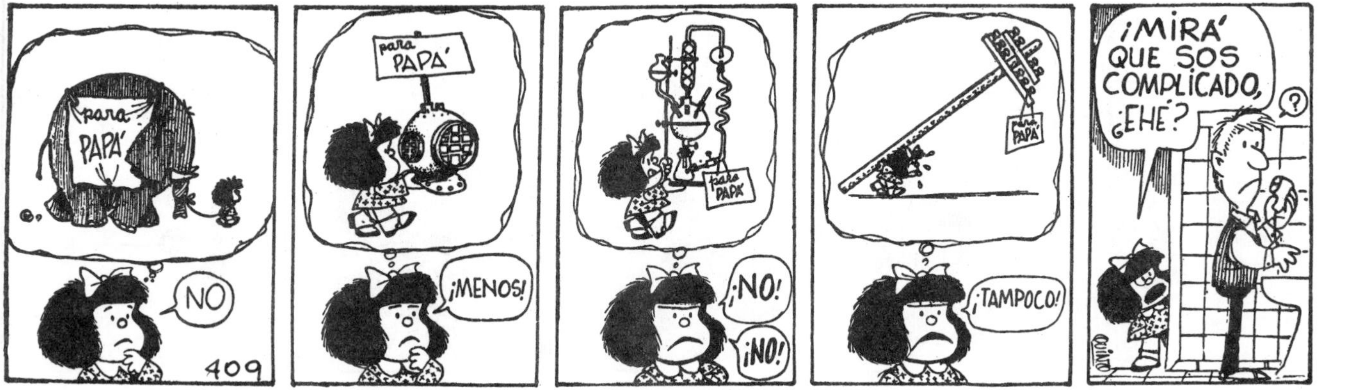
para PAPÁ
NO
para PAPÁ
¡MENOS!
para PAPÁ
¡NO!
¡NO!
para PAPÁ
¡TAMPOCO!
¡MIRÁ QUE SOS COMPLICADO, ¿EHÉ?
?
409

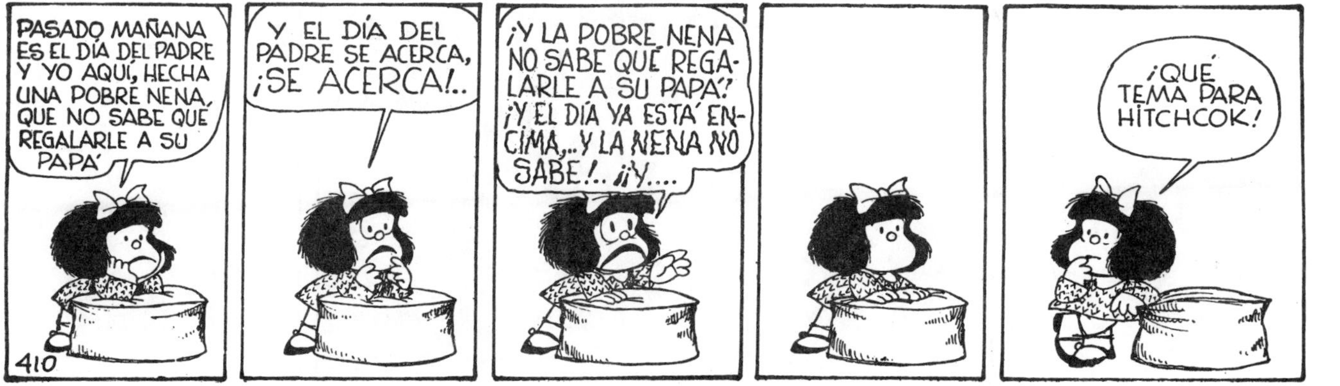
PASADO MAÑANA ES EL DÍA DEL PADRE Y YO AQUÍ, HECHA UNA POBRE NENA, QUE NO SABE QUÉ REGALARLE A SU PAPÁ
Y EL DÍA DEL PADRE SE ACERCA, ¡SE ACERCA!..
¡Y LA POBRE NENA NO SABE QUÉ REGALARLE A SU PAPÁ! ¡Y EL DÍA YA ESTÁ ENCIMA,..Y LA NENA NO SABE!.. ¡¡Y....
¡QUÉ TEMA PARA HITCHCOK!
410

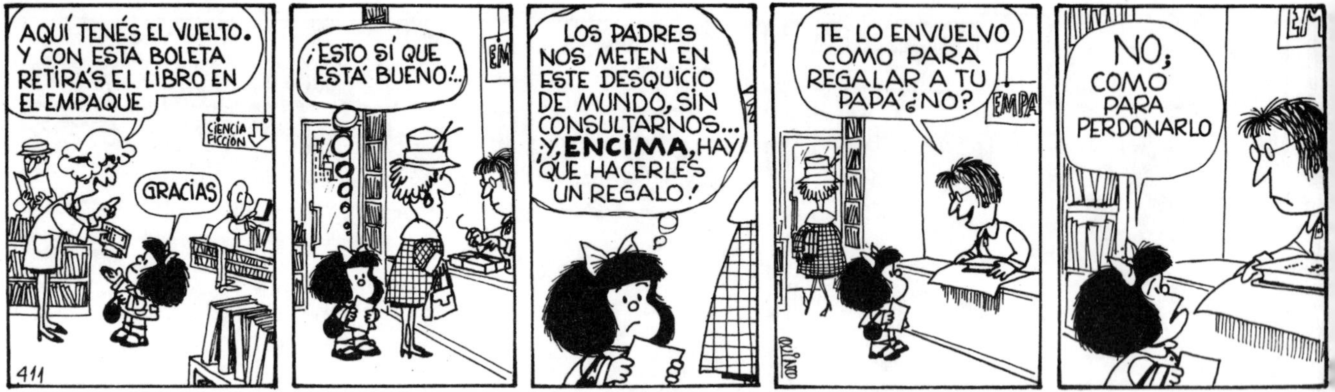
AQUÍ TENÉS EL VUELTO. Y CON ESTA BOLETA RETIRÁS EL LIBRO EN EL EMPAQUE
CIENCIA FICCIÓN
GRACIAS
411
¡ESTO SÍ QUE ESTÁ BUENO!..
LOS PADRES NOS METEN EN ESTE DESQUICIO DE MUNDO, SIN CONSULTARNOS... ¡Y, **ENCIMA**, HAY QUE HACERLES UN REGALO!
TE LO ENVUELVO COMO PARA REGALAR A TU PAPÁ ¿NO?
EMPA
NO; COMO PARA PERDONARLO

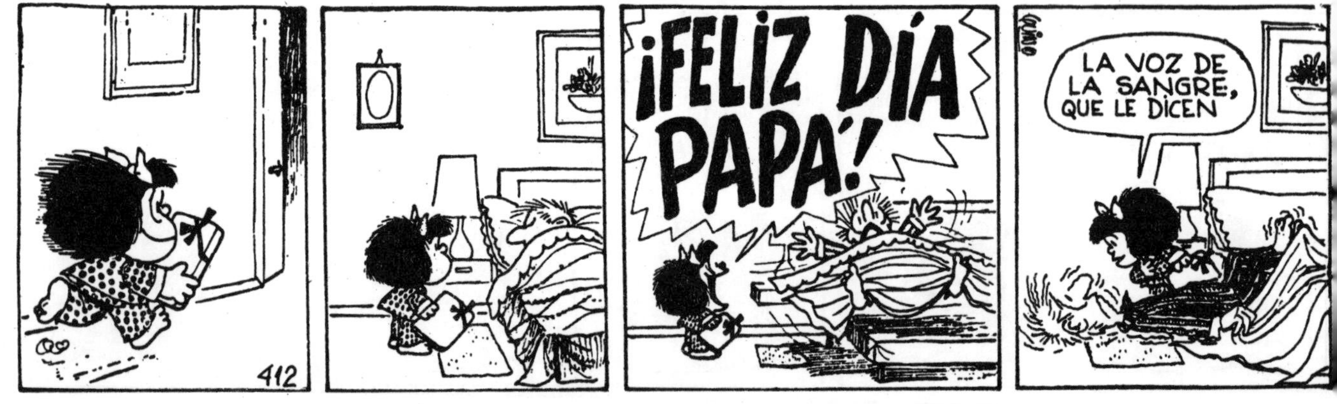
412
¡FELIZ DÍA PAPÁ!
LA VOZ DE LA SANGRE, QUE LE DICEN

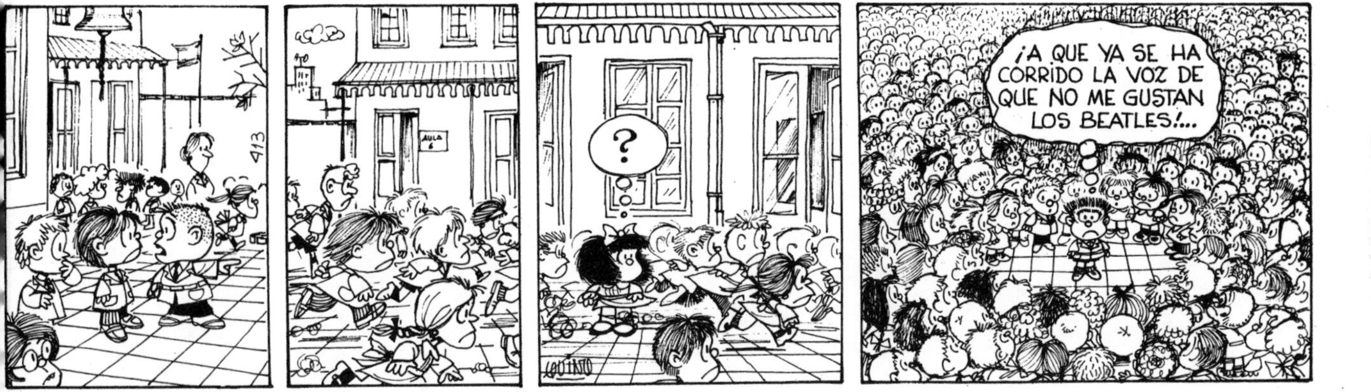
413
AULA 6
?
¡A QUE YA SE HA CORRIDO LA VOZ DE QUE NO ME GUSTAN LOS BEATLES!...
QUINO

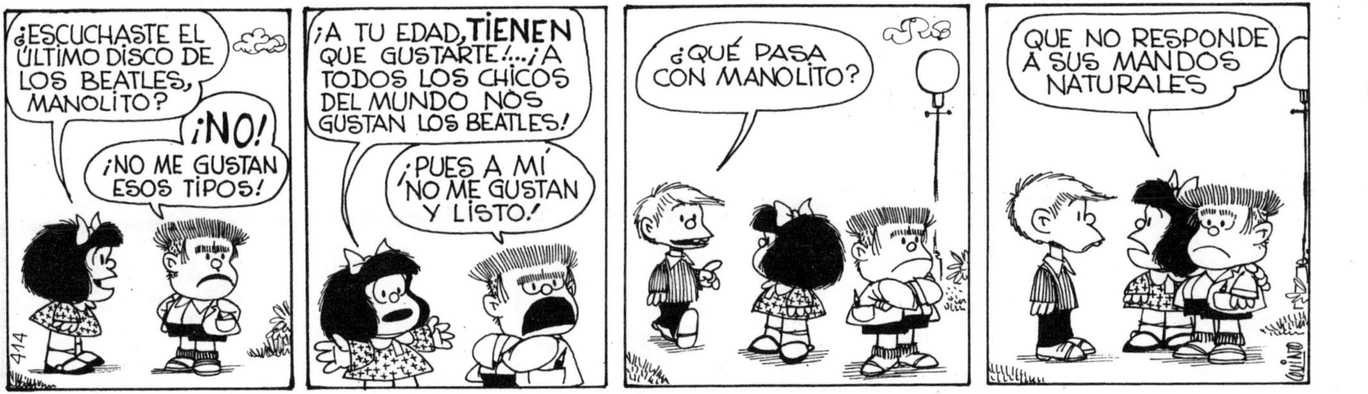
414
¿ESCUCHASTE EL ÚLTIMO DISCO DE LOS BEATLES, MANOLITO?
¡NO!
¡NO ME GUSTAN ESOS TIPOS!
¡A TU EDAD, TIENEN QUE GUSTARTE!...¡A TODOS LOS CHICOS DEL MUNDO NOS GUSTAN LOS BEATLES!
¡PUES A MÍ NO ME GUSTAN Y LISTO!
¿QUÉ PASA CON MANOLITO?
QUE NO RESPONDE A SUS MANDOS NATURALES
QUINO

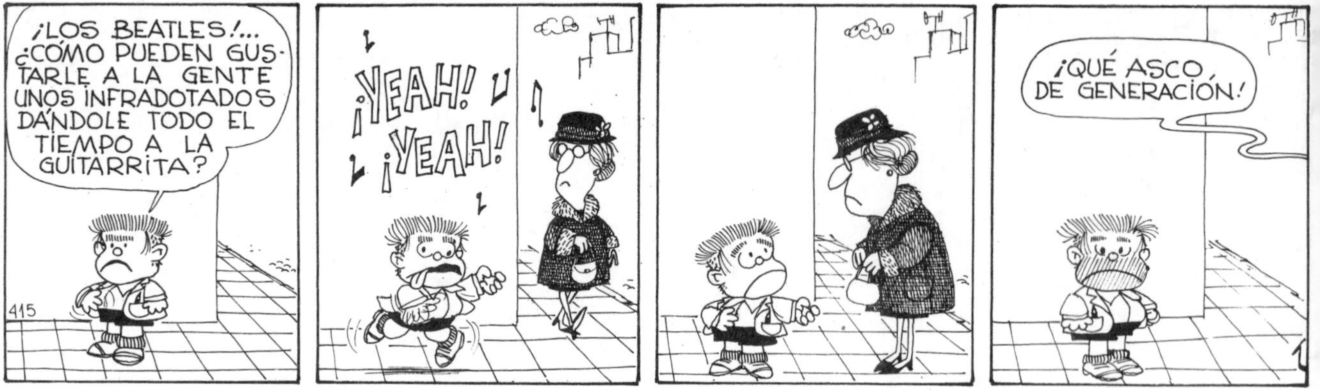
¡LOS BEATLES!... ¿CÓMO PUEDEN GUSTARLE A LA GENTE UNOS INFRADOTADOS DÁNDOLE TODO EL TIEMPO A LA GUITARRITA?
415
¡YEAH! ¡YEAH!
¡QUÉ ASCO DE GENERACIÓN!

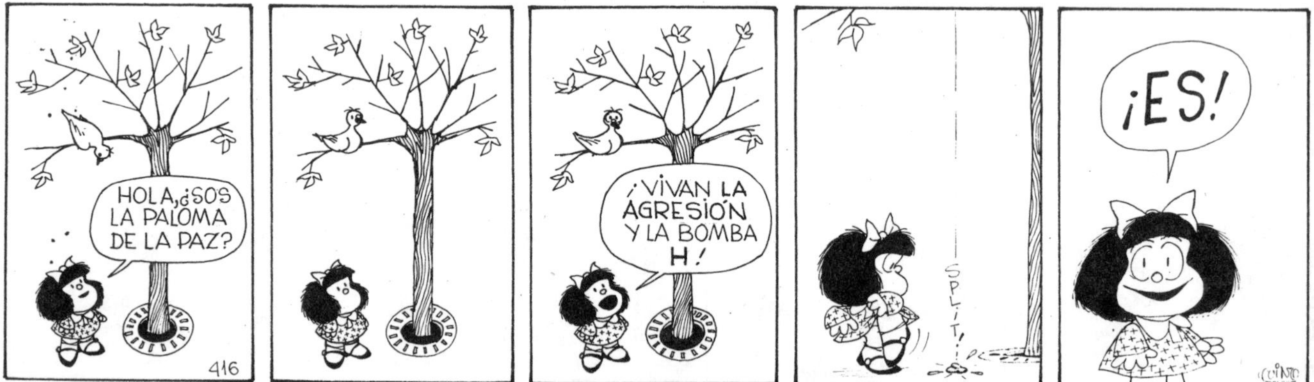
HOLA, ¿SOS LA PALOMA DE LA PAZ?
416
¡VIVAN LA AGRESIÓN Y LA BOMBA H!
SPLIT!
¡ES!

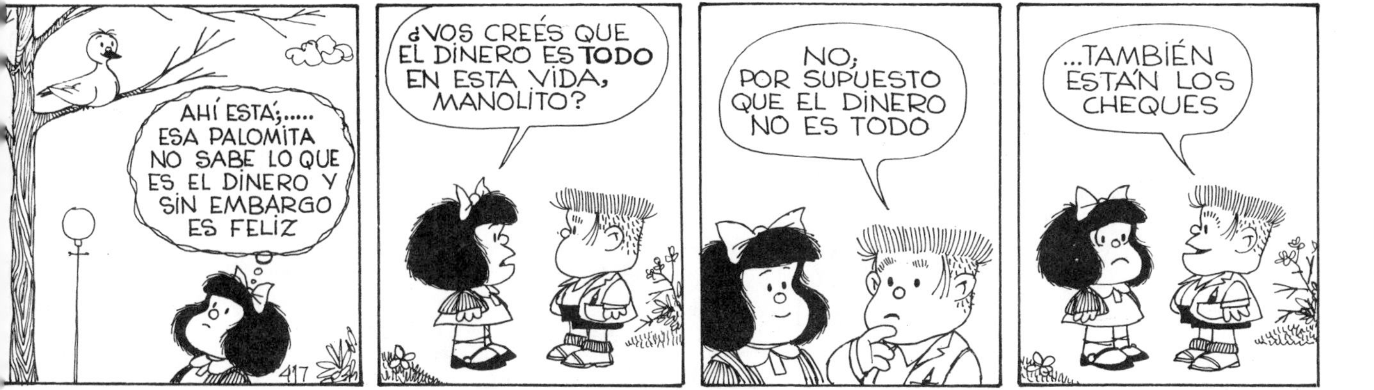
AHÍ ESTÁ;.....
ESA PALOMITA
NO SABE LO QUE
ES EL DINERO Y
SIN EMBARGO
ES FELIZ
417
¿VOS CREÉS QUE
EL DINERO ES **TODO**
EN ESTA VIDA,
MANOLITO?
NO;
POR SUPUESTO
QUE EL DINERO
NO ES TODO
...TAMBIÉN
ESTÁN LOS
CHEQUES

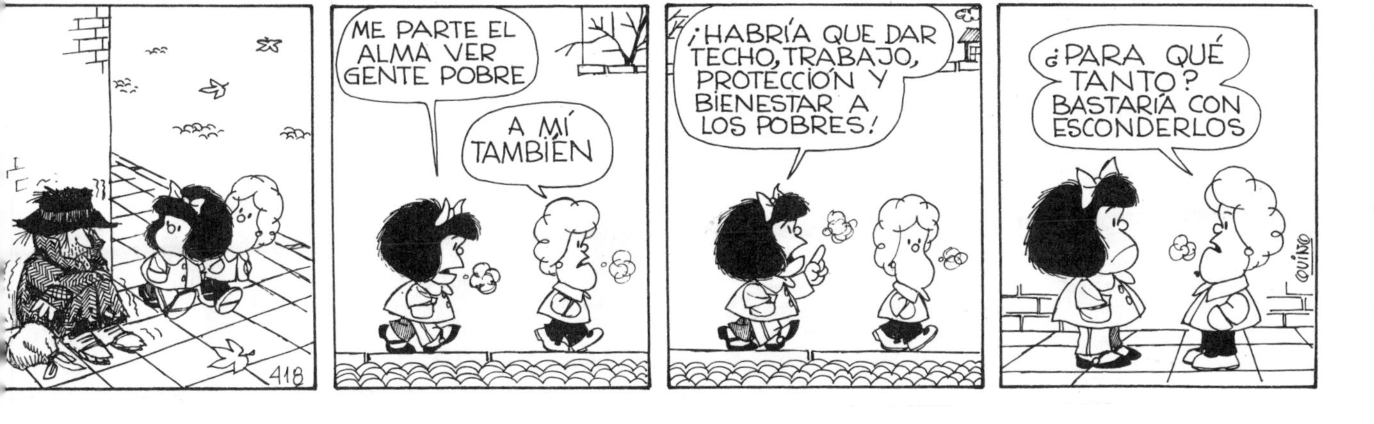
418
ME PARTE EL
ALMA VER
GENTE POBRE
A MÍ
TAMBIÉN
¡HABRÍA QUE DAR
TECHO, TRABAJO,
PROTECCIÓN Y
BIENESTAR A
LOS POBRES!
¿PARA QUÉ
TANTO?
BASTARÍA CON
ESCONDERLOS
QUINO

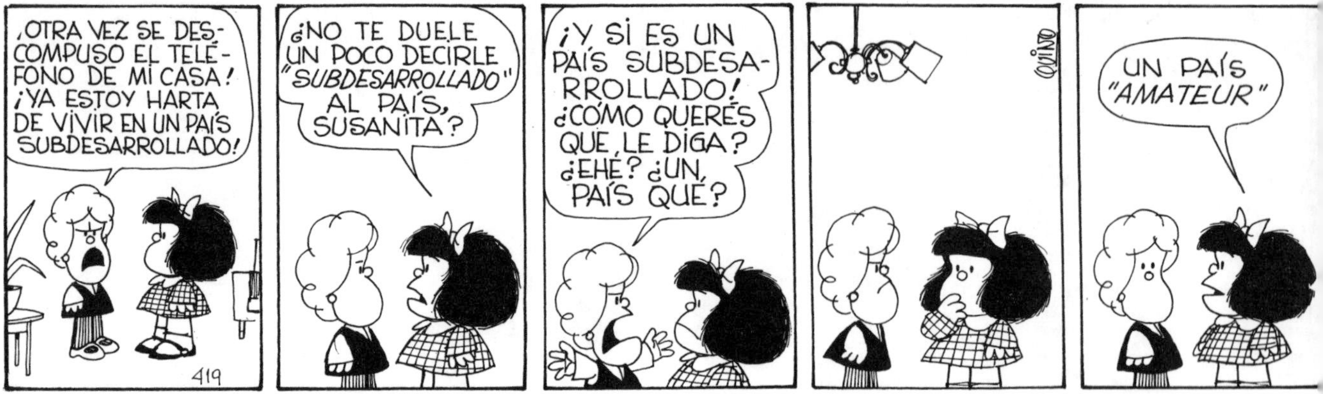
¡OTRA VEZ SE DESCOMPUSO EL TELÉFONO DE MI CASA! ¡YA ESTOY HARTA DE VIVIR EN UN PAÍS SUBDESARROLLADO!
419
¿NO TE DUELE UN POCO DECIRLE "SUBDESARROLLADO" AL PAÍS, SUSANITA?
¡Y SI ES UN PAÍS SUBDESARROLLADO! ¿CÓMO QUERÉS QUE LE DIGA? ¿EHÉ? ¿UN PAÍS QUÉ?
QUINO
UN PAÍS "AMATEUR"

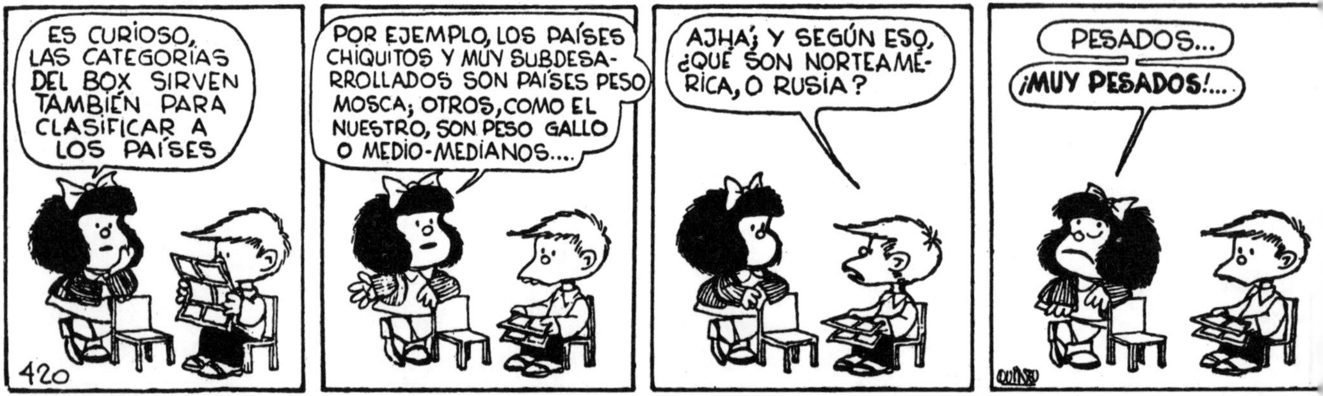
ES CURIOSO, LAS CATEGORÍAS DEL BOX SIRVEN TAMBIÉN PARA CLASIFICAR A LOS PAÍSES
420
POR EJEMPLO, LOS PAÍSES CHIQUITOS Y MUY SUBDESARROLLADOS SON PAÍSES PESO MOSCA; OTROS, COMO EL NUESTRO, SON PESO GALLO O MEDIO-MEDIANOS....
AJHÁ; Y SEGÚN ESO, ¿QUÉ SON NORTEAMÉRICA, O RUSIA?
PESADOS...
¡MUY PESADOS!...
QUINO

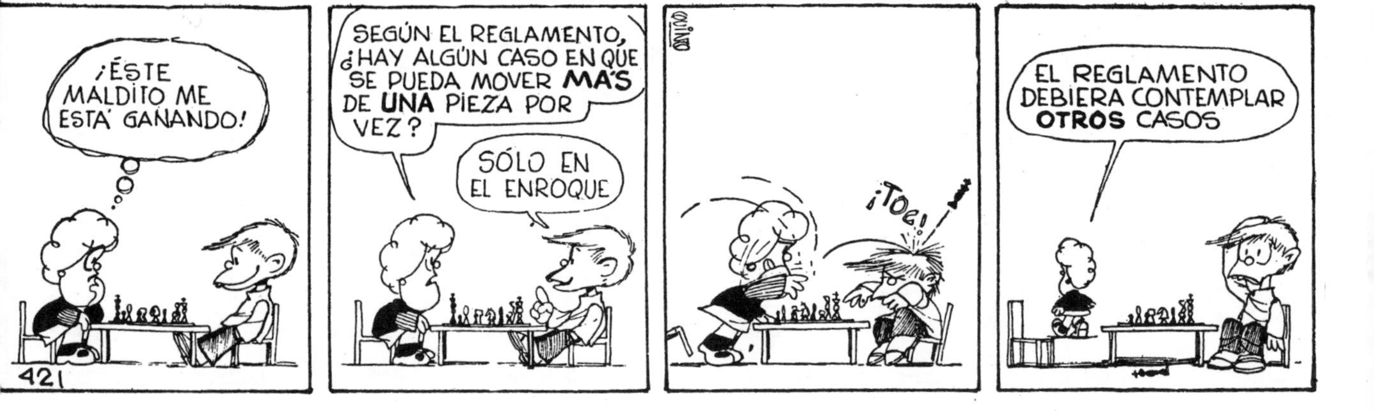
¡ÉSTE MALDITO ME ESTÁ GANANDO!
421
SEGÚN EL REGLAMENTO, ¿HAY ALGÚN CASO EN QUE SE PUEDA MOVER MÁS DE UNA PIEZA POR VEZ?
SÓLO EN EL ENROQUE
¡TOC!
EL REGLAMENTO DEBIERA CONTEMPLAR OTROS CASOS

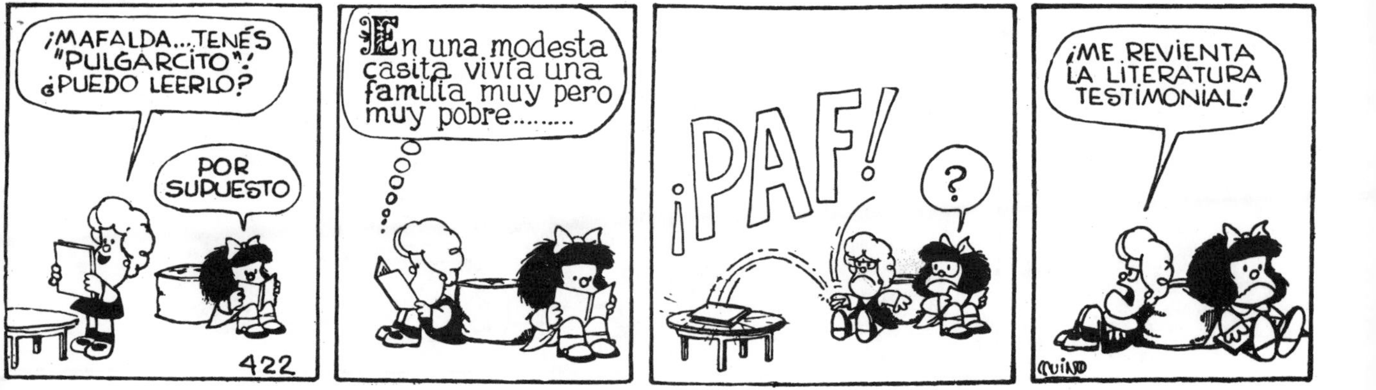
¡MAFALDA... TENÉS "PULGARCITO"! ¿PUEDO LEERLO?
POR SUPUESTO
422
En una modesta casita vivía una familia muy pero muy pobre.........
¡PAF!
?
¡ME REVIENTA LA LITERATURA TESTIMONIAL!
QUINO

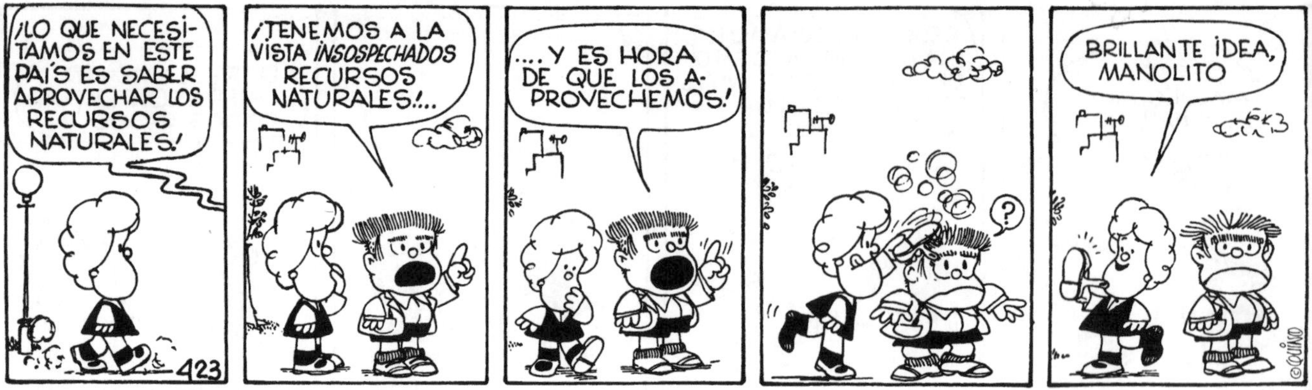
¡LO QUE NECESITAMOS EN ESTE PAÍS ES SABER APROVECHAR LOS RECURSOS NATURALES!
423
¡TENEMOS A LA VISTA *INSOSPECHADOS* RECURSOS NATURALES!...
....Y ES HORA DE QUE LOS APROVECHEMOS!
?
BRILLANTE IDEA, MANOLITO
© QUINO

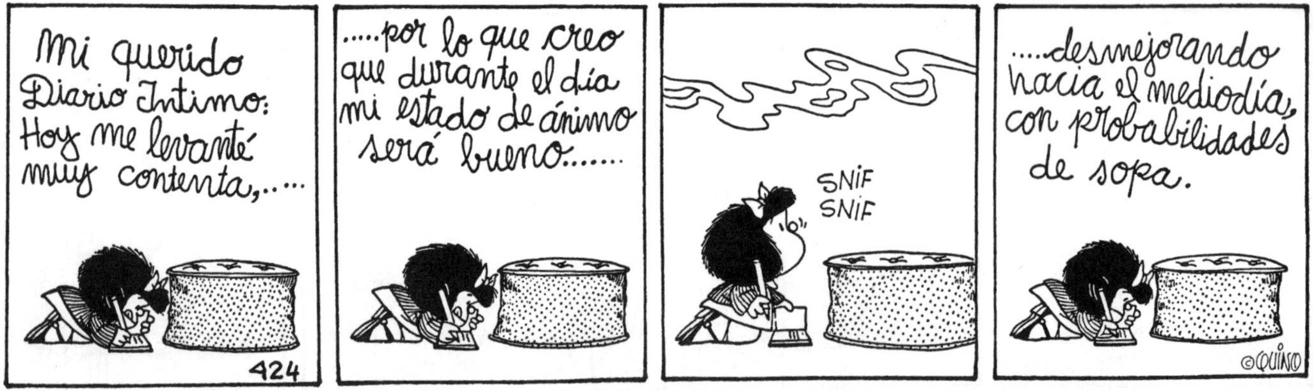
Mi querido Diario Intimo: Hoy me levanté muy contenta,.....
424
.....por lo que creo que durante el día mi estado de ánimo será bueno......
SNIF SNIF
....desmejorando hacia el mediodía, con probabilidades de sopa.
© QUINO

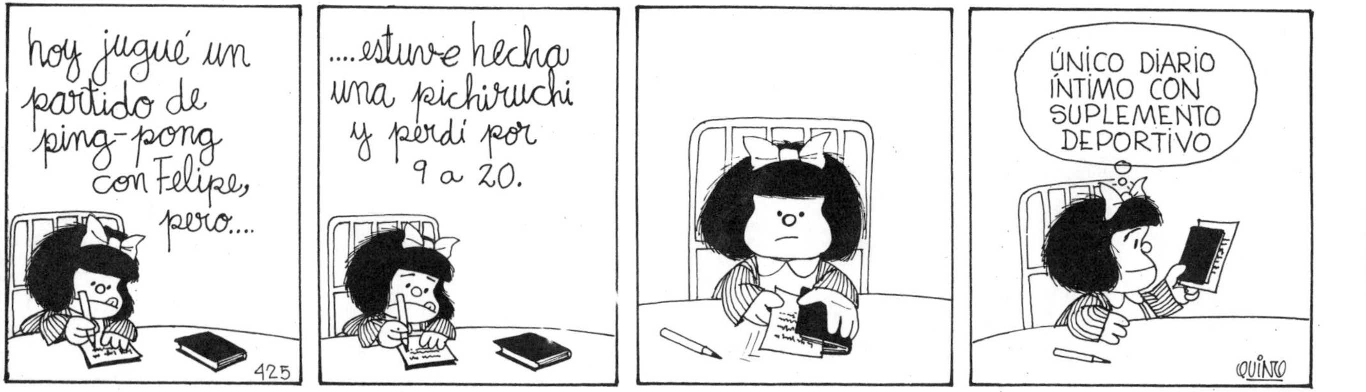
hoy jugué un partido de ping-pong con Felipe, pero....
425
....estuve hecha una pichiruchi y perdí por 9 a 20.
ÚNICO DIARIO ÍNTIMO CON SUPLEMENTO DEPORTIVO
QUINO

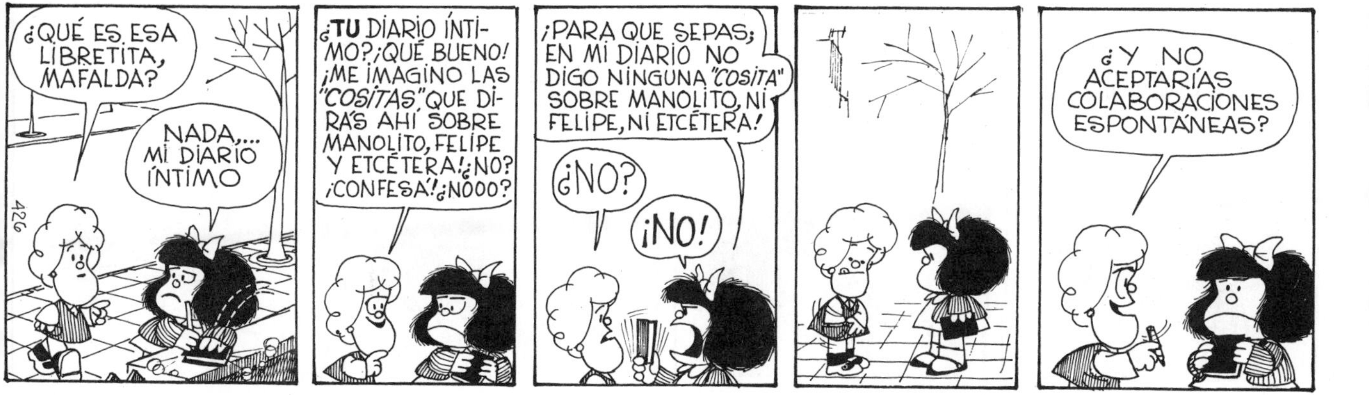
426
¿QUÉ ES ESA LIBRETITA, MAFALDA?
NADA,... MI DIARIO ÍNTIMO
¿TU DIARIO ÍNTIMO?¡QUÉ BUENO! ¡ME IMAGINO LAS "COSITAS" QUE DIRÁS AHÍ SOBRE MANOLITO, FELIPE Y ETCÉTERA! ¿NO? ¡CONFESÁ! ¿NOOO?
¡PARA QUE SEPAS; EN MI DIARIO NO DIGO NINGUNA "COSITA" SOBRE MANOLITO, NI FELIPE, NI ETCÉTERA!
¿NO?
¡NO!
¿Y NO ACEPTARÍAS COLABORACIONES ESPONTÁNEAS?

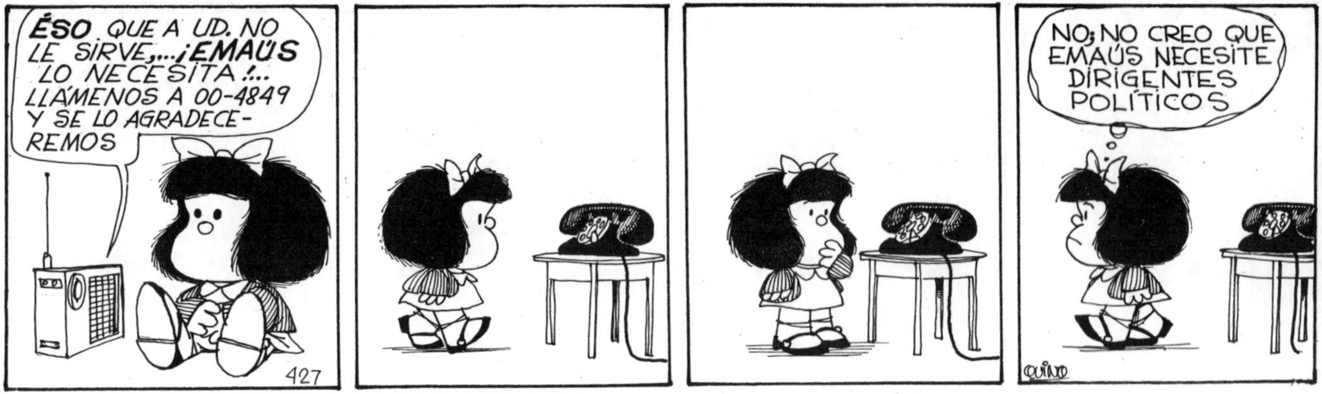
ÉSO QUE A UD. NO LE SIRVE,...¡EMAÚS LO NECESITA!... LLÁMENOS A 00-4849 Y SE LO AGRADECEREMOS
427
NO; NO CREO QUE EMAÚS NECESITE DIRIGENTES POLÍTICOS
QUINO

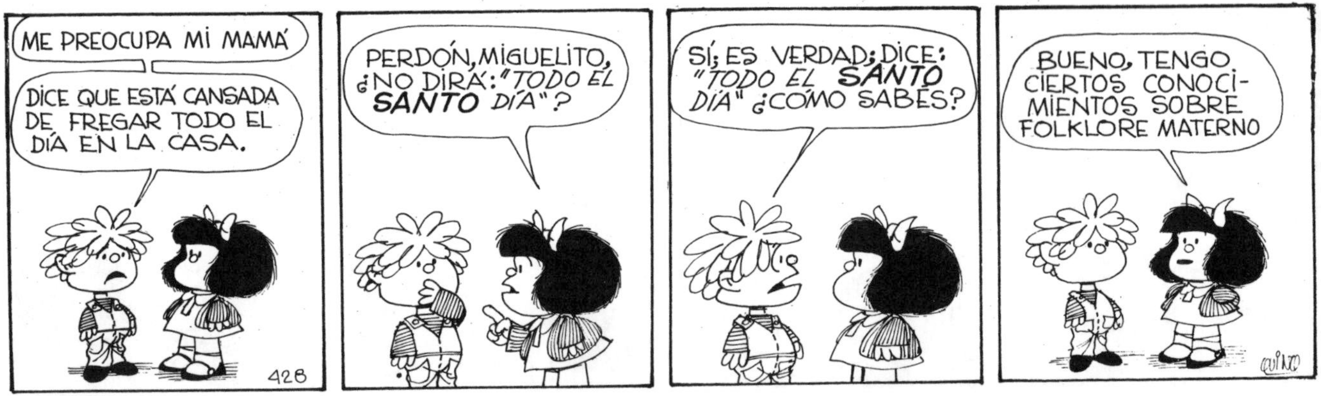
ME PREOCUPA MI MAMÁ
DICE QUE ESTÁ CANSADA DE FREGAR TODO EL DÍA EN LA CASA.
428
PERDÓN, MIGUELITO, ¿NO DIRÁ: "TODO EL SANTO DÍA"?
SÍ; ES VERDAD; DICE: "TODO EL SANTO DÍA" ¿CÓMO SABÉS?
BUENO, TENGO CIERTOS CONOCIMIENTOS SOBRE FOLKLORE MATERNO
QUINO

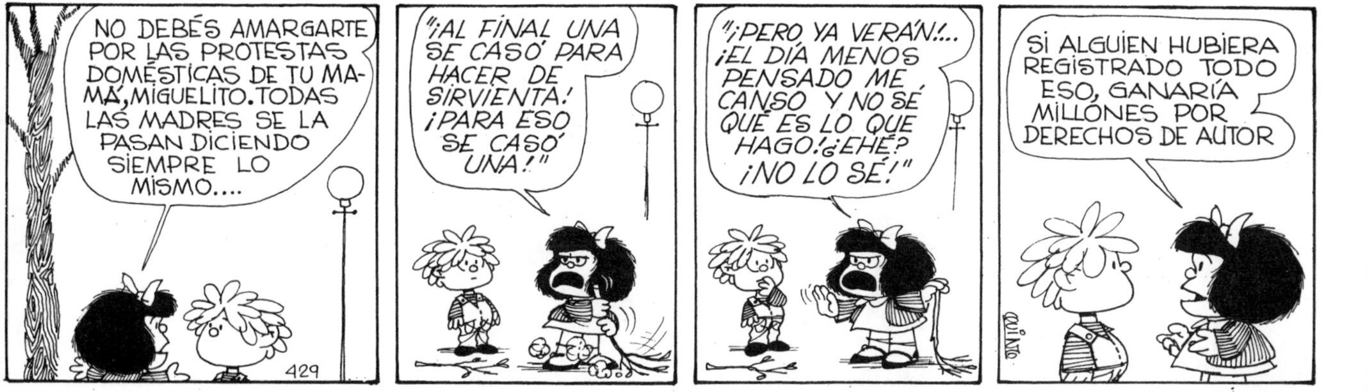
NO DEBÉS AMARGARTE POR LAS PROTESTAS DOMÉSTICAS DE TU MAMÁ, MIGUELITO. TODAS LAS MADRES SE LA PASAN DICIENDO SIEMPRE LO MISMO....
429
"¡AL FINAL UNA SE CASÓ PARA HACER DE SIRVIENTA! ¡PARA ESO SE CASÓ UNA!"
"¡PERO YA VERÁN!... ¡EL DÍA MENOS PENSADO ME CANSO Y NO SÉ QUÉ ES LO QUE HAGO! ¿EHÉ? ¡NO LO SÉ!"
SI ALGUIEN HUBIERA REGISTRADO TODO ESO, GANARÍA MILLONES POR DERECHOS DE AUTOR
QUINO

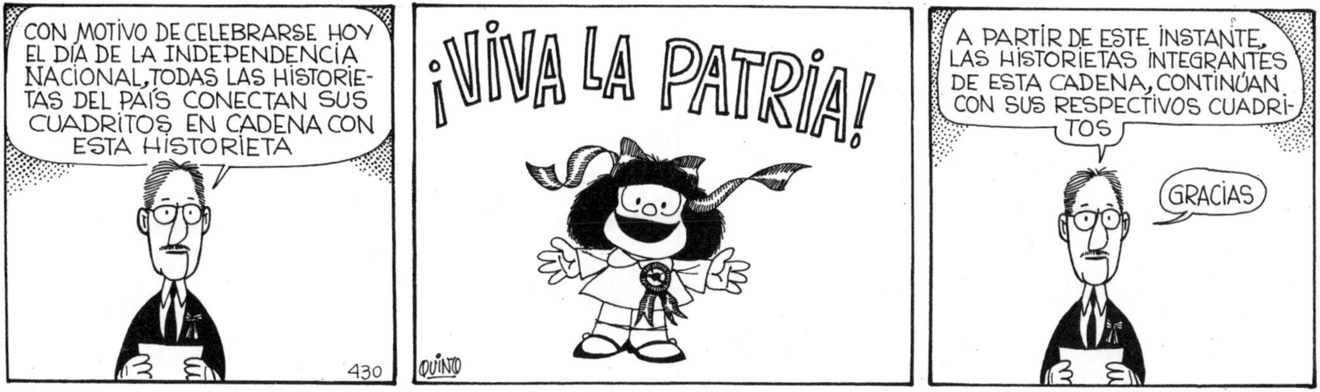
CON MOTIVO DE CELEBRARSE HOY EL DÍA DE LA INDEPENDENCIA NACIONAL, TODAS LAS HISTORIETAS DEL PAÍS CONECTAN SUS CUADRITOS EN CADENA CON ESTA HISTORIETA
430
¡VIVA LA PATRIA!
QUINO
A PARTIR DE ESTE INSTANTE, LAS HISTORIETAS INTEGRANTES DE ESTA CADENA, CONTINÚAN CON SUS RESPECTIVOS CUADRITOS
GRACIAS

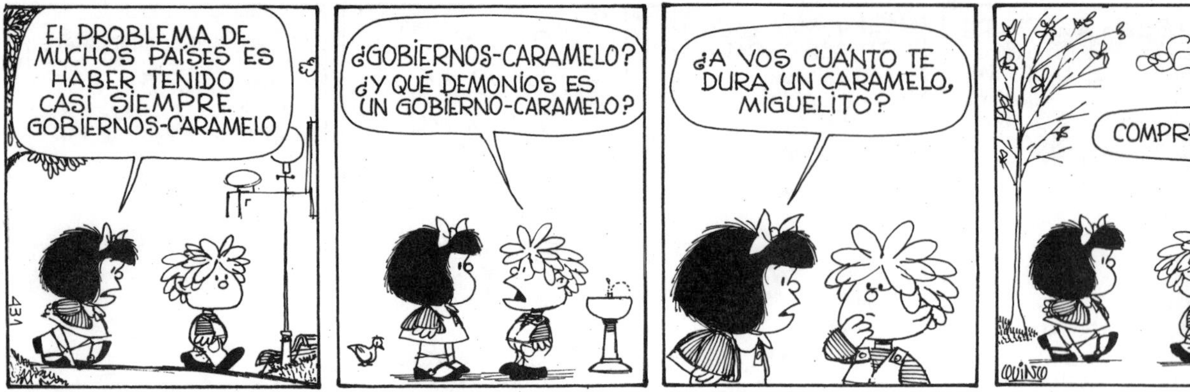
EL PROBLEMA DE MUCHOS PAÍSES ES HABER TENIDO CASI SIEMPRE GOBIERNOS-CARAMELO
431
¿GOBIERNOS-CARAMELO? ¿Y QUÉ DEMONIOS ES UN GOBIERNO-CARAMELO?
¿A VOS CUÁNTO TE DURA UN CARAMELO, MIGUELITO?
COMPRENDO
QUINO

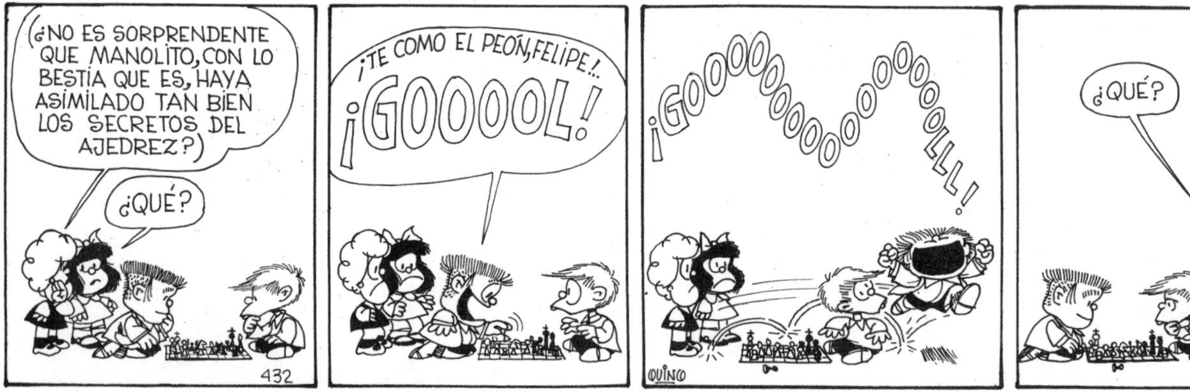
(¿NO ES SORPRENDENTE QUE MANOLITO, CON LO BESTIA QUE ES, HAYA ASIMILADO TAN BIEN LOS SECRETOS DEL AJEDREZ?)
¿QUÉ?
432
¡TE COMO EL PEÓN, FELIPE!..
¡GOOOOL!
¡GOOOOOOOOOOOOOOOOLLL!
QUINO
¿QUÉ?
¡NADA!

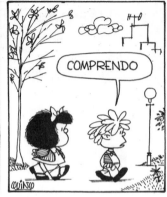

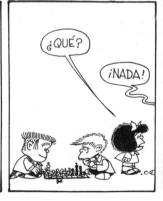

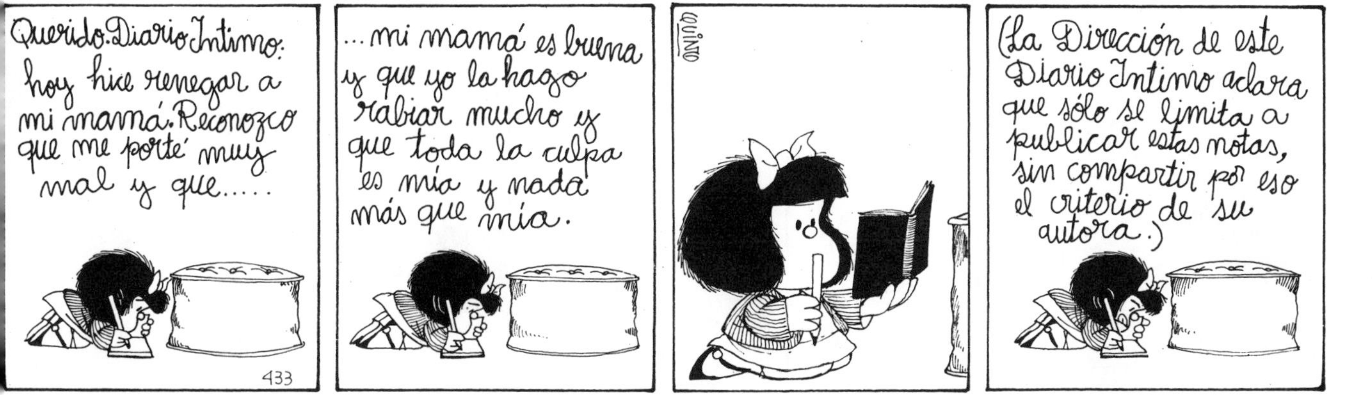
Querido Diario Intimo: hoy hice renegar a mi mamá. Reconozco que me porté muy mal y que.....
433
...mi mamá es buena y que yo la hago rabiar mucho y que toda la culpa es mía y nada más que mía.
QUINO
(La Dirección de este Diario Intimo aclara que sólo se limita a publicar estas notas, sin compartir por eso el criterio de su autora.)

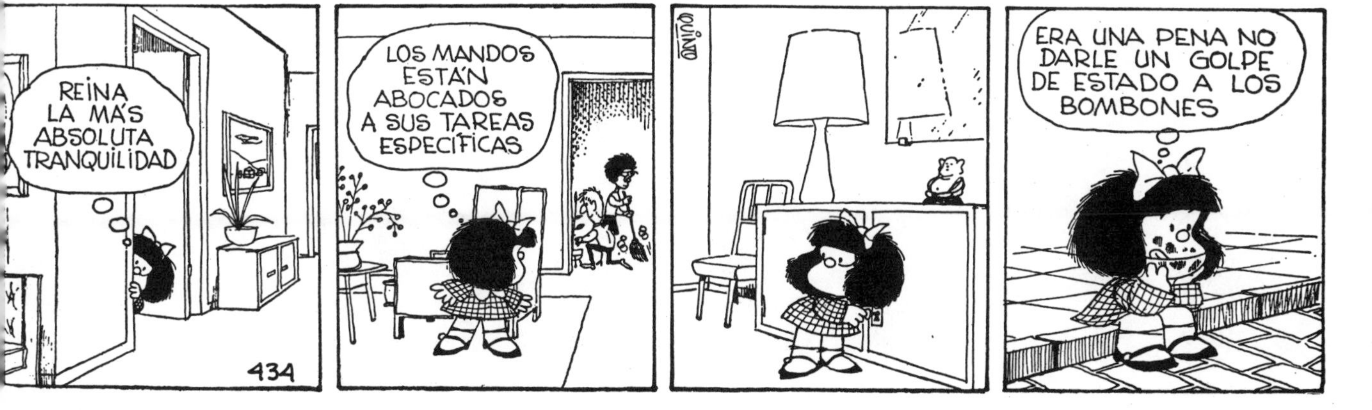
REINA LA MÁS ABSOLUTA TRANQUILIDAD
434
LOS MANDOS ESTÁN ABOCADOS A SUS TAREAS ESPECÍFICAS
QUINO
ERA UNA PENA NO DARLE UN GOLPE DE ESTADO A LOS BOMBONES

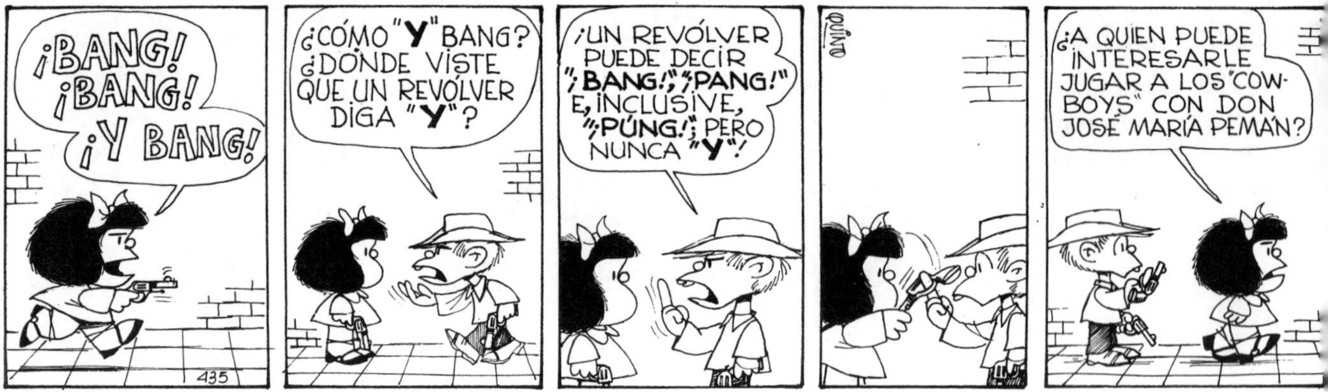
¡BANG! ¡BANG! ¡Y BANG!
435
¿CÓMO "Y" BANG? ¿DÓNDE VISTE QUE UN REVÓLVER DIGA "Y"?
¡UN REVÓLVER PUEDE DECIR "¡BANG!", "¡PANG!" E, INCLUSIVE, "¡PÚNG!", PERO NUNCA "Y"!
QUINO
¿A QUIEN PUEDE INTERESARLE JUGAR A LOS "COW-BOYS" CON DON JOSÉ MARÍA PEMÁN?

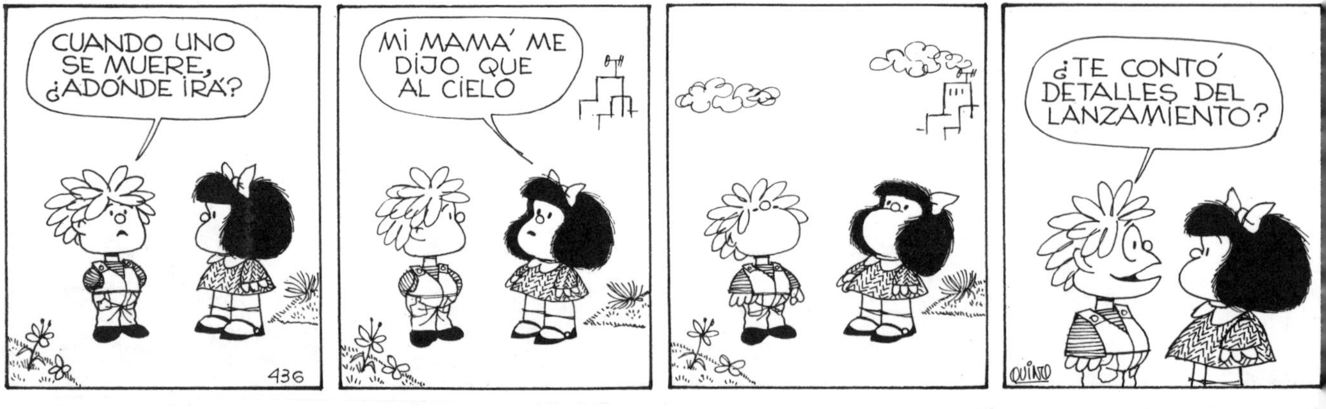
CUANDO UNO SE MUERE, ¿ADÓNDE IRÁ?
436
MI MAMÁ ME DIJO QUE AL CIELO
¿TE CONTÓ DETALLES DEL LANZAMIENTO?
QUINO

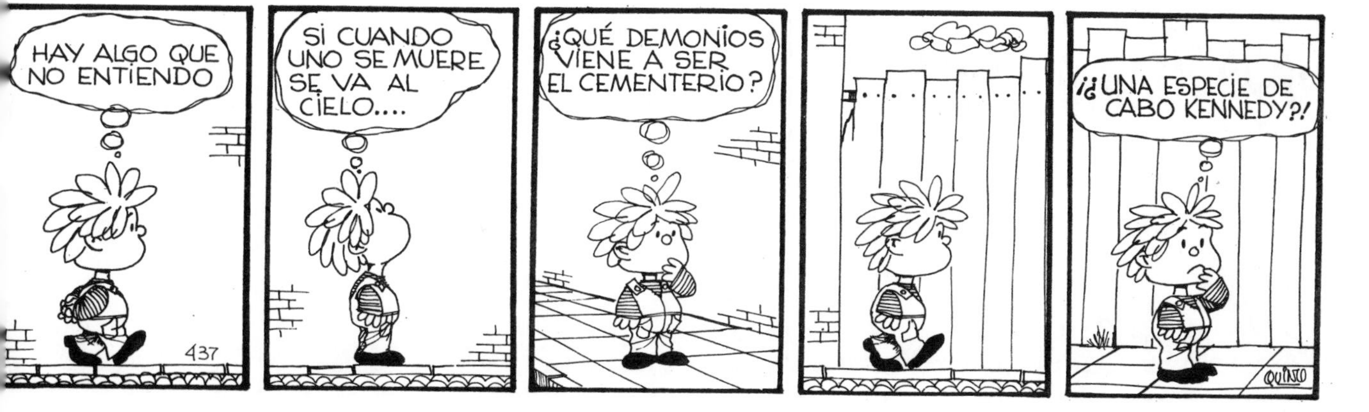
HAY ALGO QUE NO ENTIENDO
437
SI CUANDO UNO SE MUERE SE VA AL CIELO....
¿QUÉ DEMONIOS VIENE A SER EL CEMENTERIO?
¡¿UNA ESPECIE DE CABO KENNEDY?!
QUINO

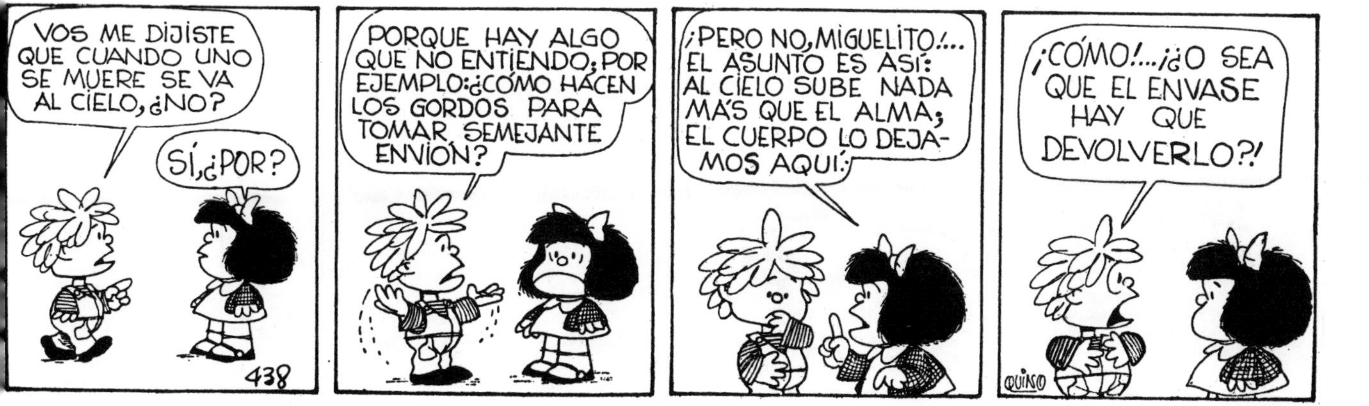
VOS ME DIJISTE QUE CUANDO UNO SE MUERE SE VA AL CIELO, ¿NO?
SÍ, ¿POR?
438
PORQUE HAY ALGO QUE NO ENTIENDO; POR EJEMPLO: ¿CÓMO HACEN LOS GORDOS PARA TOMAR SEMEJANTE ENVIÓN?
¡PERO NO, MIGUELITO!... EL ASUNTO ES ASÍ: AL CIELO SUBE NADA MÁS QUE EL ALMA; EL CUERPO LO DEJAMOS AQUÍ
¡CÓMO!... ¡¿O SEA QUE EL ENVASE HAY QUE DEVOLVERLO?!
QUINO

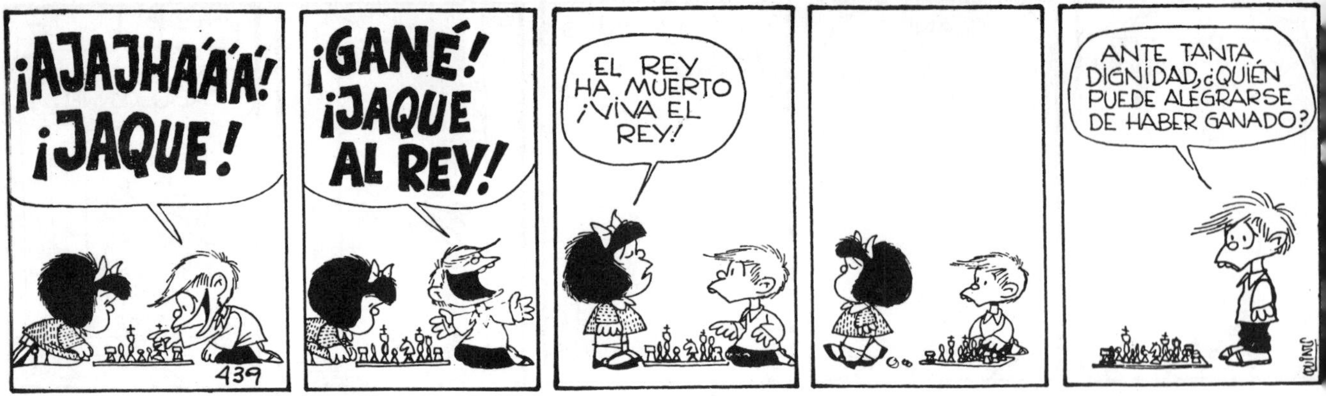

¡AJAJHAÁÁÁ! ¡JAQUE!
439
¡GANÉ! ¡JAQUE AL REY!
EL REY HA MUERTO ¡VIVA EL REY!
ANTE TANTA DIGNIDAD, ¿QUIÉN PUEDE ALEGRARSE DE HABER GANADO?
QUINO

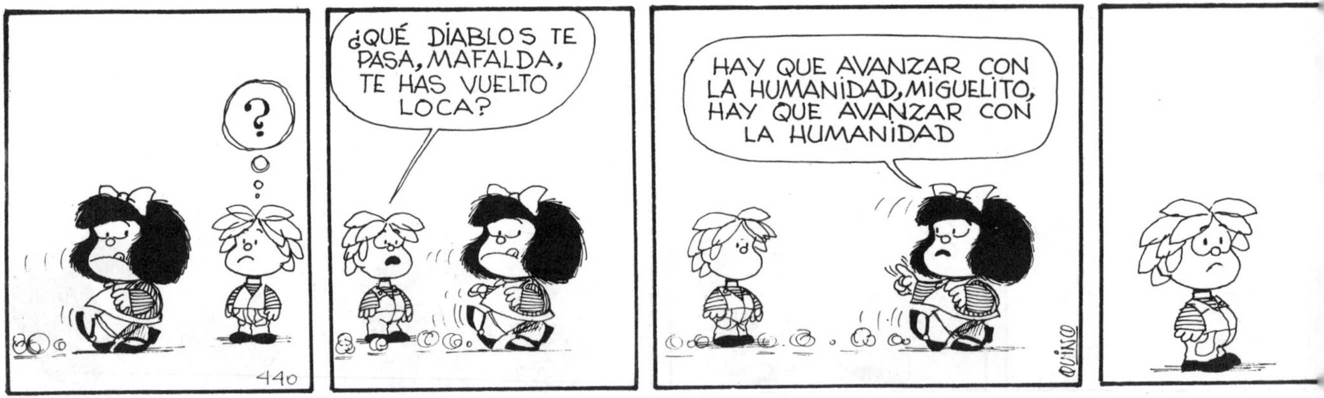

?
440
¿QUÉ DIABLOS TE PASA, MAFALDA, TE HAS VUELTO LOCA?
HAY QUE AVANZAR CON LA HUMANIDAD, MIGUELITO, HAY QUE AVANZAR CON LA HUMANIDAD
QUINO

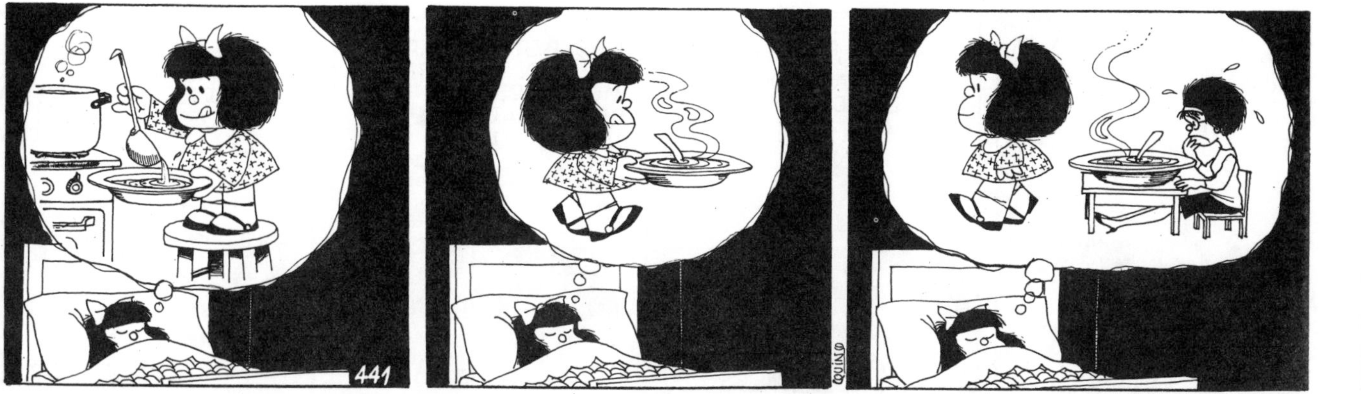
441
QUINO

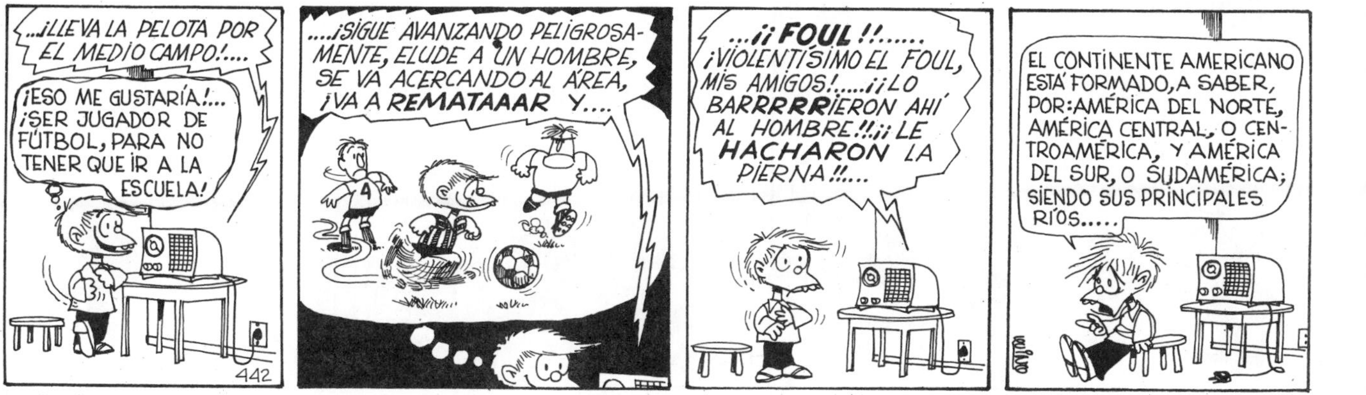
...¡LLEVA LA PELOTA POR EL MEDIO CAMPO!....
¡ESO ME GUSTARÍA!... ¡SER JUGADOR DE FÚTBOL, PARA NO TENER QUE IR A LA ESCUELA!
442
....¡SIGUE AVANZANDO PELIGROSAMENTE, ELUDE A UN HOMBRE, SE VA ACERCANDO AL ÁREA, ¡VA A **REMATAAAR** Y....
...¡¡**FOUL**!!...... ¡VIOLENTÍSIMO EL FOUL, MIS AMIGOS!.....¡¡LO BARR**RRR**IERON AHÍ AL HOMBRE!!¡¡LE **HACHARON** LA PIERNA!!...
EL CONTINENTE AMERICANO ESTÁ FORMADO, A SABER, POR: AMÉRICA DEL NORTE, AMÉRICA CENTRAL, O CENTROAMÉRICA, Y AMÉRICA DEL SUR, O SUDAMÉRICA; SIENDO SUS PRINCIPALES RÍOS.....
QUINO

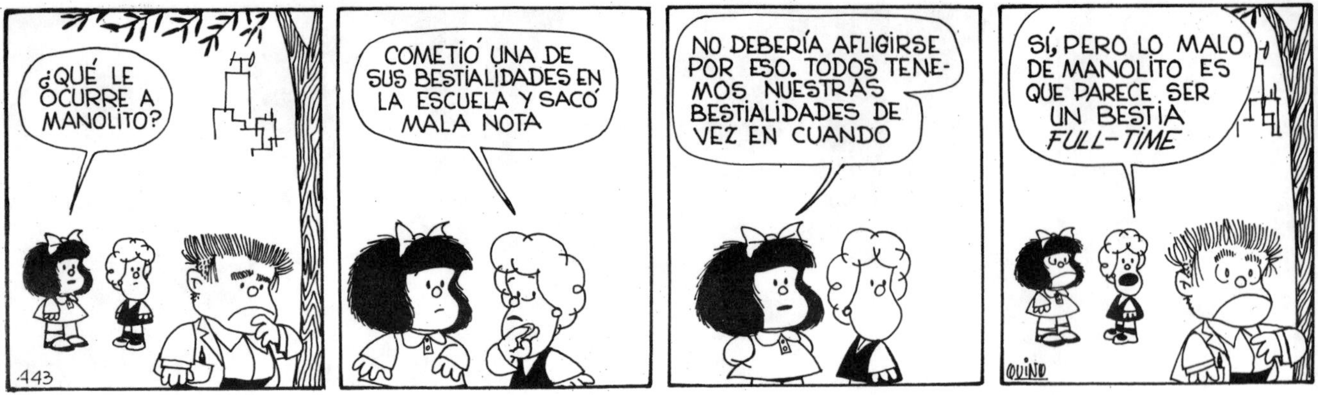
¿QUÉ LE OCURRE A MANOLITO?
443
COMETIÓ UNA DE SUS BESTIALIDADES EN LA ESCUELA Y SACÓ MALA NOTA
NO DEBERÍA AFLIGIRSE POR ESO. TODOS TENEMOS NUESTRAS BESTIALIDADES DE VEZ EN CUANDO
SÍ, PERO LO MALO DE MANOLITO ES QUE PARECE SER UN BESTIA *FULL-TIME*
QUINO

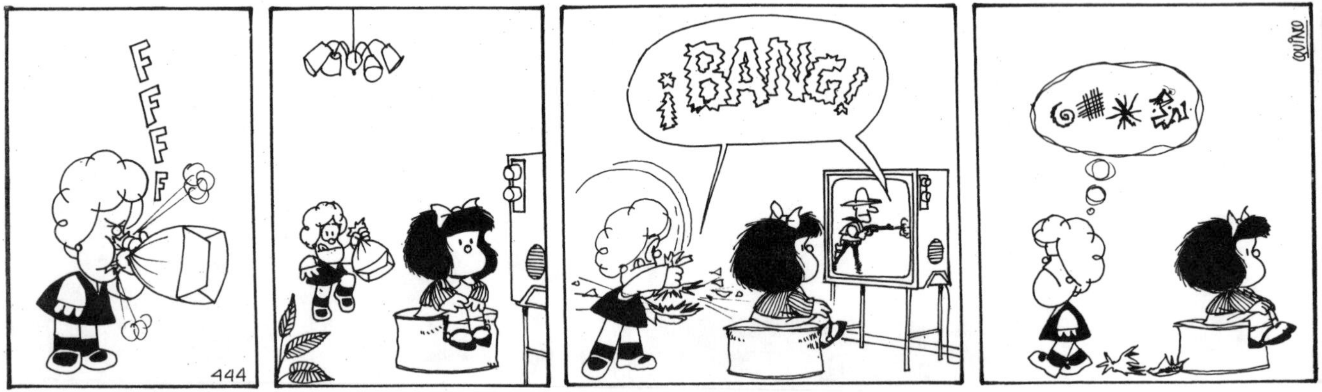
FFFFF
444
¡BANG!
QUINO

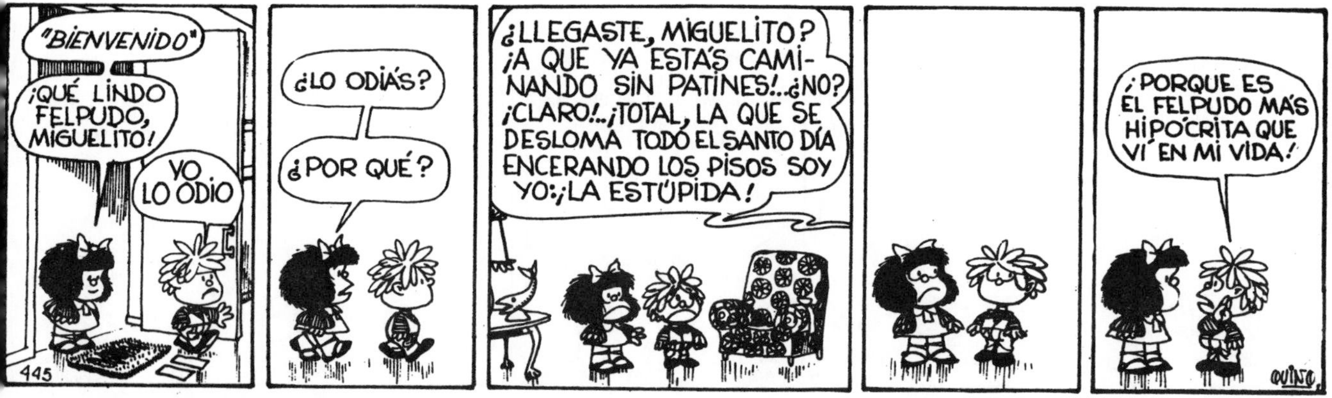
"BIENVENIDO"
¡QUÉ LINDO FELPUDO, MIGUELITO!
YO LO ODIO
¿LO ODIÁS?
¿POR QUÉ?
¿LLEGASTE, MIGUELITO? ¡A QUE YA ESTÁS CAMINANDO SIN PATINES!..¿NO? ¡CLARO!..¡TOTAL, LA QUE SE DESLOMA TODO EL SANTO DÍA ENCERANDO LOS PISOS SOY YO:¡LA ESTÚPIDA!
¡PORQUE ES EL FELPUDO MÁS HIPÓCRITA QUE VI EN MI VIDA!
445
QUINO

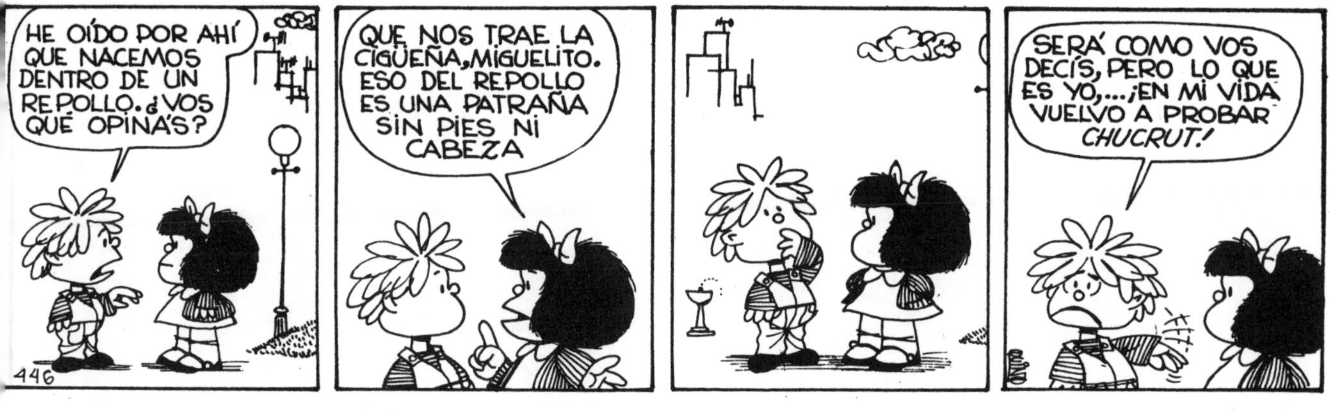
HE OÍDO POR AHÍ QUE NACEMOS DENTRO DE UN REPOLLO. ¿VOS QUÉ OPINÁS?
QUE NOS TRAE LA CIGÜEÑA, MIGUELITO. ESO DEL REPOLLO ES UNA PATRAÑA SIN PIES NI CABEZA
SERÁ COMO VOS DECÍS, PERO LO QUE ES YO,...¡EN MI VIDA VUELVO A PROBAR *CHUCRUT*!
446

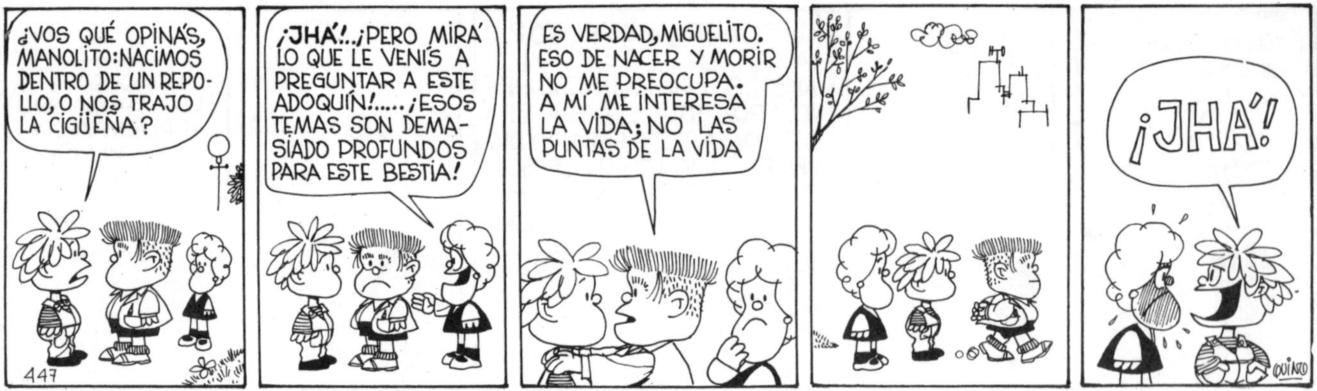
¿VOS QUÉ OPINÁS, MANOLITO: NACIMOS DENTRO DE UN REPOLLO, O NOS TRAJO LA CIGÜEÑA?
¡JHÁ!..¡PERO MIRÁ LO QUE LE VENÍS A PREGUNTAR A ESTE ADOQUÍN!.....¡ESOS TEMAS SON DEMASIADO PROFUNDOS PARA ESTE BESTIA!
ES VERDAD, MIGUELITO. ESO DE NACER Y MORIR NO ME PREOCUPA. A MÍ ME INTERESA LA VIDA; NO LAS PUNTAS DE LA VIDA
¡JHÁ!
QUINO
447

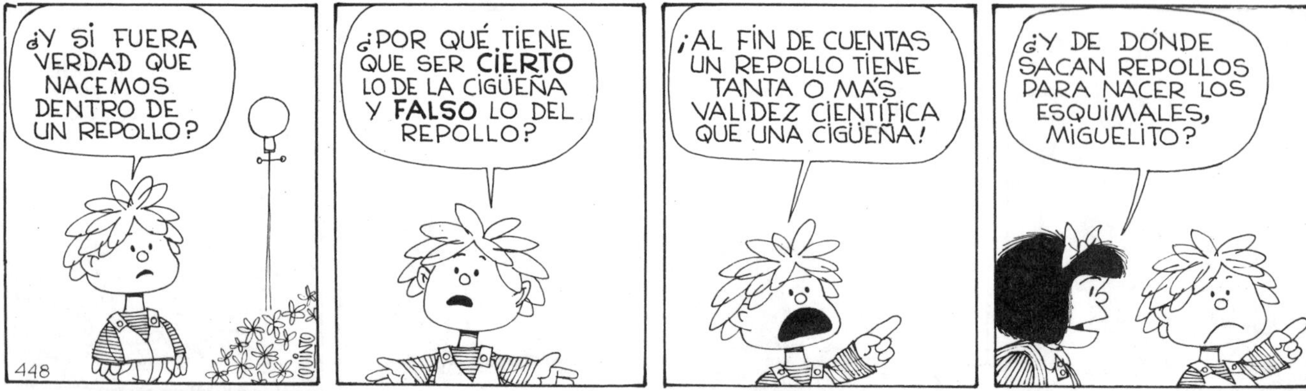
¿Y SI FUERA VERDAD QUE NACEMOS DENTRO DE UN REPOLLO?
QUINO
448
¿POR QUÉ TIENE QUE SER **CIERTO** LO DE LA CIGÜEÑA Y **FALSO** LO DEL REPOLLO?
¡AL FIN DE CUENTAS UN REPOLLO TIENE TANTA O MÁS VALIDEZ CIENTÍFICA QUE UNA CIGÜEÑA!
¿Y DE DÓNDE SACAN REPOLLOS PARA NACER LOS ESQUIMALES, MIGUELITO?

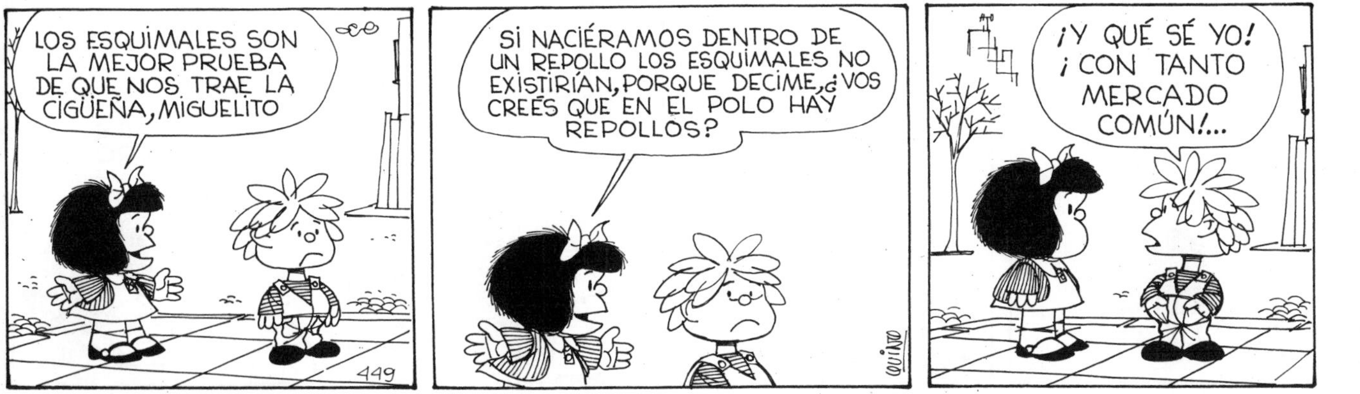
LOS ESQUIMALES SON LA MEJOR PRUEBA DE QUE NOS TRAE LA CIGÜEÑA, MIGUELITO
449
SI NACIÉRAMOS DENTRO DE UN REPOLLO LOS ESQUIMALES NO EXISTIRÍAN, PORQUE DECIME, ¿VOS CREÉS QUE EN EL POLO HAY REPOLLOS?
QUINO
¡Y QUÉ SÉ YO! ¡CON TANTO MERCADO COMÚN!...

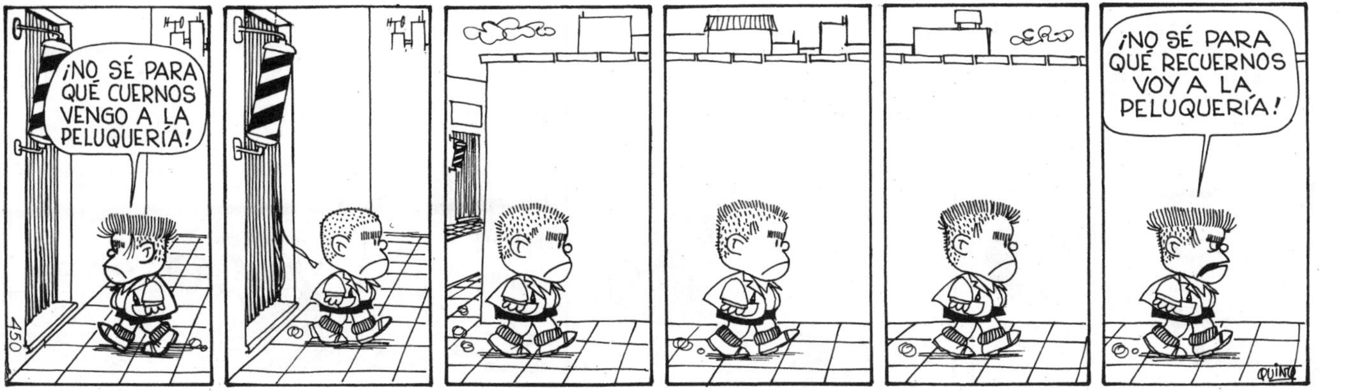
¡NO SÉ PARA QUÉ CUERNOS VENGO A LA PELUQUERÍA!
450
¡NO SÉ PARA QUÉ RECUERNOS VOY A LA PELUQUERÍA!
QUINO

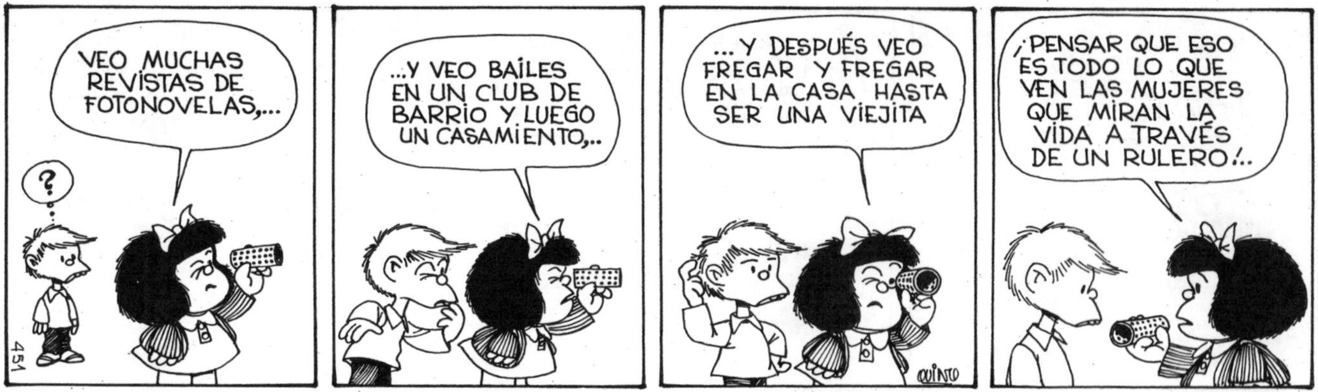
VEO MUCHAS REVISTAS DE FOTONOVELAS,...
?
451
...Y VEO BAILES EN UN CLUB DE BARRIO Y LUEGO UN CASAMIENTO,..
...Y DESPUÉS VEO FREGAR Y FREGAR EN LA CASA HASTA SER UNA VIEJITA
QUINO
¡PENSAR QUE ESO ES TODO LO QUE VEN LAS MUJERES QUE MIRAN LA VIDA A TRAVÉS DE UN RULERO!..

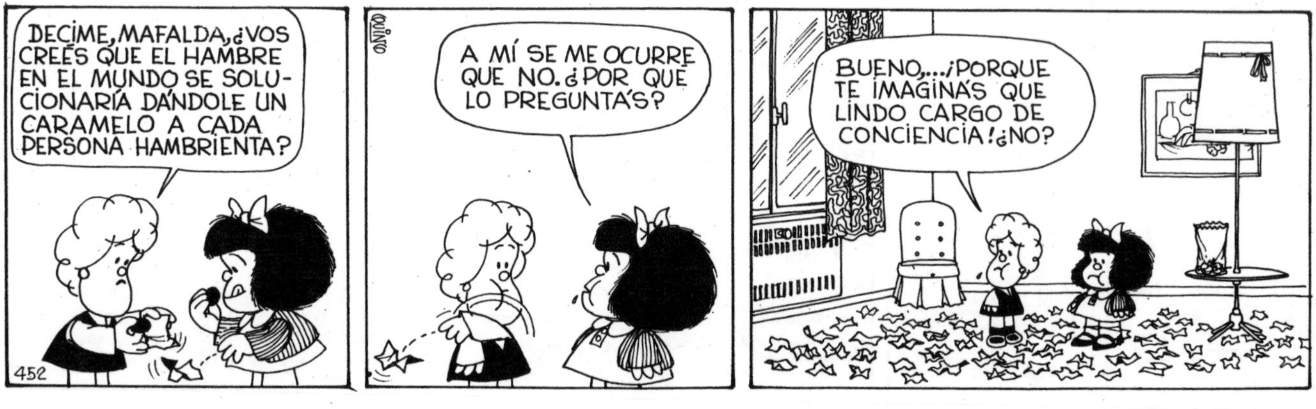
DECIME, MAFALDA, ¿VOS CREÉS QUE EL HAMBRE EN EL MUNDO SE SOLUCIONARÍA DÁNDOLE UN CARAMELO A CADA PERSONA HAMBRIENTA?
452
QUINO
A MÍ SE ME OCURRE QUE NO. ¿POR QUÉ LO PREGUNTÁS?
BUENO,...¡PORQUE TE IMAGINÁS QUÉ LINDO CARGO DE CONCIENCIA! ¿NO?

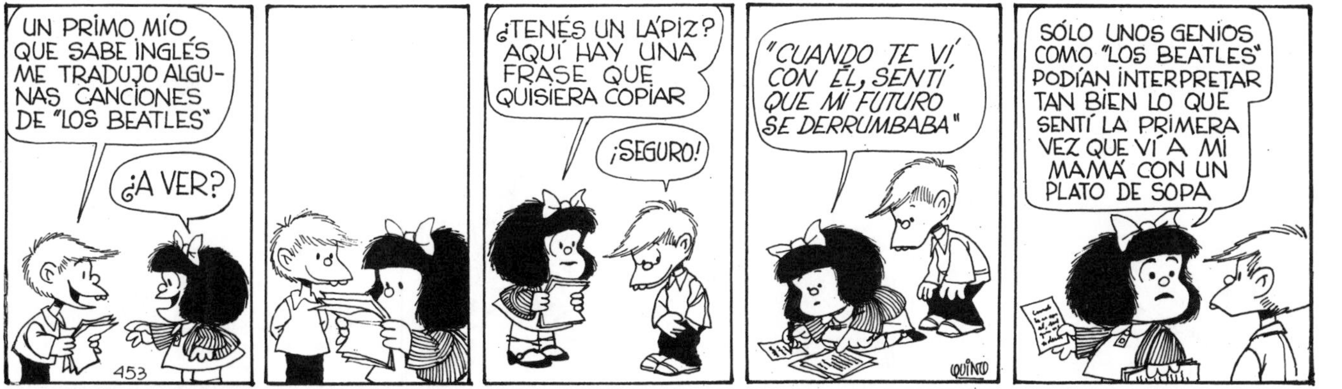

UN PRIMO MÍO QUE SABE INGLÉS ME TRADUJO ALGUNAS CANCIONES DE "LOS BEATLES"
¿A VER?
453
¿TENÉS UN LÁPIZ? AQUÍ HAY UNA FRASE QUE QUISIERA COPIAR
¡SEGURO!
"CUANDO TE VÍ CON ÉL, SENTÍ QUE MI FUTURO SE DERRUMBABA"
QUINO
SÓLO UNOS GENIOS COMO "LOS BEATLES" PODÍAN INTERPRETAR TAN BIEN LO QUE SENTÍ LA PRIMERA VEZ QUE VÍ A MI MAMÁ CON UN PLATO DE SOPA

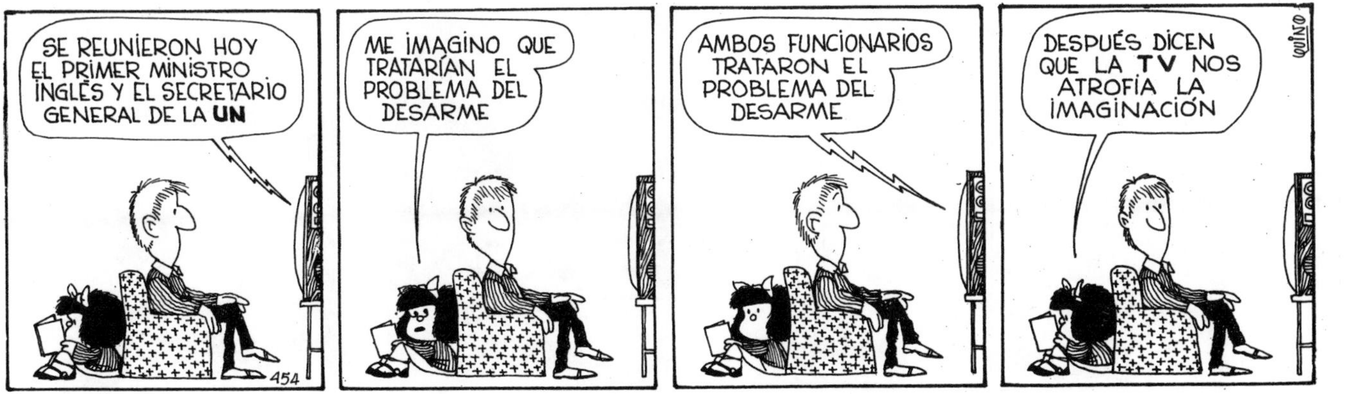

SE REUNIERON HOY EL PRIMER MINISTRO INGLÉS Y EL SECRETARIO GENERAL DE LA **UN**
454
ME IMAGINO QUE TRATARÍAN EL PROBLEMA DEL DESARME
AMBOS FUNCIONARIOS TRATARON EL PROBLEMA DEL DESARME
QUINO
DESPUÉS DICEN QUE LA **TV** NOS ATROFIA LA IMAGINACIÓN

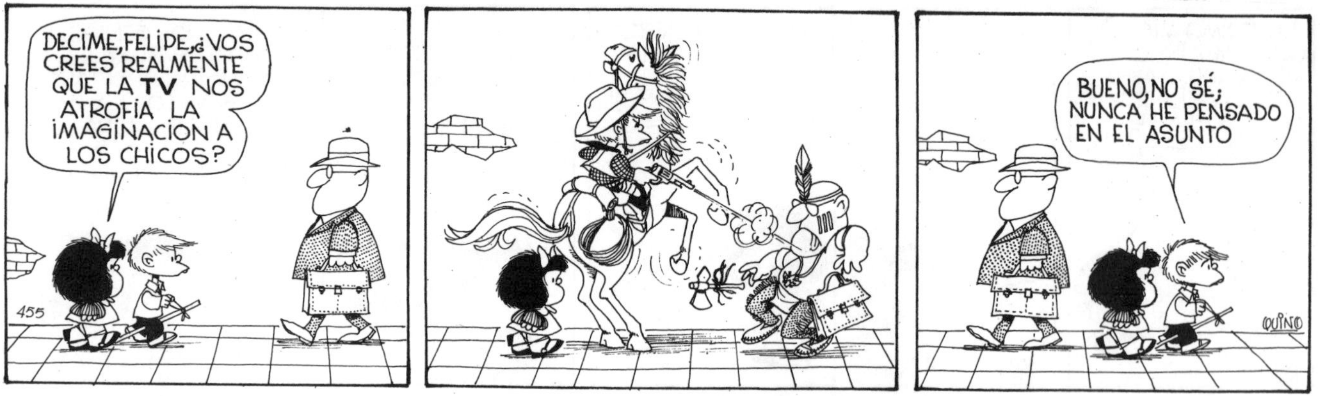
DECIME, FELIPE, ¿VOS CREES REALMENTE QUE LA TV NOS ATROFIA LA IMAGINACION A LOS CHICOS?
455
BUENO, NO SÉ; NUNCA HE PENSADO EN EL ASUNTO
QUINO

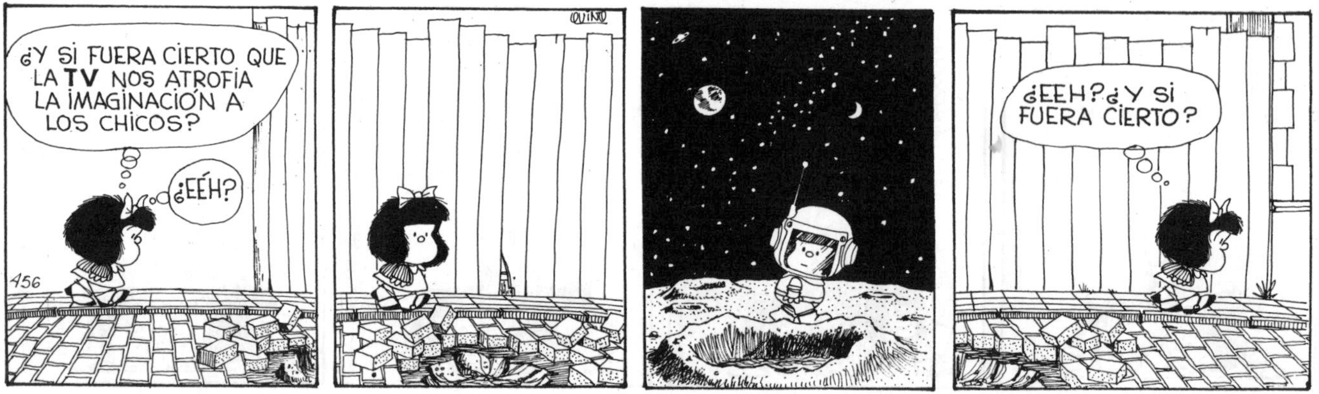
¿Y SI FUERA CIERTO QUE LA TV NOS ATROFIA LA IMAGINACIÓN A LOS CHICOS?
¿EÉH?
456
QUINO
¿EEH? ¿Y SI FUERA CIERTO?

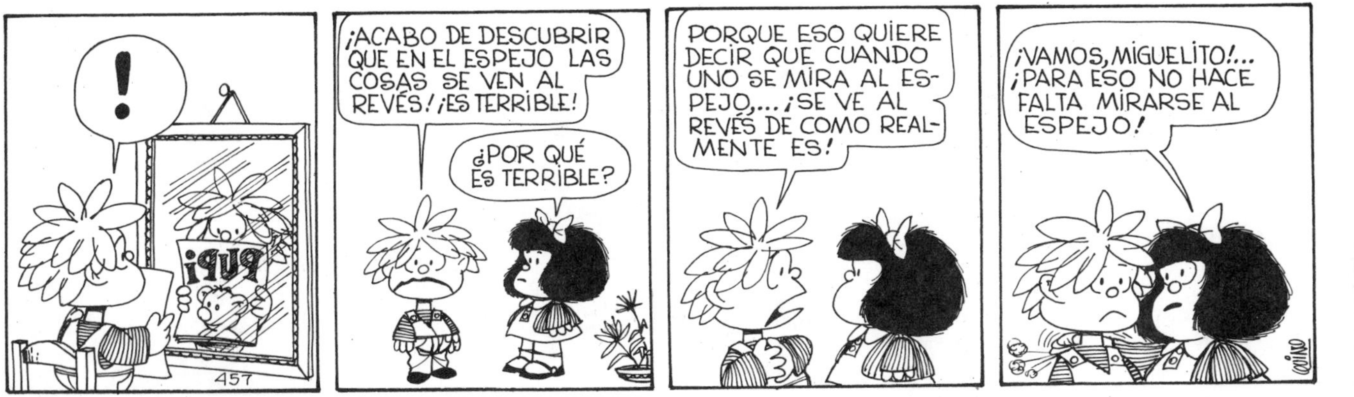
!
457
¡ACABO DE DESCUBRIR QUE EN EL ESPEJO LAS COSAS SE VEN AL REVÉS! ¡ES TERRIBLE!
¿POR QUÉ ES TERRIBLE?
PORQUE ESO QUIERE DECIR QUE CUANDO UNO SE MIRA AL ESPEJO,... ¡SE VE AL REVÉS DE COMO REALMENTE ES!
¡VAMOS, MIGUELITO!... ¡PARA ESO NO HACE FALTA MIRARSE AL ESPEJO!

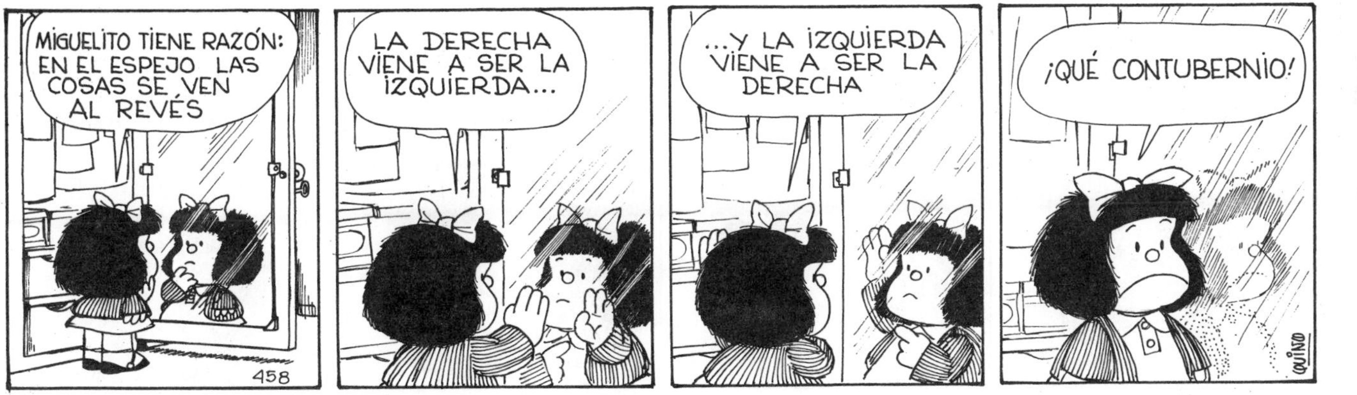
MIGUELITO TIENE RAZÓN: EN EL ESPEJO LAS COSAS SE VEN AL REVÉS
458
LA DERECHA VIENE A SER LA IZQUIERDA...
...Y LA IZQUIERDA VIENE A SER LA DERECHA
¡QUÉ CONTUBERNIO!

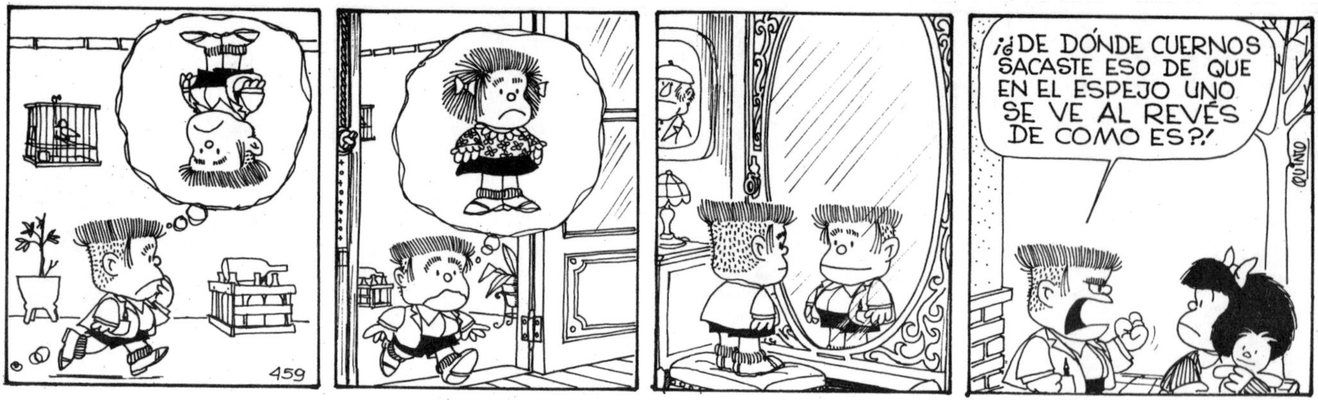
459
¡¿DE DÓNDE CUERNOS SACASTE ESO DE QUE EN EL ESPEJO UNO SE VE AL REVÉS DE COMO ES?!
QUINO

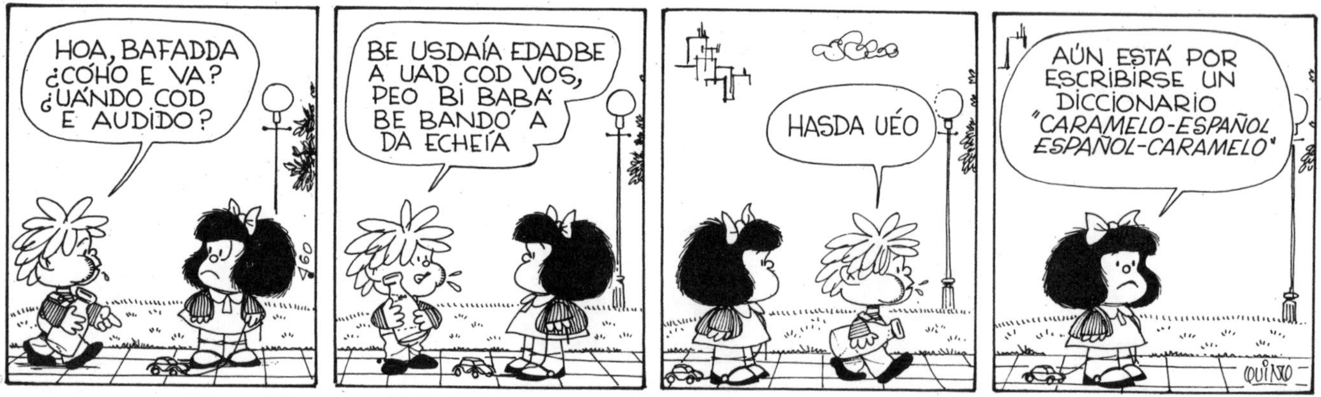
HOA, BAFADDA ¿CÓHO E VA? ¿UÁNDO COD E AUDIDO?
460
BE USDAÍA EDADBE A UAD COD VOS, PEO BI BABÁ BE BANDÓ A DA ECHEÍA
HASDA UÉO
AÚN ESTÁ POR ESCRIBIRSE UN DICCIONARIO "CARAMELO-ESPAÑOL ESPAÑOL-CARAMELO"
QUINO

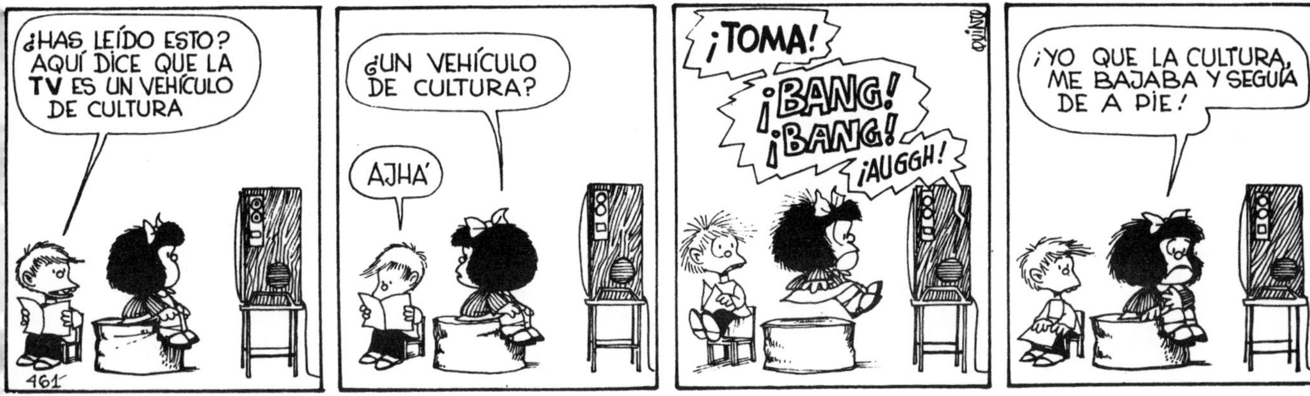
¿HAS LEÍDO ESTO? AQUÍ DICE QUE LA TV ES UN VEHÍCULO DE CULTURA
461
¿UN VEHÍCULO DE CULTURA?
AJHÁ
¡TOMA!
¡BANG! ¡BANG!
¡AUGGH!
QUINO
¡YO QUE LA CULTURA, ME BAJABA Y SEGUÍA DE A PIE!

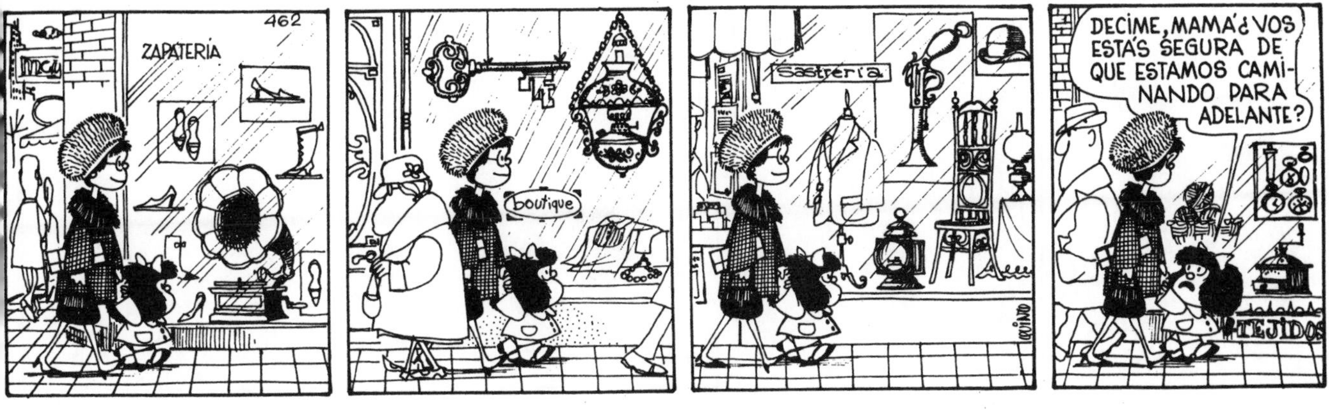
462
ZAPATERÍA
boutique
Sastrería
QUINO
DECIME, MAMÁ ¿VOS ESTÁS SEGURA DE QUE ESTAMOS CAMI-NANDO PARA ADELANTE?
TEJIDOS

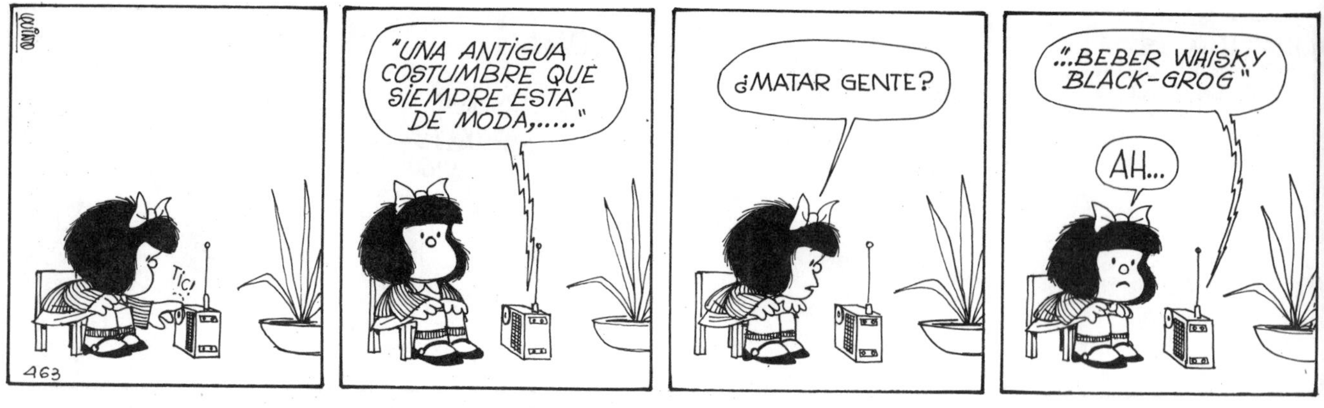
QUINO
TIC!
463
"UNA ANTIGUA COSTUMBRE QUE SIEMPRE ESTÁ DE MODA,....."
¿MATAR GENTE?
"...BEBER WHISKY BLACK-GROG"
AH...

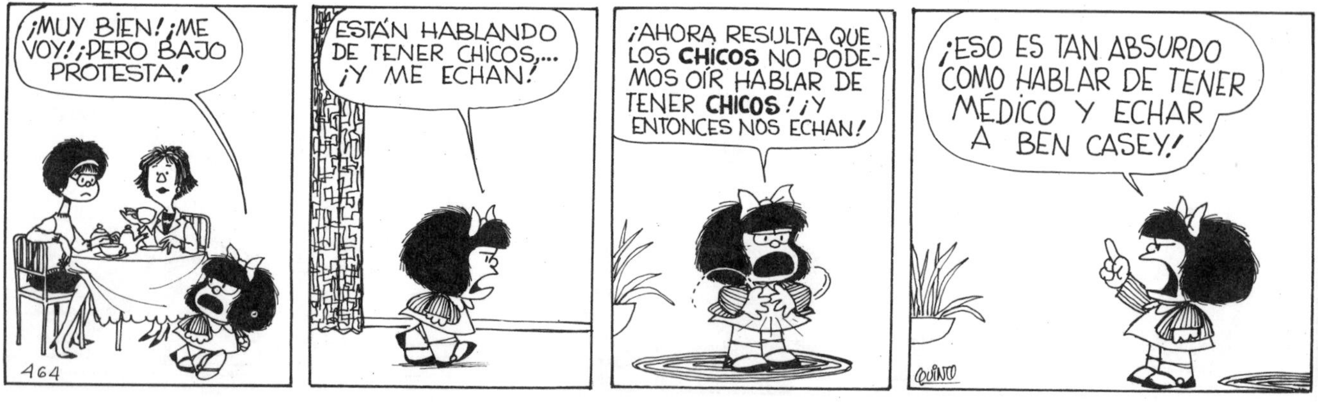
¡MUY BIEN! ¡ME VOY! ¡PERO BAJO PROTESTA!
464
ESTÁN HABLANDO DE TENER CHICOS,... ¡Y ME ECHAN!
¡AHORA RESULTA QUE LOS CHICOS NO PODEMOS OÍR HABLAR DE TENER CHICOS! ¡Y ENTONCES NOS ECHAN!
¡ESO ES TAN ABSURDO COMO HABLAR DE TENER MÉDICO Y ECHAR A BEN CASEY!
QUINO

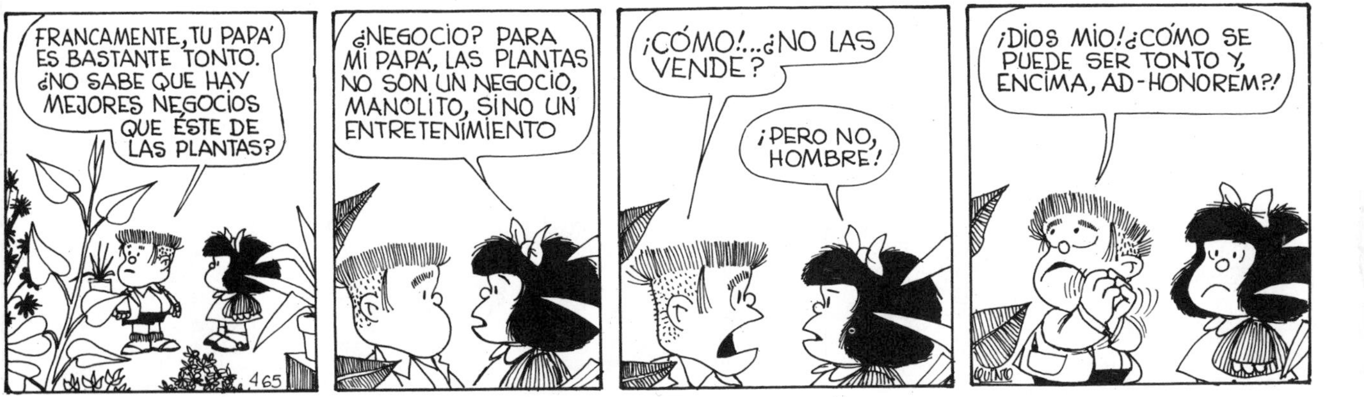
FRANCAMENTE, TU PAPÁ ES BASTANTE TONTO. ¿NO SABE QUE HAY MEJORES NEGOCIOS QUE ÉSTE DE LAS PLANTAS?
465
¿NEGOCIO? PARA MI PAPÁ, LAS PLANTAS NO SON UN NEGOCIO, MANOLITO, SINO UN ENTRETENIMIENTO
¡CÓMO!...¿NO LAS VENDE?
¡PERO NO, HOMBRE!
¡DIOS MIO! ¿CÓMO SE PUEDE SER TONTO Y, ENCIMA, AD-HONOREM?!
QUINO

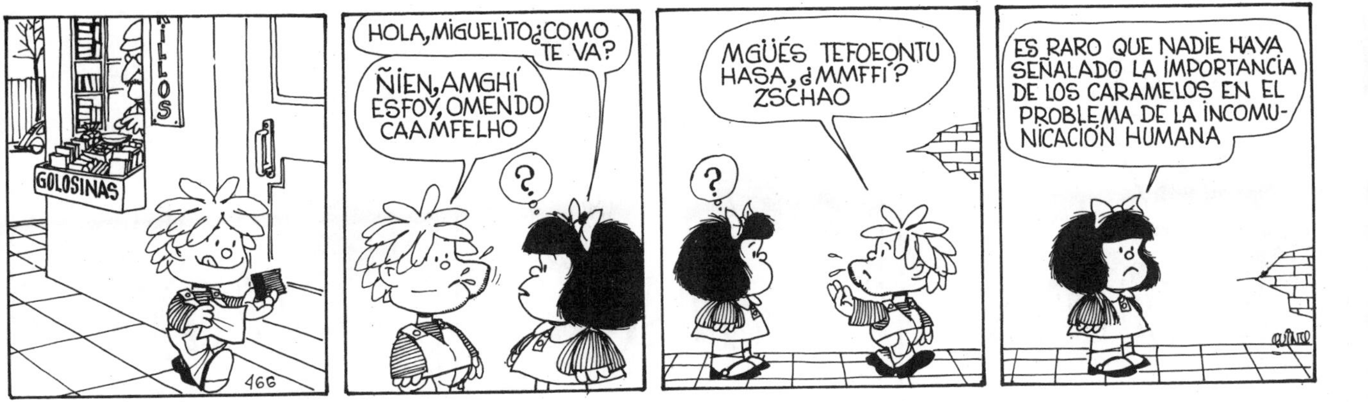
ILLOS
GOLOSINAS
466
HOLA, MIGUELITO ¿COMO TE VA?
ÑIEN, AMGHÍ ESFOY, OMENDO CAAMFELHO
?
?
MGÜÉS TEFOEONTU HASA, ¿MMFFÍ? ZSCHAO
ES RARO QUE NADIE HAYA SEÑALADO LA IMPORTANCIA DE LOS CARAMELOS EN EL PROBLEMA DE LA INCOMUNICACIÓN HUMANA

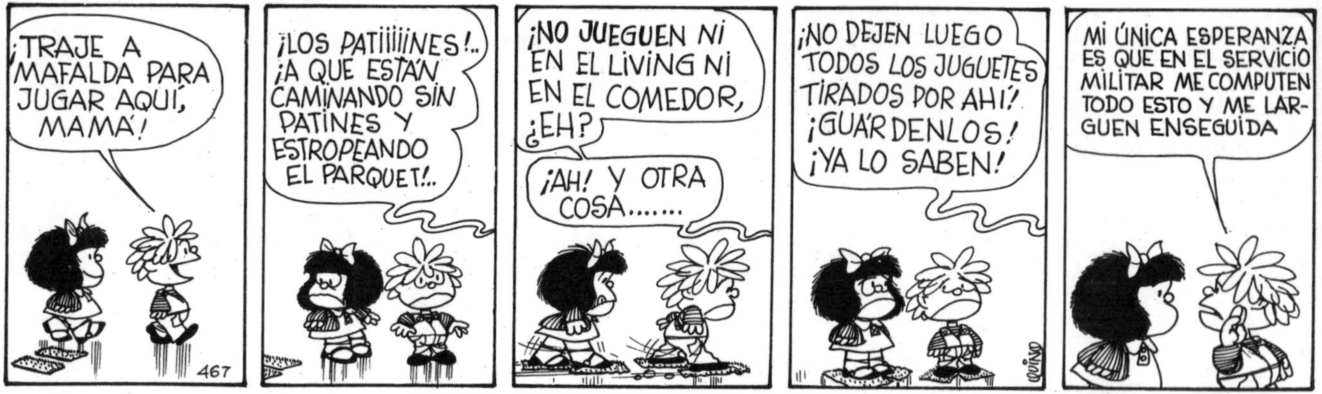
¡TRAJE A MAFALDA PARA JUGAR AQUÍ, MAMÁ!
467
¡LOS PATIIIIIINES!.. ¡A QUE ESTÁN CAMINANDO SIN PATINES Y ESTROPEANDO EL PARQUET!..
¡NO JUEGUEN NI EN EL LIVING NI EN EL COMEDOR, ¿EH?
¡AH! Y OTRA COSA.......
¡NO DEJEN LUEGO TODOS LOS JUGUETES TIRADOS POR AHÍ! ¡GUÁRDENLOS! ¡YA LO SABEN!
MI ÚNICA ESPERANZA ES QUE EN EL SERVICIO MILITAR ME COMPUTEN TODO ESTO Y ME LARGUEN ENSEGUIDA
QUINO

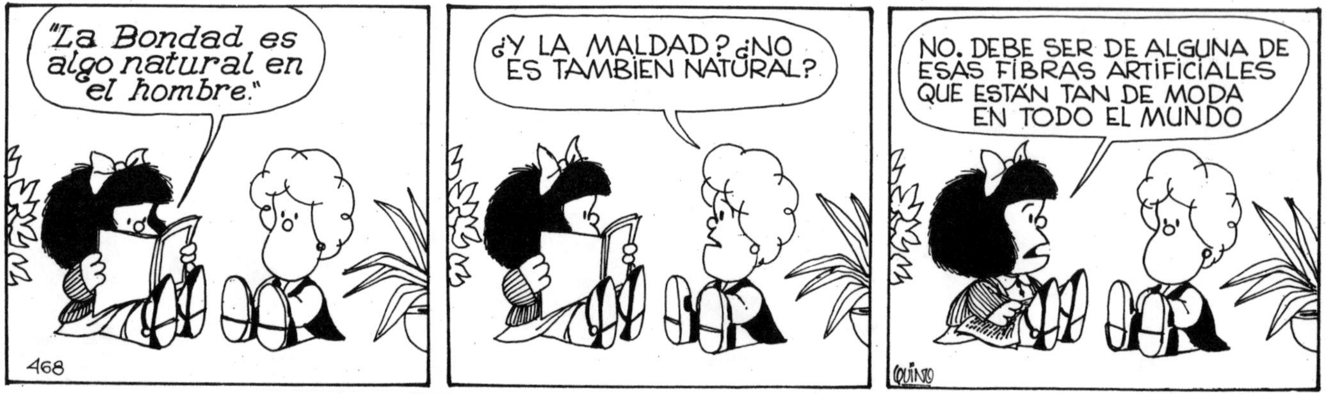
"La Bondad es algo natural en el hombre."
468
¿Y LA MALDAD? ¿NO ES TAMBIEN NATURAL?
NO. DEBE SER DE ALGUNA DE ESAS FIBRAS ARTIFICIALES QUE ESTÁN TAN DE MODA EN TODO EL MUNDO
QUINO

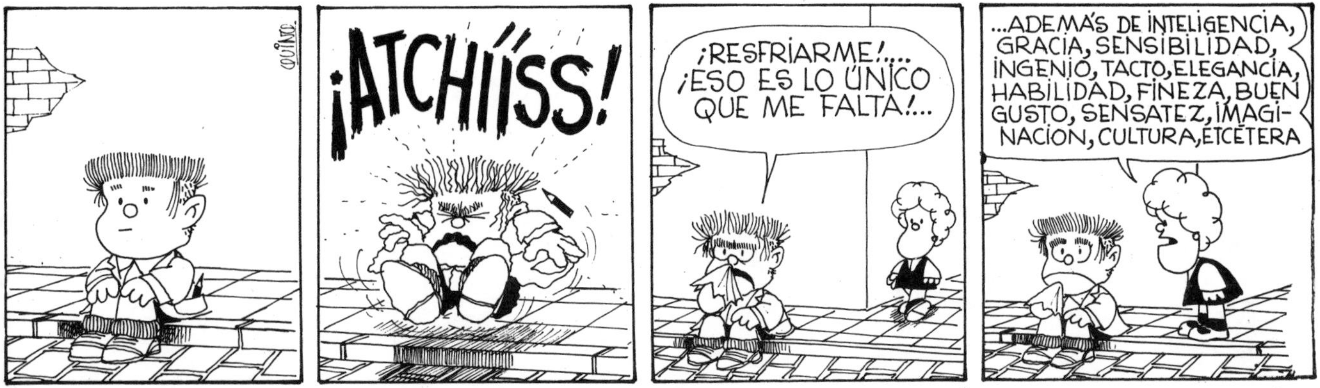
QUINO
¡ATCHÍÍSS!
¡RESFRIARME!.... ¡ESO ES LO ÚNICO QUE ME FALTA!...
...ADEMÁS DE INTELIGENCIA, GRACIA, SENSIBILIDAD, INGENIO, TACTO, ELEGANCIA, HABILIDAD, FINEZA, BUEN GUSTO, SENSATEZ, IMAGINACION, CULTURA, ETCÉTERA

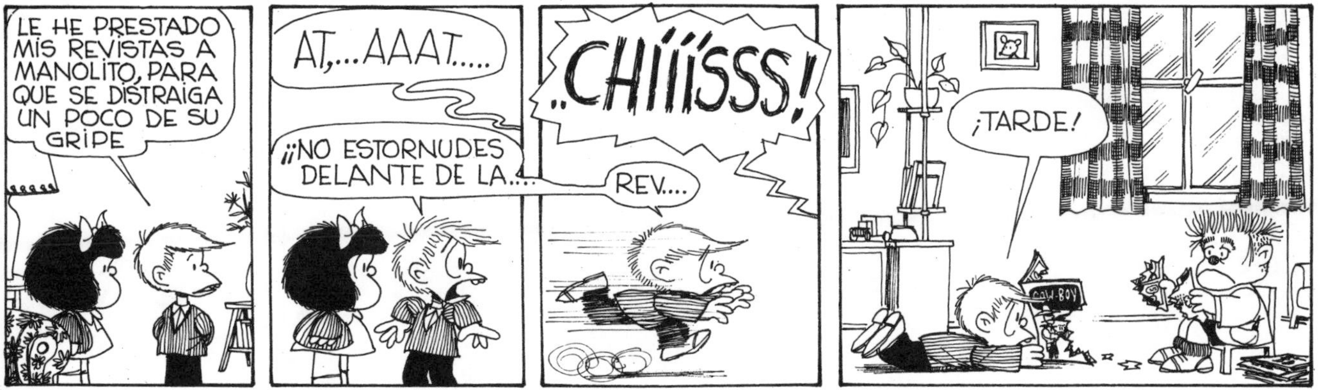
LE HE PRESTADO MIS REVISTAS A MANOLITO, PARA QUE SE DISTRAIGA UN POCO DE SU GRIPE
AT,...AAAT.....
¡¡NO ESTORNUDES DELANTE DE LA....
REV....
..CHÍÍÍSSS!
¡TARDE!
COW-BOY

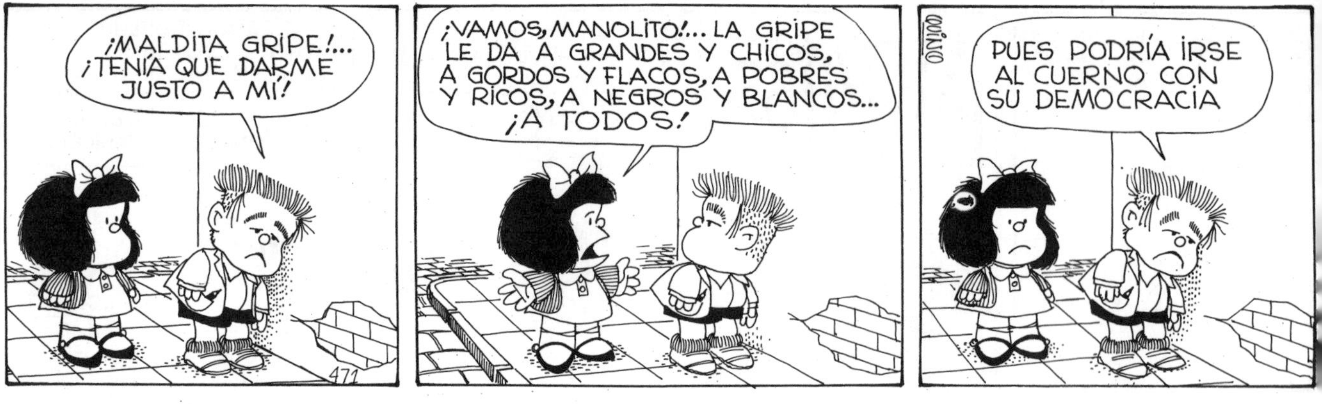
¡MALDITA GRIPE!... ¡TENÍA QUE DARME JUSTO A MÍ!
471
¡VAMOS, MANOLITO!... LA GRIPE LE DA A GRANDES Y CHICOS, A GORDOS Y FLACOS, A POBRES Y RICOS, A NEGROS Y BLANCOS... ¡A TODOS!
QUINO
PUES PODRÍA IRSE AL CUERNO CON SU DEMOCRACIA

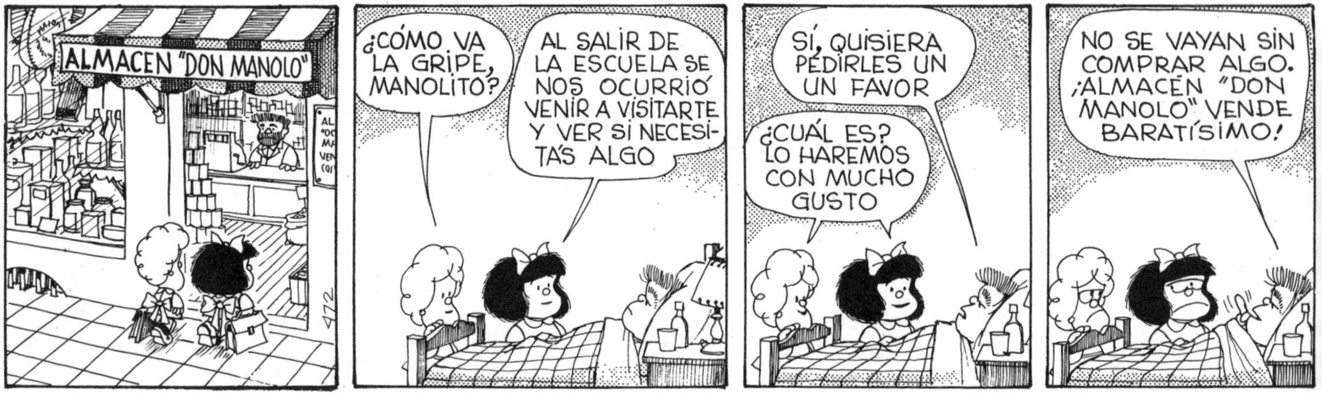
ALMACEN "DON MANOLO"
472
¿CÓMO VA LA GRIPE, MANOLITO?
AL SALIR DE LA ESCUELA SE NOS OCURRIÓ VENIR A VISITARTE Y VER SI NECESITÁS ALGO
SÍ, QUISIERA PEDIRLES UN UN FAVOR
¿CUÁL ES? LO HAREMOS CON MUCHO GUSTO
NO SE VAYAN SIN COMPRAR ALGO. ¡ALMACEN "DON MANOLO" VENDE BARATÍSIMO!

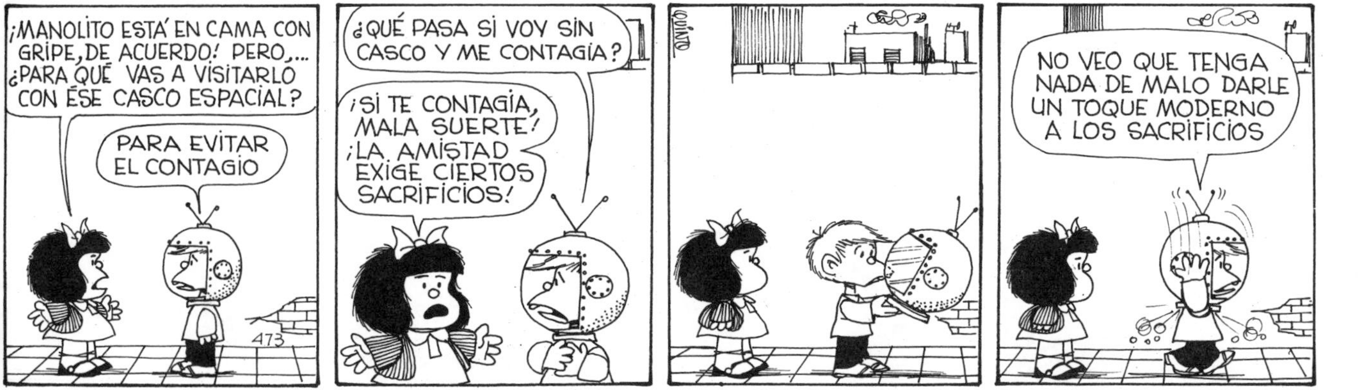
¡MANOLITO ESTÁ EN CAMA CON GRIPE, DE ACUERDO! PERO,... ¿PARA QUÉ VAS A VISITARLO CON ÉSE CASCO ESPACIAL?
PARA EVITAR EL CONTAGIO
473
¿QUÉ PASA SI VOY SIN CASCO Y ME CONTAGIA?
¡SI TE CONTAGIA, MALA SUERTE! ¡LA AMISTAD EXIGE CIERTOS SACRIFICIOS!
QUINO
NO VEO QUE TENGA NADA DE MALO DARLE UN TOQUE MODERNO A LOS SACRIFICIOS

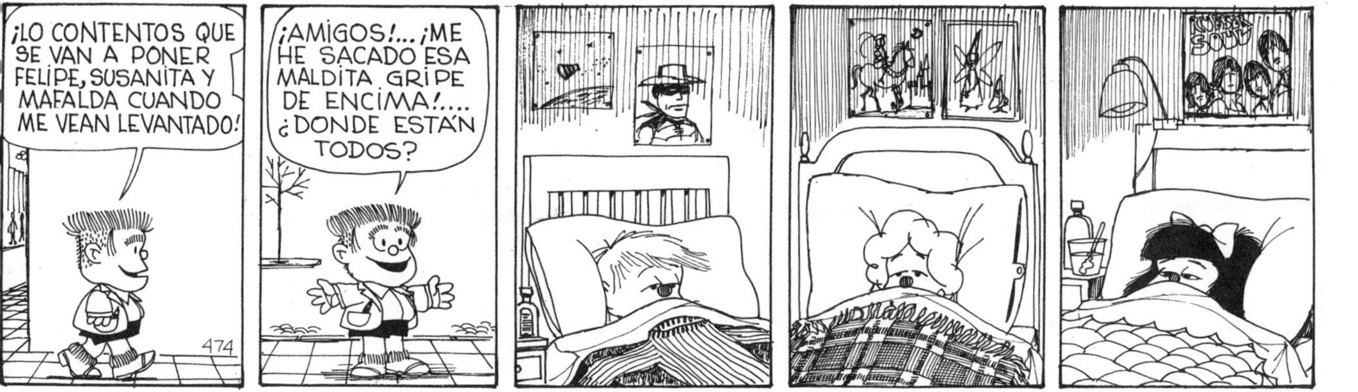
¡LO CONTENTOS QUE SE VAN A PONER FELIPE, SUSANITA Y MAFALDA CUANDO ME VEAN LEVANTADO!
474
¡AMIGOS!... ¡ME HE SACADO ESA MALDITA GRIPE DE ENCIMA!.... ¿DONDE ESTÁN TODOS?

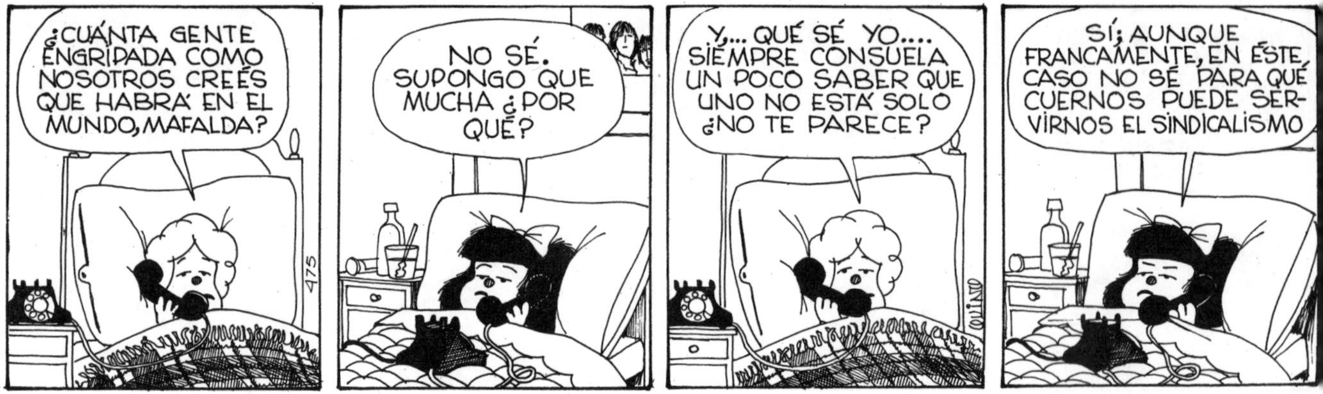
¿CUÁNTA GENTE ENGRIPADA COMO NOSOTROS CREÉS QUE HABRÁ EN EL MUNDO, MAFALDA?
475
NO SÉ. SUPONGO QUE MUCHA ¿POR QUÉ?
Y,... QUÉ SÉ YO.... SIEMPRE CONSUELA UN POCO SABER QUE UNO NO ESTÁ SOLO ¿NO TE PARECE?
QUINO
SÍ; AUNQUE FRANCAMENTE, EN ÉSTE CASO NO SÉ PARA QUÉ CUERNOS PUEDE SERVIRNOS EL SINDICALISMO

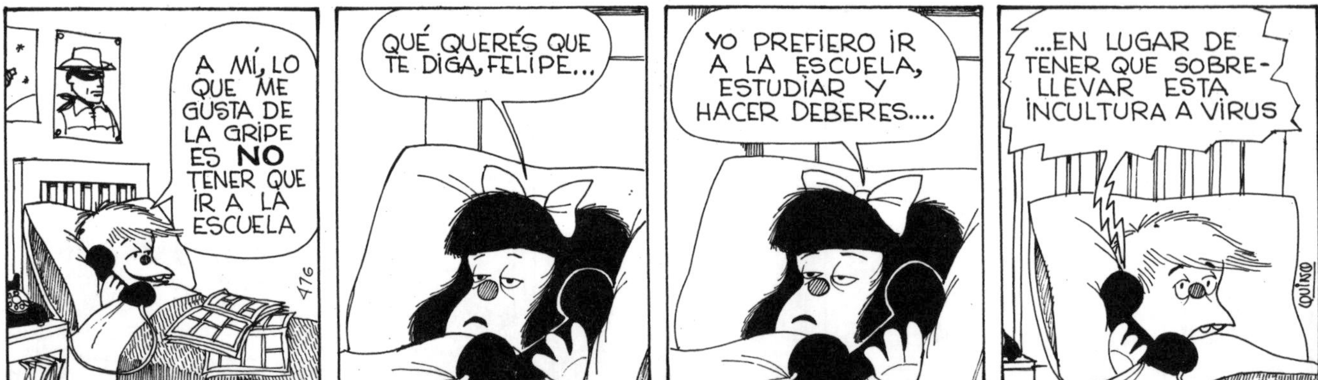
A MÍ, LO QUE ME GUSTA DE LA GRIPE ES **NO** TENER QUE IR A LA ESCUELA
476
QUÉ QUERÉS QUE TE DIGA, FELIPE...
YO PREFIERO IR A LA ESCUELA, ESTUDIAR Y HACER DEBERES....
...EN LUGAR DE TENER QUE SOBRELLEVAR ESTA INCULTURA A VIRUS
QUINO

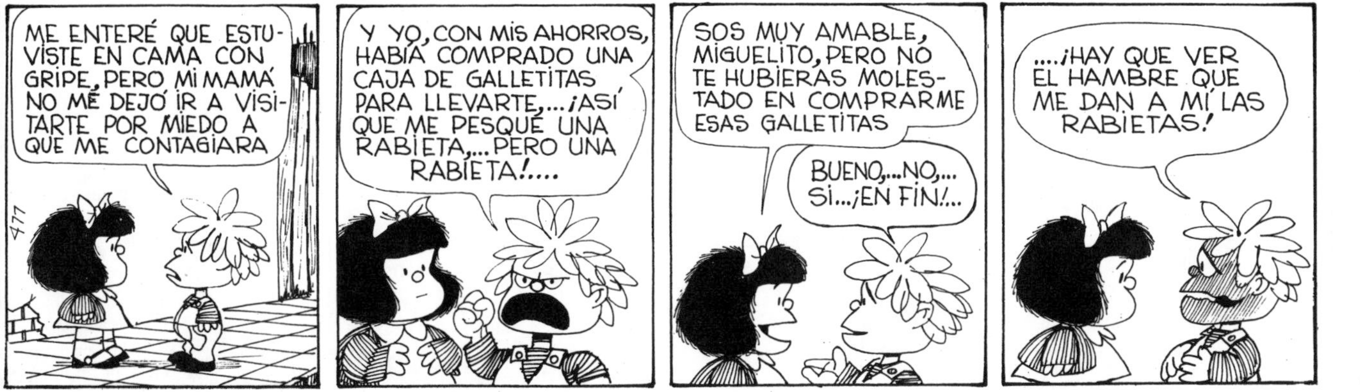
477
ME ENTERÉ QUE ESTUVISTE EN CAMA CON GRIPE, PERO MI MAMÁ NO ME DEJÓ IR A VISITARTE POR MIEDO A QUE ME CONTAGIARA
Y YO, CON MIS AHORROS, HABÍA COMPRADO UNA CAJA DE GALLETITAS PARA LLEVARTE,... ¡ASÍ QUE ME PESQUÉ UNA RABIETA,... PERO UNA RABIETA!....
SOS MUY AMABLE, MIGUELITO, PERO NO TE HUBIERAS MOLESTADO EN COMPRARME ESAS GALLETITAS
BUENO,...NO,... SI...¡EN FIN!...
....¡HAY QUE VER EL HAMBRE QUE ME DAN A MÍ LAS RABIETAS!

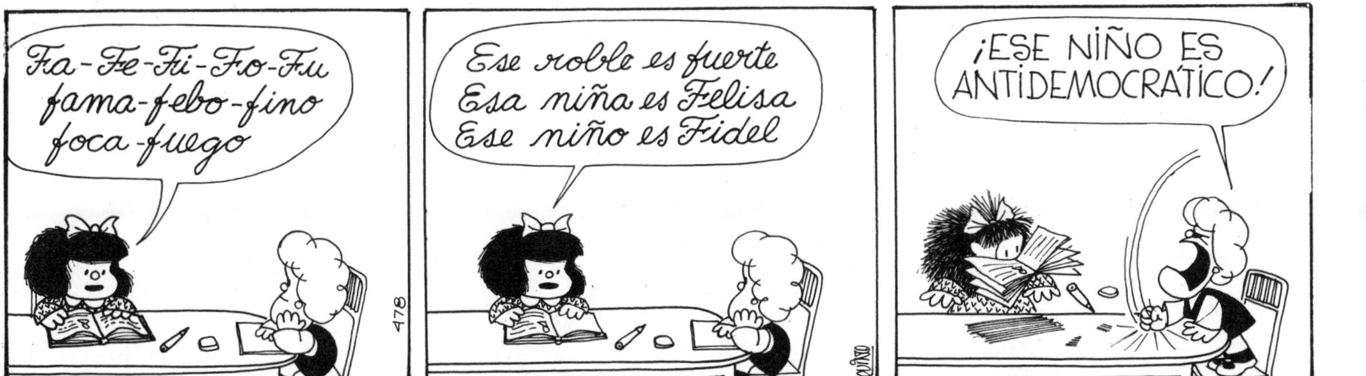
Fa-Fe-Fi-Fo-Fu fama-febo-fino foca-fuego
Ese roble es fuerte Esa niña es Felisa Ese niño es Fidel
478
QUINO
¡ESE NIÑO ES ANTIDEMOCRÁTICO!

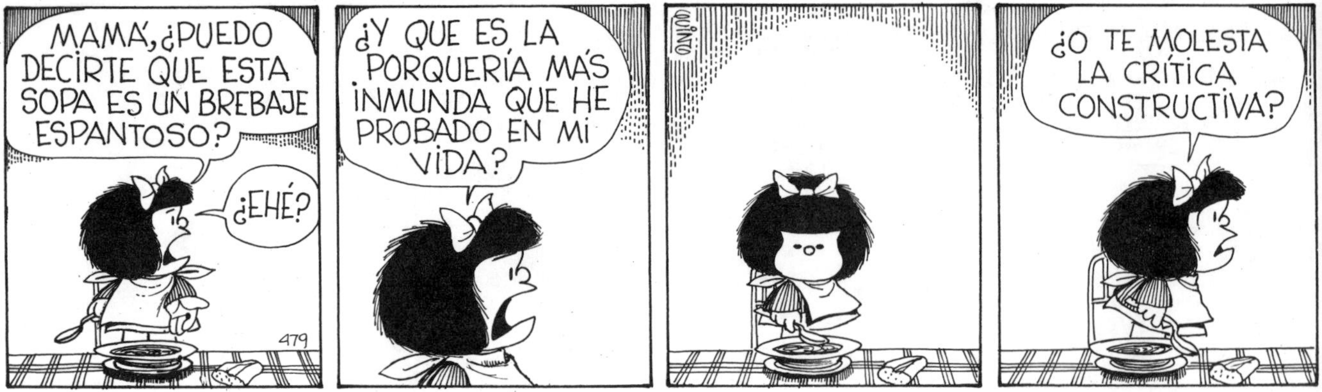
MAMÁ, ¿PUEDO DECIRTE QUE ESTA SOPA ES UN BREBAJE ESPANTOSO?
¿EHÉ?
479
¿Y QUE ES LA PORQUERÍA MÁS INMUNDA QUE HE PROBADO EN MI VIDA?
QUINO
¿O TE MOLESTA LA CRÍTICA CONSTRUCTIVA?

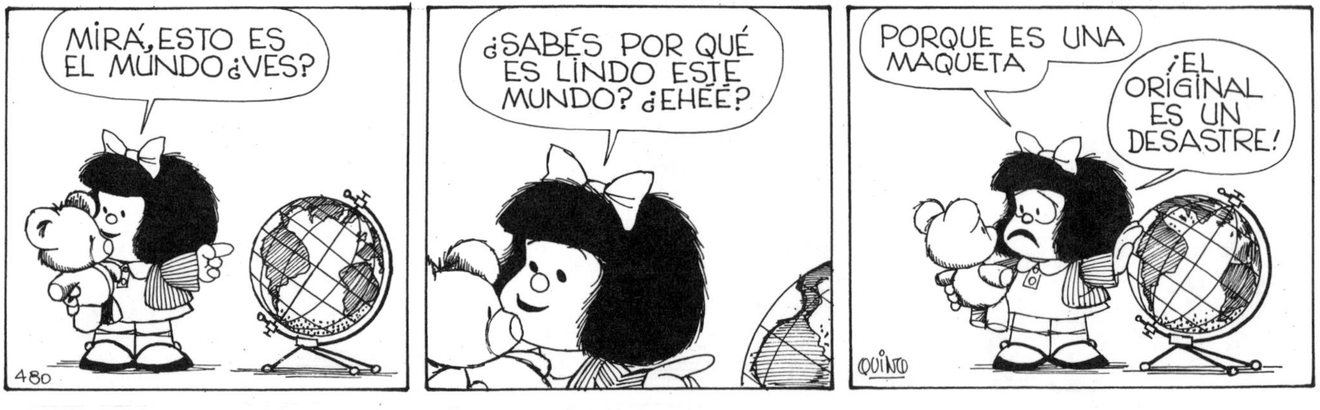
MIRÁ, ESTO ES EL MUNDO ¿VES?
480
¿SABÉS POR QUÉ ES LINDO ESTE MUNDO? ¿EHÉÉ?
PORQUE ES UNA MAQUETA
¡EL ORIGINAL ES UN DESASTRE!
QUINO

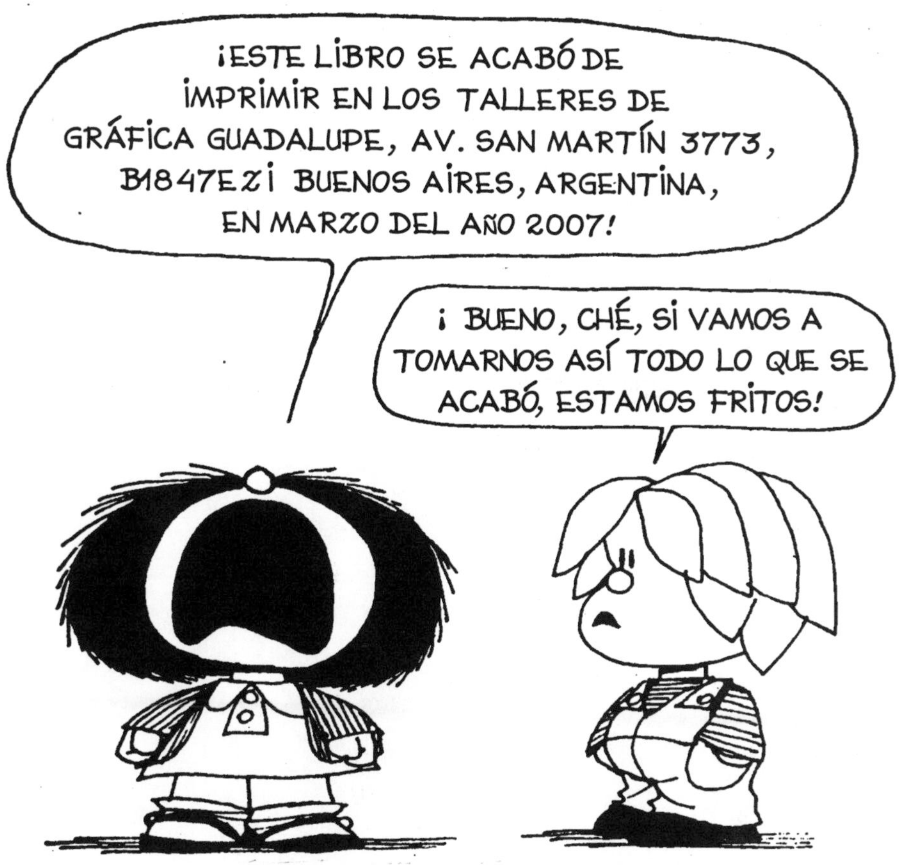
¡ESTE LIBRO SE ACABÓ DE IMPRIMIR EN LOS TALLERES DE GRÁFICA GUADALUPE, AV. SAN MARTÍN 3773, B1847EZI BUENOS AIRES, ARGENTINA, EN MARZO DEL AÑO 2007!
¡BUENO, CHÉ, SI VAMOS A TOMARNOS ASÍ TODO LO QUE SE ACABÓ, ESTAMOS FRITOS!

Edición de 10000 ejemplares.